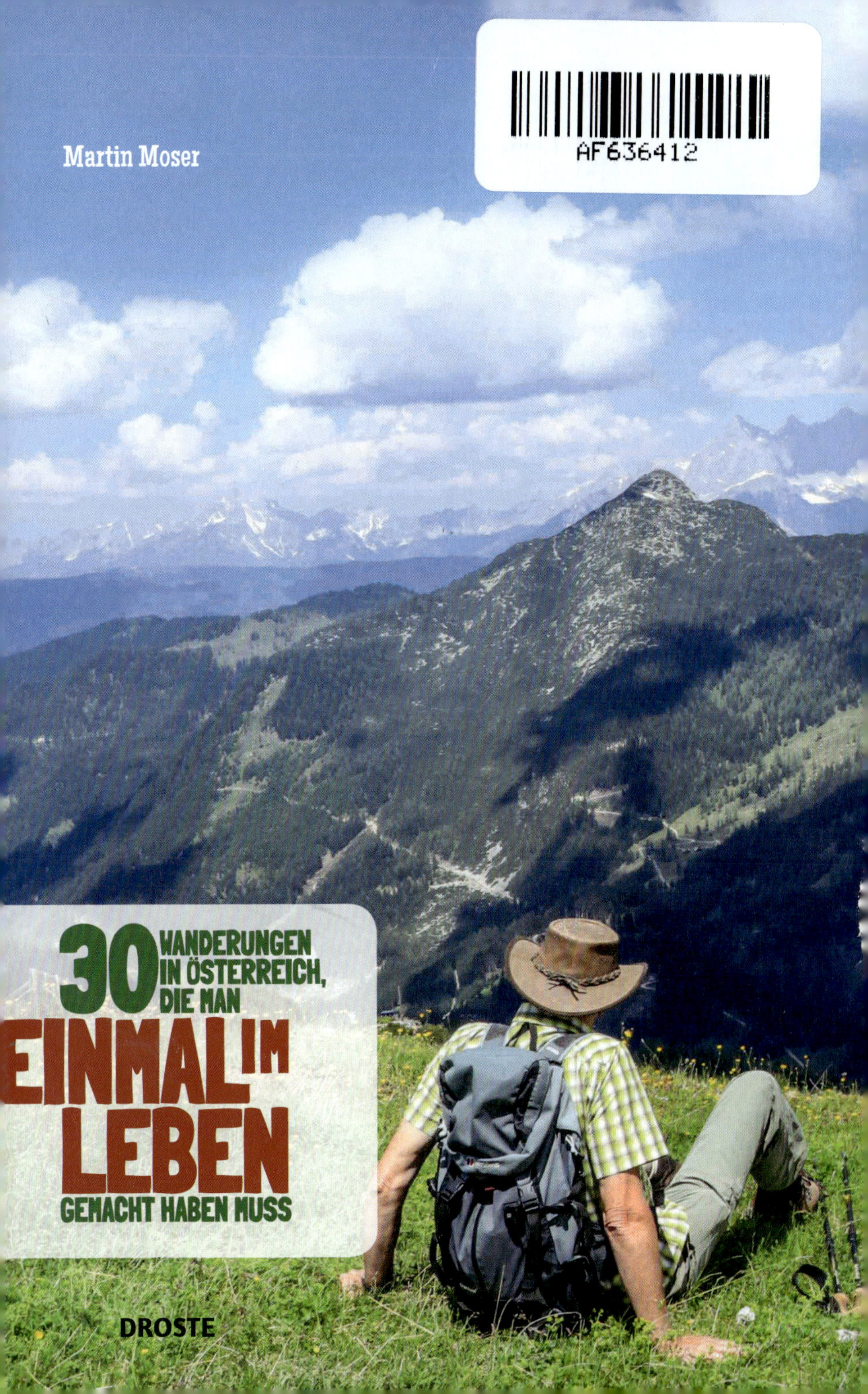

Martin Moser

30 WANDERUNGEN IN ÖSTERREICH, DIE MAN EINMAL IM LEBEN GEMACHT HABEN MUSS

DROSTE

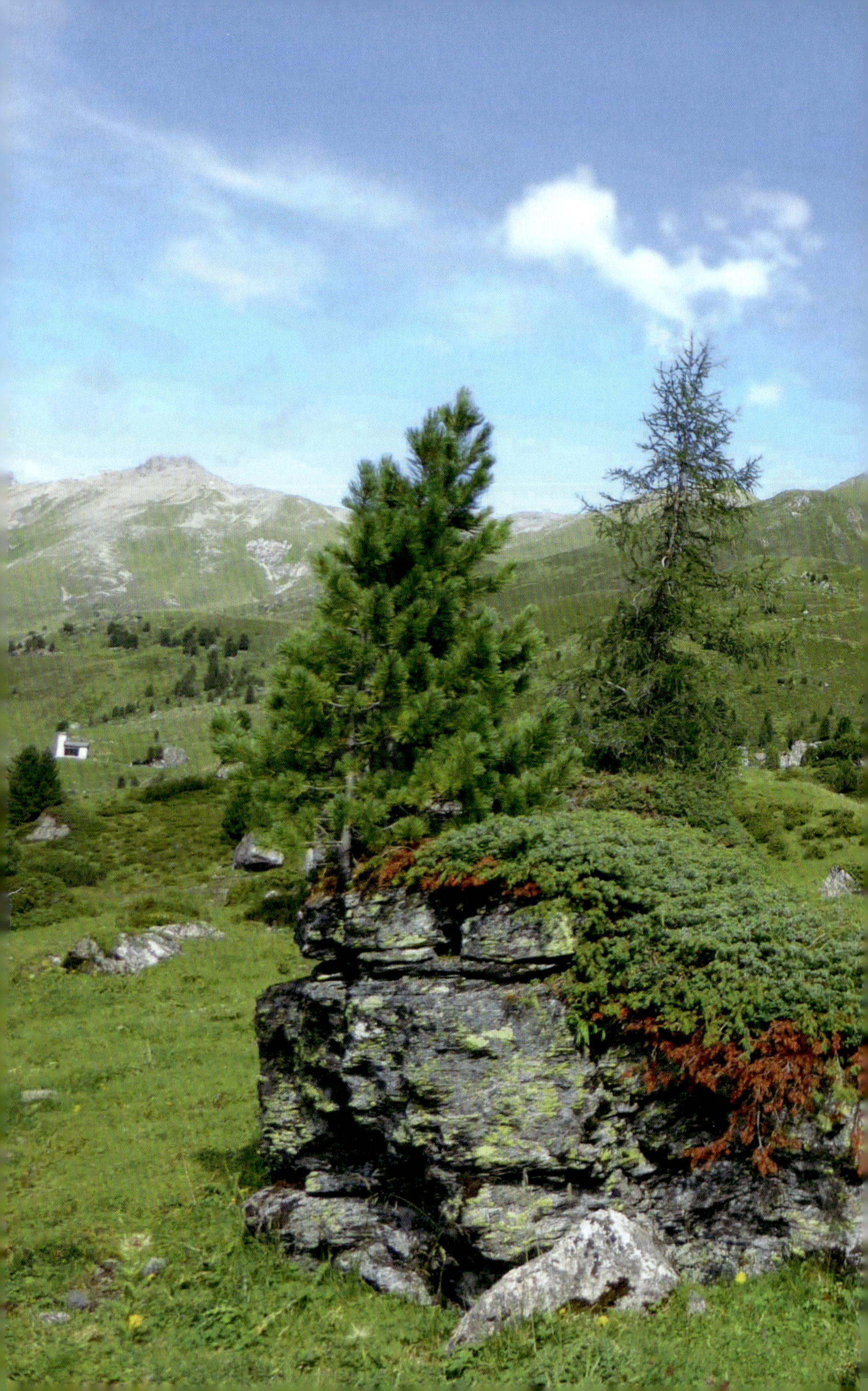

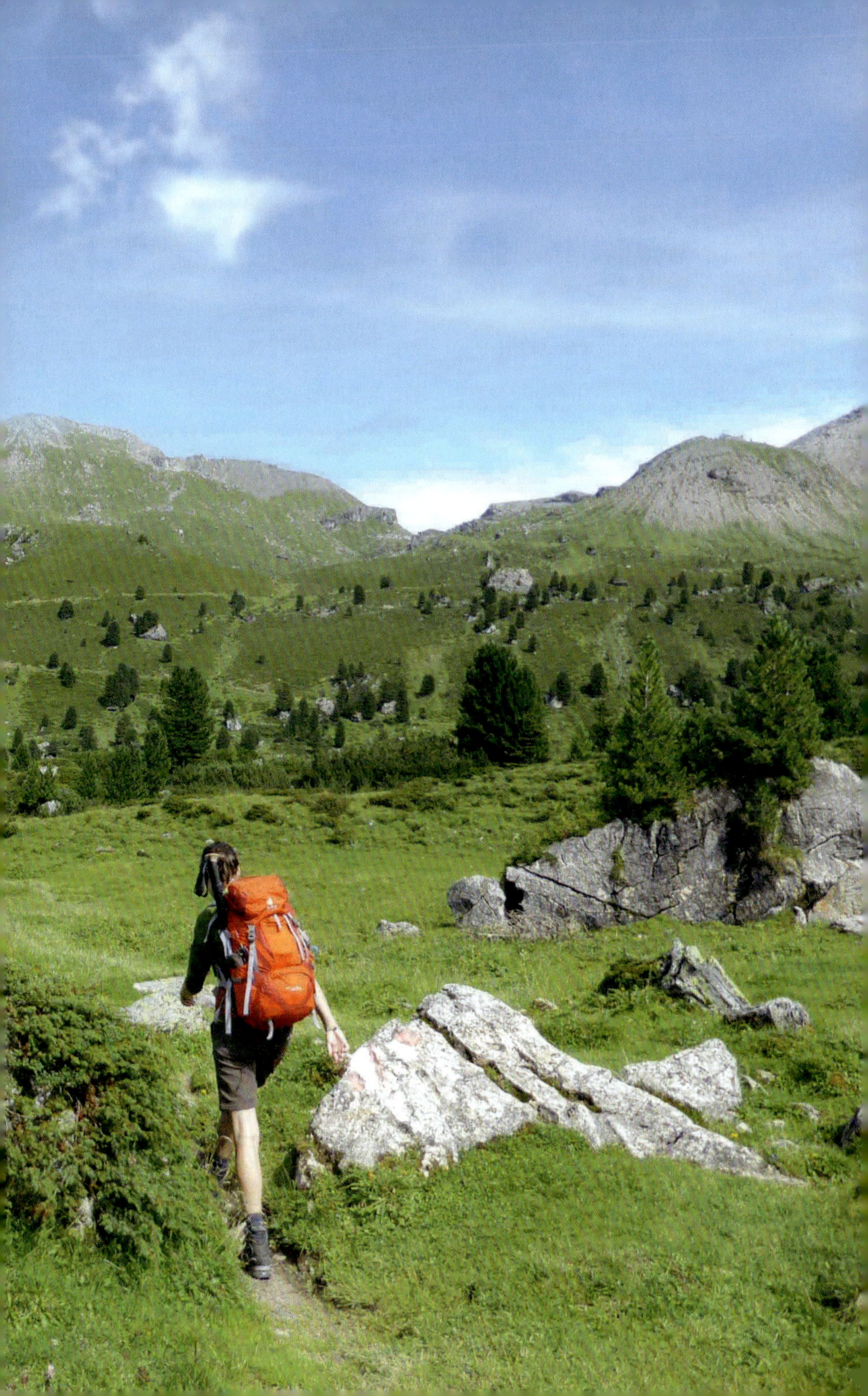

ÜBERSICHTLICH

AKTIV ... ERLEBNISREICH ... UNVERGESSLICH

ÜBERSICHTLICH

AKTIV ... ERLEBNISREICH ... UNVERGESSLICH

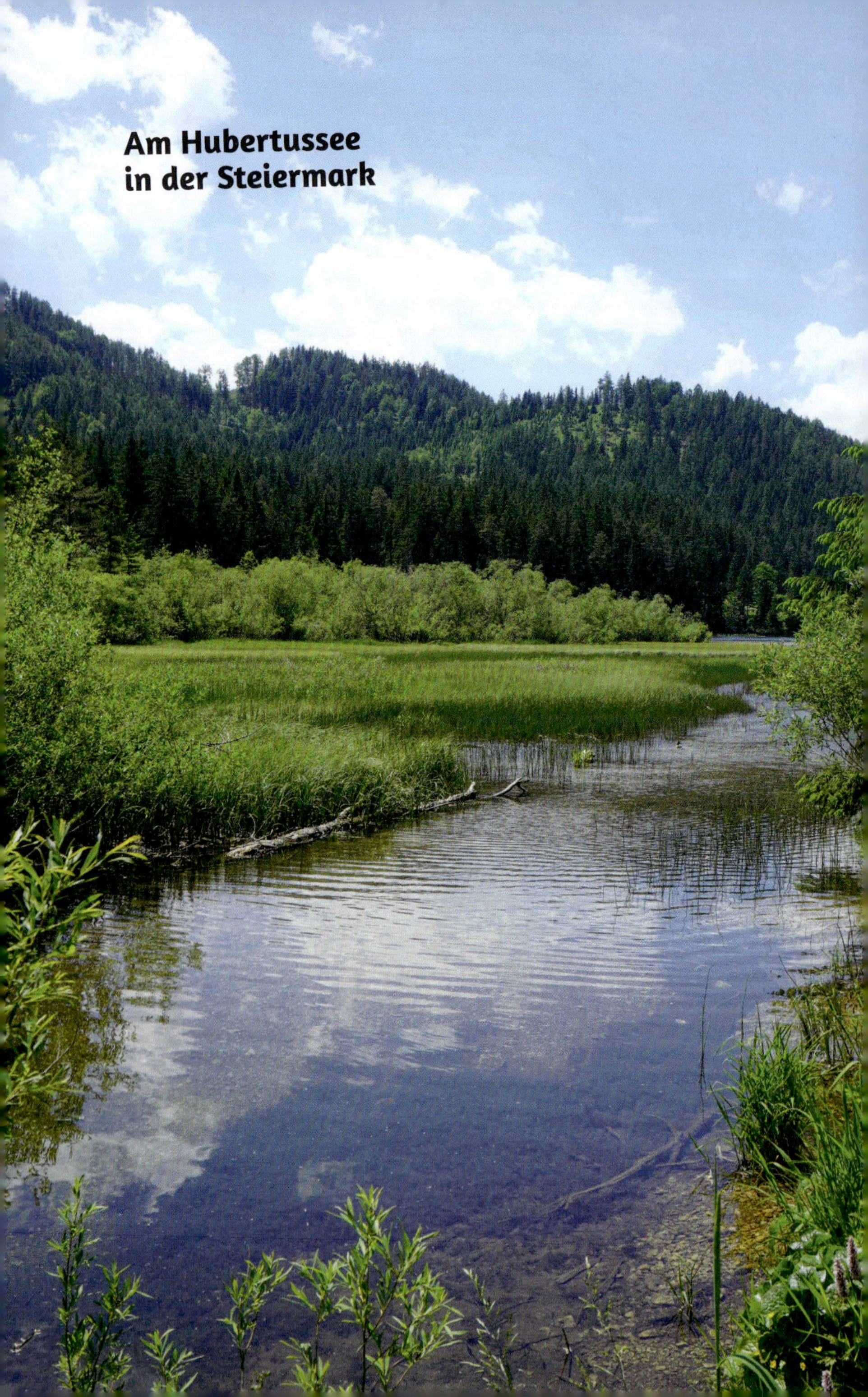
Am Hubertussee
in der Steiermark

Liebe Berg- und Wanderfreunde,

der österreichische Kabarettist Helmut Qualtinger hat einmal gesagt: „Österreich ist ein Labyrinth, in dem sich jeder auskennt.“ Damit zielte er auf die österreichische Seele ab, die sich im Verwirrspiel anscheinend immer gut auszukennen vermag und viele Abzweigungen als gegeben hinnimmt. Doch auch für das Wegenetzwerk in der Alpenrepublik trifft diese Aussage in gewisser Art und Weise zu. Unzählige Wanderwege durchziehen das gesamte Land – vom Neusiedler See im Osten bis zum Bodensee im Westen. Würde man all diese Strecken bewandern, hätte man den Globus mindestens einmal umrundet.

Die Wege führen durch enge Schluchten in weite Täler, über luftige Felsgrate auf hohe Gipfel, durch abwechslungsreiche Kulturlandschaften zu einzigartigen Naturwundern, historischen Stätten und besonderen Aussichtsplätzen sowie vorbei an erfrischenden Wasserfällen zu einsamen Bergseen. Den wasserreichen Klafferkessel durchquert beispielsweise der Schladminger Tauern Höhenweg, entlang dem längsten frei fließenden Gletscherfluss der Alpen begeht man den Iseltrail. Historisch interessant wird es, wenn man am Nordwaldkammweg im Mühlviertel Mahnmale des Eisernen Vorhangs besucht oder in Niederösterreich und im Burgenland am Bernstein Trail römische Stätten aufspürt. Genussvoll wird es bei der Umrundung des Millstätter Sees in Kärnten, kulinarisch und urig am Salzburger Almenweg, schwindelerregend am Berliner Höhenweg in Tirol und weinselig am Jakobsweg Weinviertel.

Sie merken bereits: Es gibt in diesem kleinen Land eine schier unzählbare Anzahl unterschiedlicher Wege und noch mehr Sehenswürdigkeiten. Egal ob flach, kurz, steil oder weit – diese 30 Mehrtagestouren sollte man einmal erlebt haben. Ich wünsche Ihnen viel Spaß, gut Fuß und stabiles Wetter im „Labyrinth Österreichs“.

Pfiat eich
Martin Moser

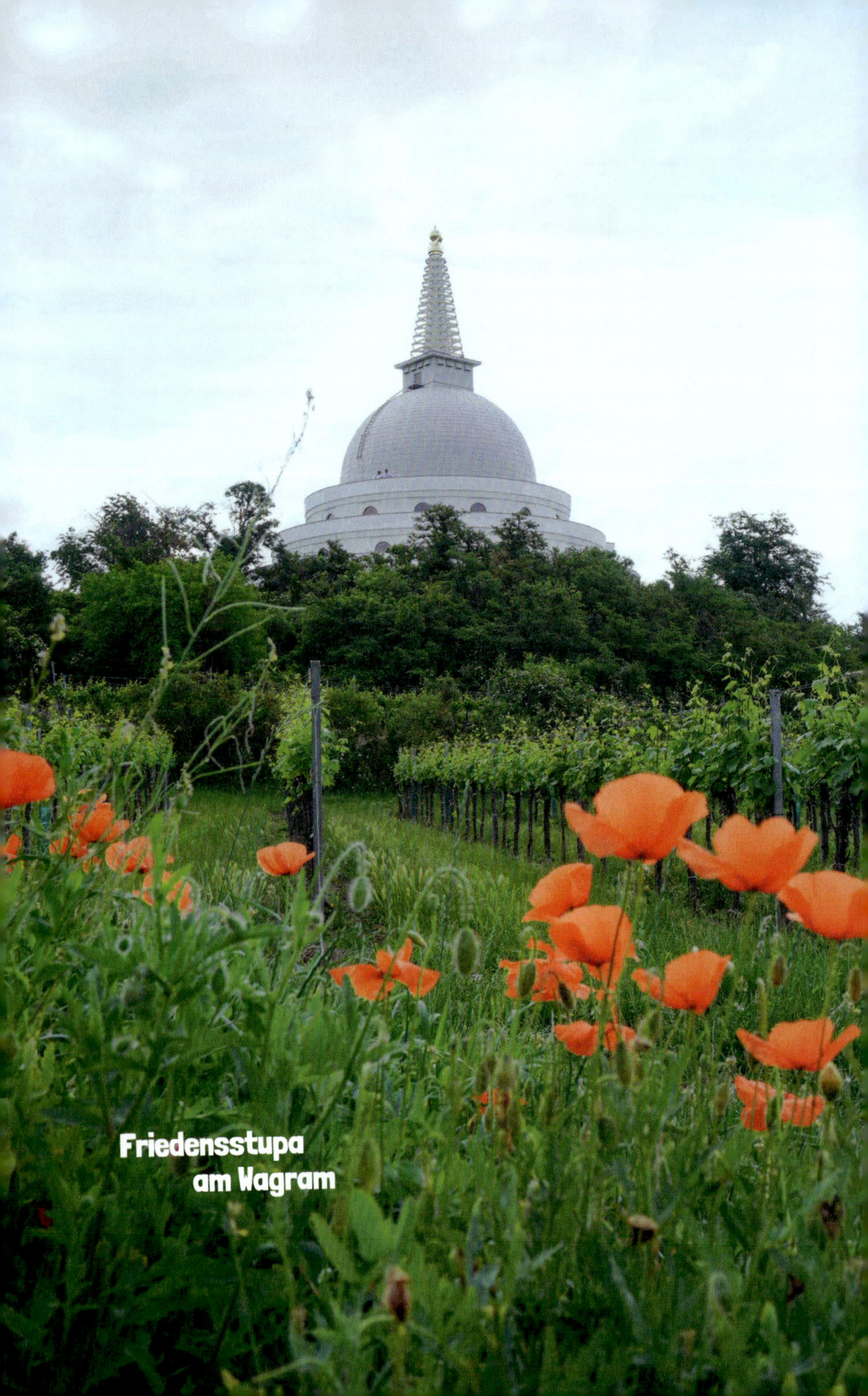

Friedensstupa am Wagram

Beim Pilgern steht oft das „Warum" im Vordergrund. Doch auch wer ohne Grund „einfach so" den Jakobsweg Weinviertel begeht, wird seine Freude bei der Wanderung haben. Hohe Berge stellen sich den Wanderern nicht in den Weg. Was das Vorankommen bremsen könnte, sind die urigen Kellergassen, in denen man nicht selten auf ein Glaserl Wein eingeladen wird. Wer am Ende der Tour noch nicht genug hat, geht einfach weiter nach Spanien.

Malerische Kellergassen, leicht zu gehende Strecken, Gelassenheit entlang der Route. Der Jakobsweg bringt zusätzlich noch

Der Jakobsweg Weinviertel

Unterwegs nach Santiago de Compostela

spanisches Pilger-Flair in das Weinviertel im nordöstlichen Niederösterreich. Eingefleischte Wanderer aus Spanien würden sogar landschaftliche Ähnlichkeiten in Teilen nicht abstreiten. Außerdem weist das Weinviertel bereits im Namen darauf hin, was die Pilger in dieser Region erwartet. Denn Wein gibt es hier ebenso wie in Spanien, wenn auch mehr „blanco" als „tinto" – **Grüner Veltliner statt Tempranillo**. Natürlich bekommt man für den Weg im Zeichen der Jakobsmuschel auch einen **Pilgerpass**, 39 Stempel entlang des Weges warten auf eifrige Sammler. Hat man mehr als 100 Kilometer am Jakobsweg absolviert, kann man sich beim Verein Österreichischer Jakobsweg eine Pilgerurkunde ausstellen lassen.

Doch bevor es so weit ist, muss der erste Schritt gesetzt werden. Mit der am Rucksack befestigten Jakobsmuschel zeigen sich gleich am ersten Tag die Besonderheiten des Weinviertels. Eine hügelige Landschaft bestimmt den Wanderrhythmus. Der offizielle Start befindet sich in **Drasenhofen**, nicht weit von der tschechischen Grenze entfernt. Auch ein Start im benachbarten und sehenswerten Mikulov ist möglich. Ein erster besonderer Ort am Jakobsweg ist Falkenstein mit der gleichnamigen Ruine. Kurz davor lohnt sich ein Abstecher auf den Kreuzberg mit Steinfiguren aus dem 17. Jahrhundert, einer Grabkapelle und einem prächtigen Ausblick. Durch die sehenswerte **Falkensteiner Kellergasse**, im Volksmund auch „Oagossn" (Eiergasse) genannt, weil hier früher auch Eiermärkte abgehalten wurden, verlässt man den Ort und pilgert in die **Wein- und Sektstadt Poysdorf**. Kellergassen gibt es fast ausschließlich nur im Weinviertel. Diese oft als Hohlweg ausgebildeten Gassen beherbergen Weinkeller und Presshäuser. Natürlich wird das Erzeugnis auch gleich vor Ort verkostet.

INFO

Rund 3000 Kilometer sind es von Drasenhofen nach Santiago de Compostela. Hoffentlich reicht der Urlaub aus.

Nach einer kurzen Rast bei der Wallfahrtskirche Maria Bründl führt die Bunte Kellergasse Schnellern in den Mistelbacher Wald. Namentlich passender wäre ja eigentlich eine Pause bei der Wallfahrtskirche Maria Rast in der Bezirkshauptstadt **Mistelbach**. Der Jakobsweg führt durch das belebte Stadtzentrum, sehenswert sind hier das Barockschlössl in der Museums-

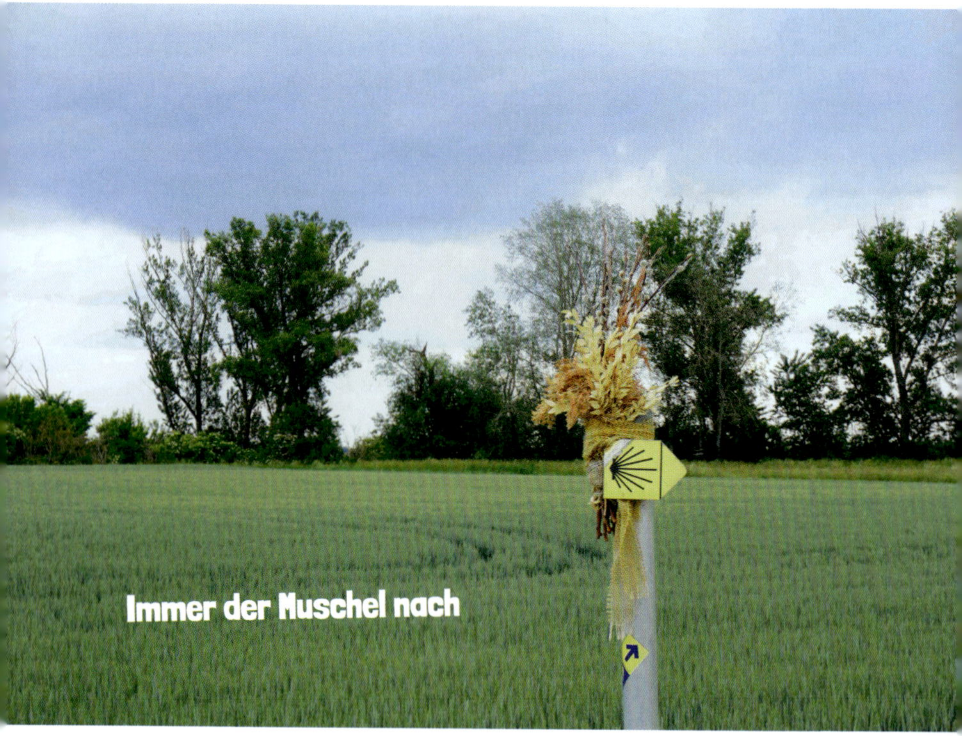

Immer der Muschel nach

gasse und die hoch gelegene Kirche St. Martin mit romanischem Karner aus dem 13. Jahrhundert. Zwischen Leiser Wald und Leiser Bergen kreuzt man eine stillgelegte Eisenbahnlinie, die jedoch von Fahrraddraisinen noch befahren wird.

Am Jakobsweg nähert man sich der **Buschberghütte**, der am niedrigsten gelegenen Alpenvereinshütte Österreichs. Der höchste Punkt des Buschbergs bleibt den Wanderern leider verborgen. Dieser befindet sich im Gelände der Radarstation, die von vielen Himmelsrichtungen weithin sichtbar ist. Als Gipfeltriumph mit prächtigem Ausblick bietet sich der nicht zu übersehende „Kahle Gipfel" nach kurzem Aufstieg an. Was folgt, ist ein toller Panoramaweg nach Oberleis. Ein Abstecher zur Wallfahrtskirche und auf den **Oberleiser Berg** mit Aussichtswarte, Bienenlehrpfad und Liegeplätzen sollte auf jeden Fall ins Auge gefasst werden.

Das macht die Tour einzigartig!

- Liebliche Kellergassen
- Jakobsweg-Feeling
- Die ständige Weinbegleitung

Ernstbrunn steht als nächster größerer Ort auf dem Streckenplan, und der ist wahrlich zum Heulen. Das WolfScienceCenter im **Wildpark** ist österreichweit bekannt und erforscht die jahrtausendealte Beziehung zwischen Wolf, Hund und Mensch. Beim Besuch des Wildparks kommt man einigen Wölfen doch sehr nahe. Beeindruckend! Nach den Orten Großrußbach und Karnabrunn steigt man einen majestätisch anmutenden Stiegenweg zur **Wallfahrtskirche zur Heiligen Dreifaltigkeit** hoch. Ein weiterer Stempel landet im Pilgerpass, dabei genießt man die Ausblicke ins östliche Weinviertel. Am Rande des schattigen Rohrwaldes kommen die Wanderer zum aussichtsreichen Michelberg mit Kapelle und einer archäologischen Fundgrube. Der benachbarte Waschberg gilt als besonders schützenswerte Trockenrasenfläche und ist Teil des Schutzgebietes „Weinviertler Klippenzone". Nach den Tagen zwischen kleinen Weinviertler Dörfern wirkt die Bezirkshauptstadt **Stockerau** fast wie eine Großstadt auf die Pilger. Sie ist es in gewisser Art und Weise auch, nämlich die größte Stadt des Weinviertels.

DER JAKOBSWEG WEINVIERTEL

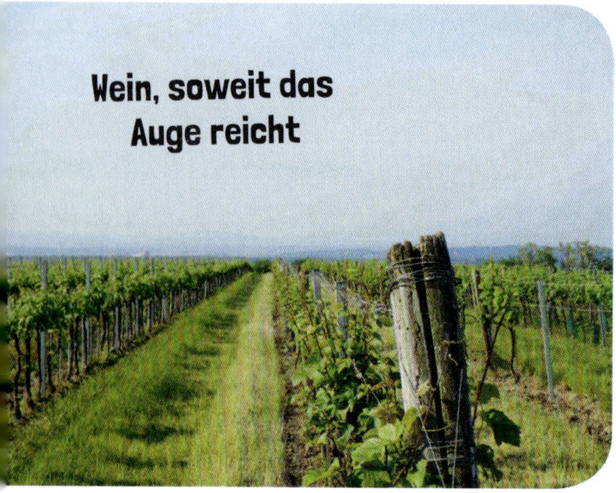

Wein, soweit das Auge reicht

Einige flache Kilometer sind zu bewältigen, dann erklimmen die Wanderer den Höhenrücken des Wagrams. Klingt wilder als es ist, doch die 30 bis 40 Meter **lang gezogene Erhebung** fügt sich überraschend mächtig in die Landschaft ein. Weingärten, Felder und Rebstöcke sind ständige Begleiter. Immer wieder steigt man einige Meter auf den Höhenrücken hoch. Wie auch in Stetteldorf, wo man durch eine schmale Kellergasse wandert und den Presshäusern besonders nahekommt.

Von Kirchberg am Wagram führt die Jakobsmuschel auf aussichtsreichen Feldwegen zur **Friedensstupa**. Das buddhistische Bauwerk ist umgeben von Weingärten und ermöglicht von seinen Außenterrassen einen prächtigen Ausblick auf das westliche Weinviertel und den Donauraum. Barfuß oder nur mit Socken erkundet man das Innere dieses Ortes und lässt die Stille auf sich wirken.

Mit dem Wagram im Rücken erreichen die Pilger kurzzeitig den Kamp-Fluss. Ein ständiger Begleiter ist und bleibt jedoch der Wein. Bei Gedersdorf erholt man sich am Rastplatz bei einer alten Weinpresse, denn es stehen einige Höhenmeter bevor. Eine Kellergasse führt bergwärts auf **hoch gelegene Weinterrassen**, in der Ferne zeigt sich das mächtige Stift Göttweig. Langsam kommt man der Stadt Krems nahe, und ehe man sich versieht, befindet man sich bereits in der Innenstadt mit ihren belebten Fußgängerzonen. In den schmalen Gassen von **Krems** lässt sich sehr viel entdecken, es ist ein Genuss, hier anzukommen. Der Weinviertler Jakobswegs endet offiziell an der **Bürgerspitalkirche**. Folgt man jedoch weiterhin den gelben Wegweisern, gelangt man über die Donaubrücke nach Mautern. In der Römerstadt stoßen die Pilger auf den Jakobsweg Österreich, der von ganz im Osten des Landes nach Feldkirch in Vorarlberg führt und in den Schweizer Jakobsweg übergeht. Und irgendwann landet man dann in Santiago de Compostela. Immer den gelben Pfeilen folgen.

FAZIT

Der Jakobsweg Weinviertel ist die perfekte Route, um einerseits die verschiedenen Regionen der Gegend und andererseits das Pilgern an sich kennenzulernen. Weinselige Gemütlichkeit mischt sich mit Jakobsweg-Flair.

GUT ZU WISSEN

VON: Drasenhofen
BIS: Krems/Donau
LÄNGE: 153 Kilometer
HÖHENMETER: 1600
ETAPPEN: 6
MARKIERUNG: gelbe Wanderwegweiser mit Beschriftung, kleine Plaketten mit aufgedruckter Jakobsmuschel
HÖCHSTER PUNKT: 485 Meter, am Buschberg

DAS BRAUCHE ICH:

- Sonnenschutz
- Stempelpass
- Jakobsmuschel

Abenteuer 2/5
Natur 3/5
Schwierigkeit 1/5

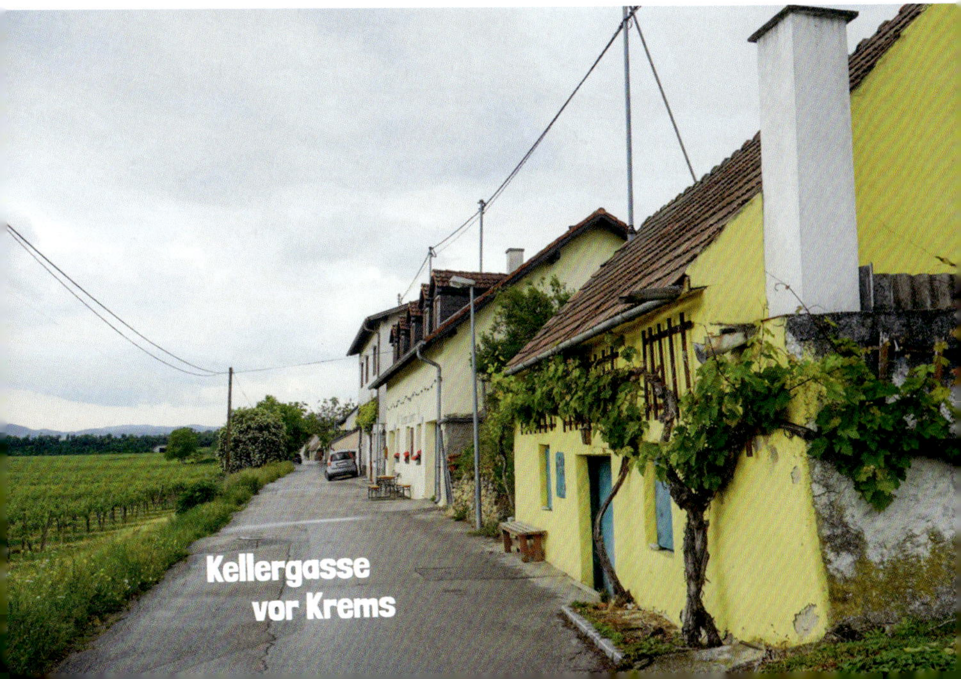

Kellergasse vor Krems

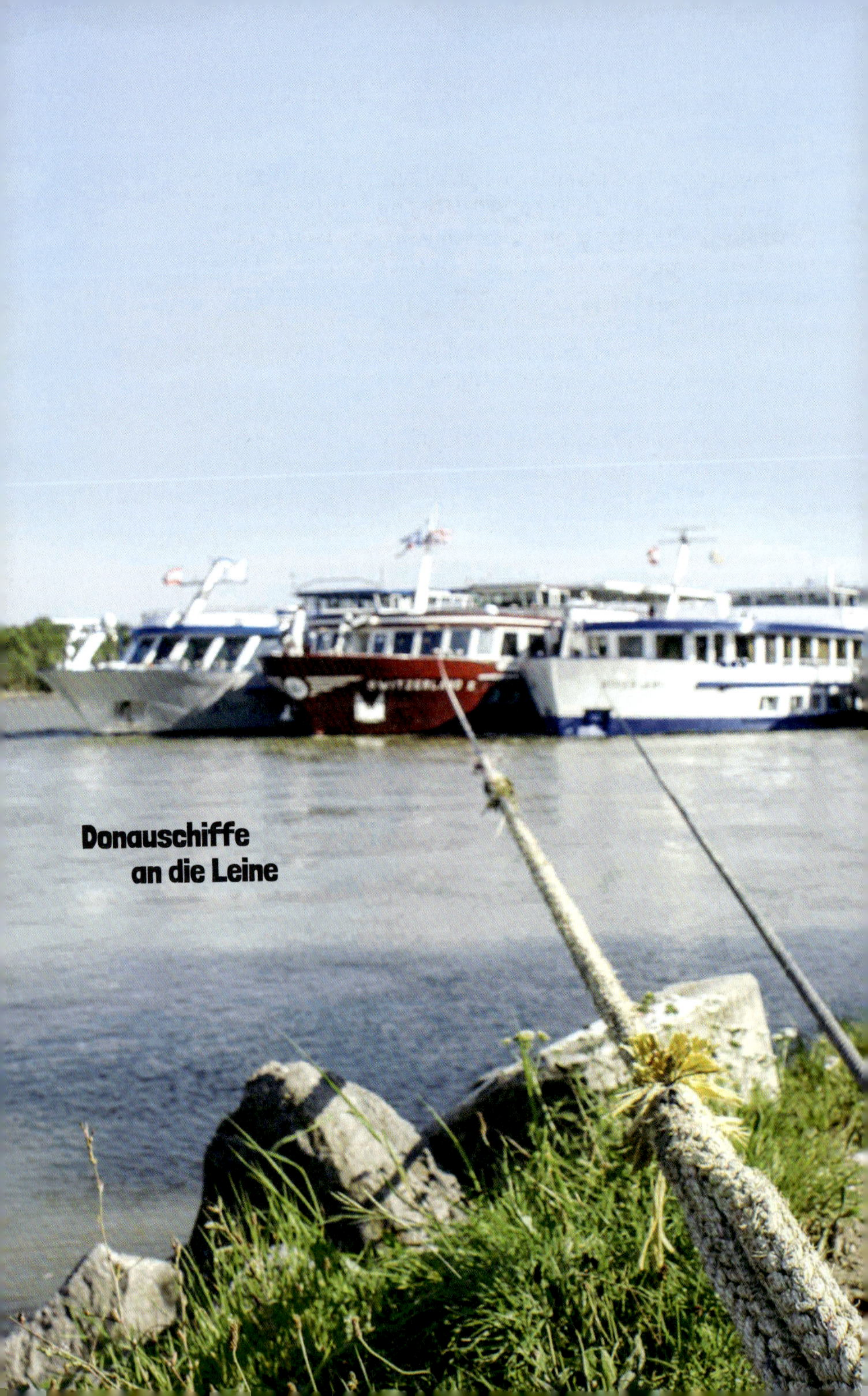

Donauschiffe
an die Leine

Wien ist seit vielen Jahren im vorderen Feld zu finden, wenn die lebenswertesten Städte der Welt gefragt sind. Zu dieser Lebensqualität tragen die Landschaften im Wienerwald und Donauraum ihren Teil bei. Der „rundumadum" verläuft durch den so genannten „Grüngürtel" um die Bundeshauptstadt, bleibt also auch im urbanen Bereich naturnah. Die gute Öffi-Anbindung macht es möglich, die Strecke von einem „Basecamp" aus zu bewältigen.

Der Weg startet an der Straßenbahn- und S-Bahn-Station Nussdorf, einem Bezirksteil im Norden der Stadt. Hier kommt man

Der „rundumadum"

Durch den Wiener Grüngürtel

den Wiener Weingärten schon besonders nahe, aber auch der Donau. An deren Ufer entlang führt die Tour zum Kahlenbergerdorf, wo der steilste Anstieg der gesamten Strecke beginnt. Über den **Nasenweg**, der ersten „Steilnase der Alpen", erklimmt man den Leopoldsberg und genießt die ersten Ausblicke auf Wien. Noch etwas mehr von der Stadt sieht man vom benachbarten **Kahlenberg**. Ortskundige können, ohne mit der Wimper zu zucken, den Stephansdom und das Riesenrad im Prater ausmachen.

Kurz geht es auf der alten Trasse einer Zahnradbahn entlang, ehe mit dem Cobenzl ein besonderer Aussichtspunkt mit Einkehrmöglichkeit auf die Wanderer wartet. Auf schattigen Waldpfaden führt der „rundumadum" auf den 542 Meter hohen **Hermannskogel**. Am höchsten Punkt Wiens lässt es sich zwar gut picknicken, jedoch leider ohne Aussicht. Die weitere Strecke zum Schwarzenbergpark passiert einige Ausflugsgasthöfe, dabei blickt man immer wieder auf Wien hinab und bewegt sich oft am Grenzverlauf zu Niederösterreich. Im Wendeltreppenmodus besteigt man die oberste Plattform der **Jubiläumswarte** und genießt die Aussicht über den Wienerwald und die Donaumetropole.

DER „RUNDUMADUM"

Über die **Steinhofgründe**, einst Teil einer Krankenanstalt und nun Naherholungsgebiet, erreichen die Wanderer den überraschend steilen Dehnepark, ehe mit Hütteldorf wieder – oder eigentlich erstmals – richtig urbanes Gebiet erreicht wird. Im **Bahnhof Hütteldorf** unterschreiten Wanderer die Gleise der Westbahn und überqueren kurz darauf den Wien-Fluss.

Im Lainzer Tiergarten queren, je nach Tages- und Jahreszeit, sogar **frei laufende Wildschweine** den Wanderweg. Sie stellen aber, wenn der Mensch nicht aufdringlich wird, keine Gefahr dar. In die Stadt flüchten können die Wildschweine ebenso schwer, denn der **Lainzer Tiergarten** ist zur Gänze von einer Mauer umgeben. Das Betreten des Naturschutzgebietes ist auch nur zu gewissen Zeiten erlaubt – ja, sogar nur möglich. Tagsüber sind die Tore aber für Zweibeiner geöffnet. So genießt man die Wandertour durch das ehemalige Jagdrevier zu Monarchiezeiten vollends.

INFO

Neben dem „rundumadum-Weg" gibt es in Wien weitere 14 beschilderte Wanderwege zwischen vier und 20 Kilometern Länge.

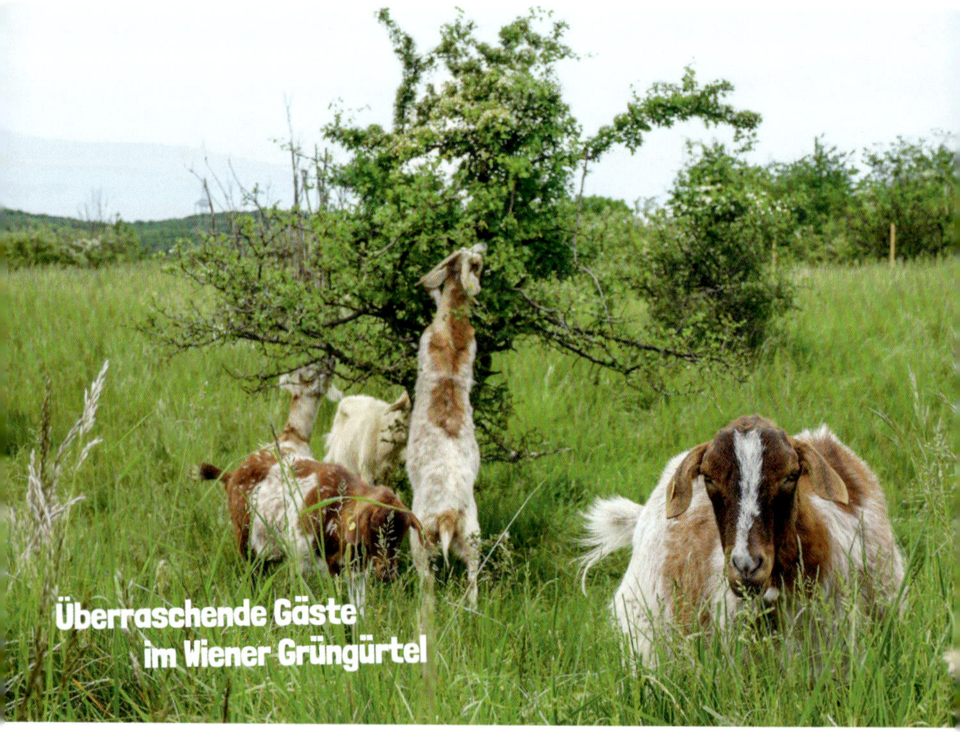

Überraschende Gäste im Wiener Grüngürtel

In Rodaun, einem Stadtteil im Südwesten von Wien, treffen sich die Dürre und die Reiche Liesing und vermengen sich zur ganz normalen Liesing. Diesem Bach folgt man nun einige Kilometer. Dabei unterschreitet man ein Aquädukt der **1. Wiener Hochquellenleitung**, die von Kaiserbrunn im niederösterreichischen Höllental ausgezeichnetes Trinkwasser in die Bundeshauptstadt transportiert.

Nachdem man die unübersehbaren Türme des Wohnparks Alterlaa passiert hat, führt der „rundumadum" durch das **Erholungsgebiet am Wienerberg**. Der Weg quert die eine oder andere stark befahrene Straße, ehe am Laaer Berg wieder etwas Ruhe einkehrt. Hier empfiehlt sich ein Abstecher zur nördlich gelegenen Löwygrube, einer alten Ziegelgrube, und in den **Böhmischen Prater**. Dieses kleine Vergnügungsviertel entstand Ende des 19. Jahrhunderts und beherbergt mehrere Fahrgeschäfte, die bereits bis zu 100 Jahre alt sind. Sehenswert ist die Raupenbahn aus dem Jahr 1926, die auch jetzt noch rustikal ihre Kreise dreht.

Das macht die Tour einzigartig!

- **Wandern im Grünen einer Millionenstadt**
- **Die Ehrengräber auf dem Zentralfriedhof**
- **Blicke auf Wien aus allen Himmelsrichtungen**

„Es lebe der Zentralfriedhof und alle seine Toten", heißt es in der ersten Zeile des Austro-Pop-Klassikers des Liedermachers Wolfgang Ambros. Entgegen der zweiten Zeile ist zum Glück der Eintritt in den Friedhof für Lebende nicht verboten. Der „rundumadum" führt nämlich mitten durch den **siebtgrößten Friedhof der Welt**. Vorbei am alten israelitischen Friedhof, in welchem nicht selten auch grasende Rehe zu beobachten sind, zu den Ehrengräbern mit der **Präsidentengruft** vor der Luegerkirche. Besonders sehenswert sind die letzten Ruhestätten **unterschiedlicher Künstler** wie beispielsweise des Sängers Udo Jürgens (weißer Flügel im Trauertuch), des Karikaturisten Manfred Deix (schwarzer Kater mit Krone und Zigarette im Mund), des Musikers Falco (Panzerglasscheibe als abgebrochene CD und ein Obelisk) oder des Künstlers Franz West (rosarotes Gebilde in Form eines Wurmes).

DER „RUNDUMADUM"

Die Route führt durch den Stadtteil Kaiserebersdorf zum letzten Donaukraftwerk in Österreich vor der Staatsgrenze, dem Kraftwerk Freudenau. Hat man dieses überquert, landet man auf einer künstlich geschaffenen Insel. Die **Donauinsel** trennt den Donaustrom auf einer Länge von 21 Kilometern vom Gewässer der Neuen Donau. Das zwischen 1972 und 1988 errichtete Bauwerk ist ein wesentlicher Bestandteil der Donauregulierung und schützt die Stadt Wien vor Hochwasser, was ihr bislang auch gut gelungen ist. So ganz nebenbei hat sich die „Insel" zu einem beliebten **Naherholungsgebiet** entwickelt. Das Wasser der Neuen Donau hat Badequalität und die ökologischen Nischen haben sich zu Naturreservaten für seltene Tierarten entwickelt.

Einige Kilometer begleitet die Donauinsel die Wanderer, ehe die Neue Donau überquert und die **Lobau** betreten wird. Man bewegt sich nun in „Transdanubien", wie die Stadtteile links der Donau mit etwas Augenzwinkern genannt werden. Das Auengebiet der Lobau befindet sich bereits im **Nationalpark Donau-Auen** und noch im eigentlichen Stadtgebiet. Eine wahre Besonderheit für eine Millionenstadt!

Der Weg umgeht das Stadtentwicklungsgebiet der Asperner Seestadt und führt nun durch die mit Schotterteichen verzierte Agrarlandschaft der Donaustadt. Bei Gerasdorf wandert man für kurze Zeit durch Niederösterreich. Der **Marchfeldkanal**, errichtet für die landwirtschaftliche Bewässerung des Marchfeldes, leitet die Wanderer nun an den Rand von Stammersdorf. Man passiert bereits die ersten Weingärten und in weiterer Folge auch wunderbare Aussichtspunkte und Heurigenlokale. Stammersdorf und das benachbarte Strebersdorf sind **beliebte Weindörfer** mit ruhigem Vorort-Flair.

Der Ausgangspunkt in Nussdorf rückt immer näher. Neuerlich quert man den Donaustrom und lernt ein Stück der nördlichen Donauinsel kennen. Die letzten Kilometer führen am **Donaukanal** entlang. Stadteinwärts erfreuen sich die Ufer des Donauarms stetiger Freizeitnutzung. Die Wanderer meiden jedoch das Stadtzentrum und erreichen nach kurzer Zeit das Ziel in Wien Nussdorf. Die Runde durch den Wiener Grüngürtel ist geschafft

FAZIT

In der Stadt wandern, aber doch irgendwie nicht. Der „rundumadum" sucht die grünen Orte in den Außenbereichen Wiens auf und verbindet diese geschickt miteinander. Besonders faszinierend ist der bunte und schnell wechselnde Kontrast zwischen Großstadt und einsamen Naturbereichen.

GUT ZU WISSEN

2

VON/BIS: Wien Nussdorf
LÄNGE: 120 Kilometer
HÖHENMETER: 2200
ETAPPEN: 7
MARKIERUNG: roter Apfel in Herzform auf weißem Untergrund mit Richtungspfeilen
HÖCHSTER PUNKT: 542 Meter, Hermannskogel

DAS BRAUCHE ICH:

- Ticket der Wiener Linien
- Stadtplan inklusive Außenbezirke
- Stempelpass der Stadt Wien

Abenteuer 3/5
Natur 3/5
Schwierigkeit 1/5

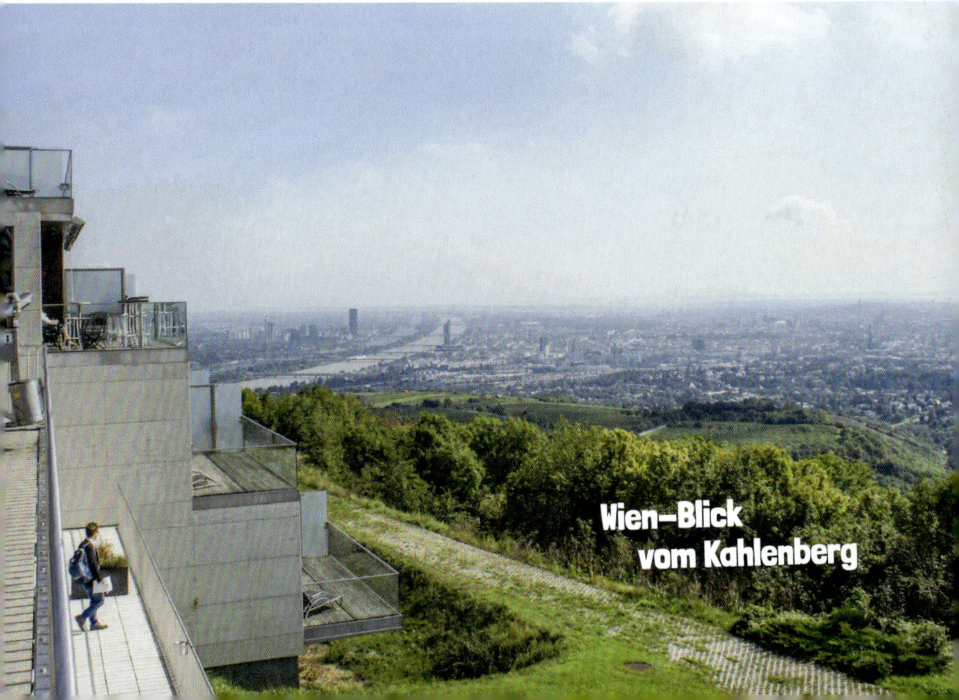

Wien-Blick vom Kahlenberg

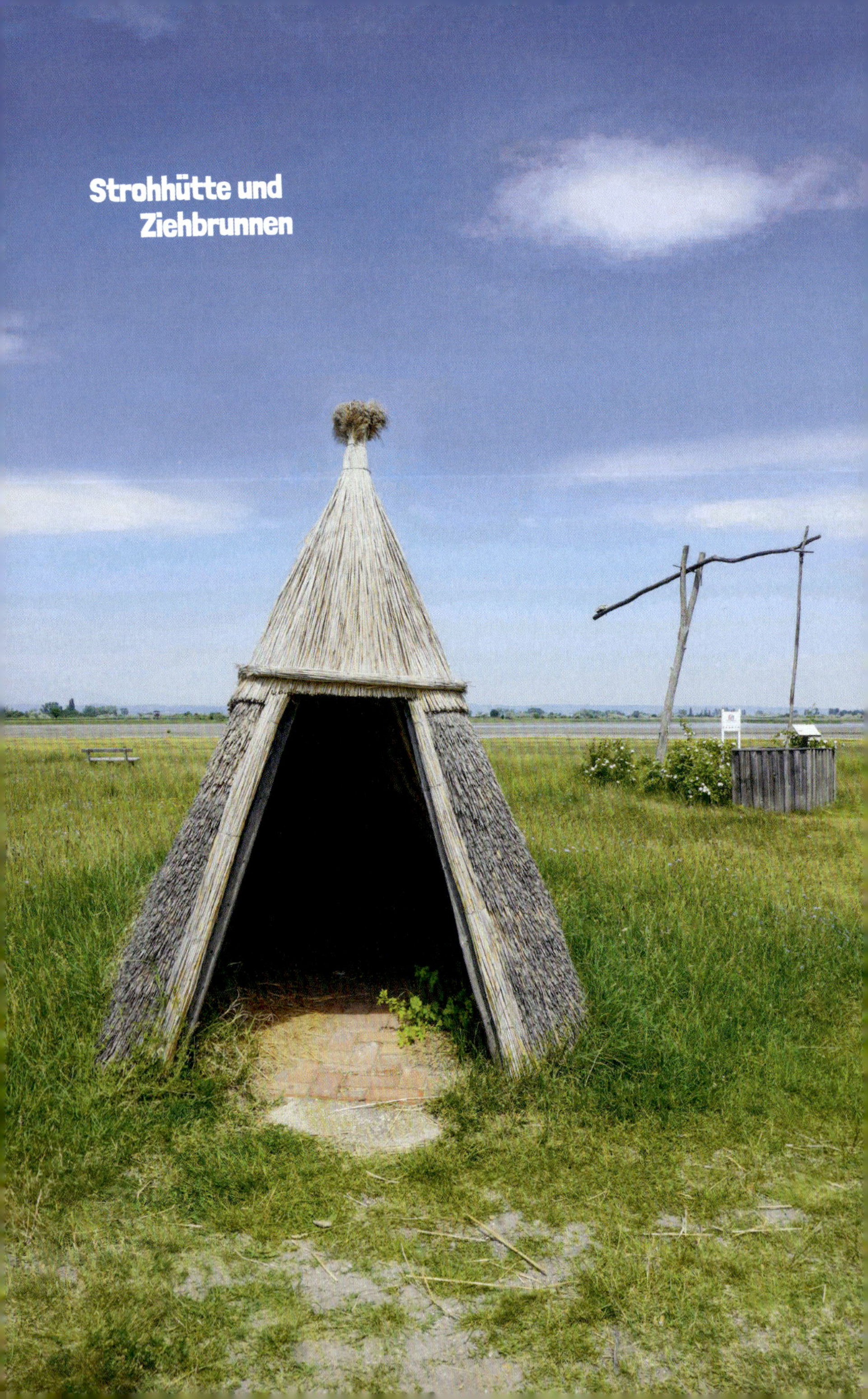

Strohhütte und Ziehbrunnen

Der Bernstein Trail durch das Burgenland überrascht mit einigen Besonderheiten: einzigartige Salzlacken am Neusiedler See, pannonisches Klima, Weingebiete im Norden und im Süden, hügelige Waldlandschaften sowie malerische Orte und römische Geschichte. Denn der Bernstein Trail folgt der „Römischen Bernsteinstraße". Auf dieser alten Handelsroute wurde wertvoller Bernstein vom Baltikum an die Adria transportiert.

Der Bernstein Trail beginnt am Besucherzentrum des rekonstruierten Stadtviertels im niederösterreichischen **Carnuntum**.

Der Bernstein Trail

Unterwegs auf römischen Spuren

Die bedeutendste antike Ausgrabungsstelle Österreichs ist eines der wichtigsten Denkmäler am Donaulimes. Sehenswert sind auch das Amphitheater und das **Heidentor**. Dieses Siegesdenkmal aus dem 4. Jahrhundert n. Chr. steht inmitten einer weiten Agrarlandschaft und gilt als bedeutendes Monument des römischen Österreichs.

In der **Leitha-Au** betreten die Wanderer erstmals burgenländischen Boden. Eine römische Palastanlage und Windkraftanlagen kennzeichnen den Weg in die Stadt **Neusiedl am See**. Der Trail führt ostwärts durch die Weinhügel von Weiden, Gols und Mönchhof zum Schloss Halbturn und auf nunmehr flachen Wegen zur Basilika Mariä Geburt von **Frauenkirchen**. Die Kirche machte den Ort bereits im 14. Jahrhundert zu einem bekannten Wallfahrtsort. Auch heute liegt Frauenkirchen an einem Pilgerweg, nämlich am Jakobsweg Burgenland.

Exakt zwei Höhenmeter auf 24 Kilometern warten am Weg nach Illmitz auf die Flachland-Wanderer. Die Strecke führt durch landwirtschaftlich genutztes Gebiet zum **Zicksee**. Am kleinen Steppensee kann, je nach Wasserpegel, auch ein Bad genommen werden. Kurz danach erreicht man erstmals den

INFO

Die zwei Grenzüberschreitungen zu Ungarn am Bernstein Trail verdeutlichen die enge Beziehung zum Nachbarland. Erst seit dem Jahr 1921 ist das Burgenland Teil der Republik Österreich.

Nationalpark Neusiedler See – Seewinkel. Rund 40 **salzhaltige Lacken** befinden sich östlich des großen Sees. Die Lange Lacke trocknet im Laufe der warmen Sommermonate nicht aus und ist ein wahres **Vogelparadies**. Von Aussichtstürmen erblickt man die steppenartige Landschaft. Mit einem Fernglas und entsprechender vogelkundiger Begleitung lassen sich Purpurreiher, Rotschenkel oder Zwergdommel in den unterschiedlichen Landschaftsstrichen beobachten. Die Lacken sind allesamt salzhaltig und stehen streng unter Naturschutz. Im Besucherzentrum am Ortsrand von **Illmitz** informiert man sich über den ökologischen Reichtum dieser Region. Zum Sandeck mit Aussichtsturm und den weißen Eseln führt der Bernstein Trail direkt hin, danach geht's am **Schilfgürtel** vorbei zum Ostufer des Neusiedler Sees. Ab hier bedient man sich einer **Fähre**, die die Wanderer zum Westufer nach Mörbisch bringt. Ein Abstecher führt von der

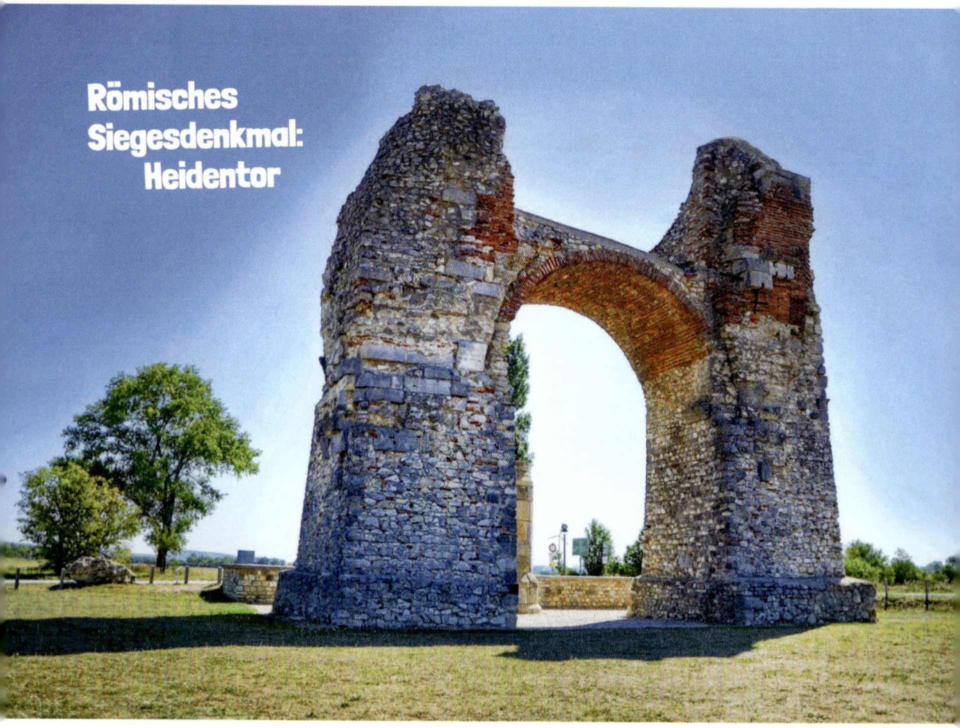

Römisches Siegesdenkmal: Heidentor

Seebühne zum **Römersteinbruch** nach St. Margarethen und in einer Schleife nach Rust. Sieht man im Frühling und Frühsommer auf die Dächer der Stadt, zeigen sich Weißstörche in den eigens vorbereiteten Nestern.

Während der fünften Etappe verlässt man den Einflussbereich des Neusiedler Sees und übertritt die Grenze zu Ungarn. Am Weg nach Fertőrákos zeigt sich letztmalig der Steppensee, die römische Geschichte begleitet den Trail weiterhin. Im Römischen Steinbruch von **Fertőrákos** ist ein Felsentheater integriert, dieses zählt zu einem bedeutenden Relikt der Antike. Es folgen erstmals schattige Kilometer, von einem Aussichtsturm blickt man auf die historische Altstadt von **Sopron**. Ursprünglich hätte Ödenburg, so die deutsche Bezeichnung, nach dem Ersten Weltkrieg die Hauptstadt des Burgenlands werden sollen. Die Volksabstimmung von Ödenburg entschied jedoch anders. Sopron und die umliegenden Dörfer verblieben bei Ungarn.

Das macht die Tour einzigartig!

- Die Salzlacken am Neusiedler See
- Römische Geschichte und Stätten
- Kellerstöckl und Strohdächer im Südburgenland

Die Route führt nun in das waldreiche Ödenburger Gebirge zu einem Gräberfeld aus der Keltenzeit. Es geht wieder über die Grenze, nunmehr ins **Blaufränkischland** rund um Neckenmarkt. Nahezu die gesamte Anbaufläche dieser Traubenart befindet sich im Burgenland. Das örtliche Weinbaumuseum veranschaulicht die Geschichte des Weinbaus, im Innenhof sind die wichtigsten Rebsorten gepflanzt. In der Ortsvinothek können die Weine der Region auch verkostet werden.

Von den Weinbaugebieten um Neckenmarkt geht es in die Weinbauregion um den **Thermenort Lutzmannsburg**. Dazwischen liegen eine urtümliche Landschaft und die Trasse der **antiken Bernstein-Straße**. Schautafeln weisen immer wieder auf diese Besonderheit hin. Nun übertritt man zum zweiten Mal die Grenze nach Ungarn. Feldwege führen in kleine, typisch ungarische Dörfer und in das Städtchen Kőszeg am Fuße des **Günser Gebirges**, dem östlichsten Ausläufer der Alpen.

Die neunte Etappe dringt in den grenzüberschreitenden Naturpark Írottkö/Geschriebenstein ein. Mit fast 900 Höhenmetern im Aufstieg ist dieser Wandertag gewiss der anspruchsvollste. Der **Geschriebenstein** ist mit 884 Metern der höchste Punkt des Burgenlands. Vom imposanten Aussichtsturm am Gipfel hat man in beide Länder einen ungehinderten Weitblick. Die weitere Strecke führt am Grenzverlauf an die Südseite des Naturparks, nach **Rechnitz**.

Der südliche Abschnitt des Bernstein Trails durchquert eine hügelige Landschaft, die von Wein- und Obstkulturen geprägt ist. Nach Eisenberg lernen die Wanderer endlich die sogenannten **Kellerstöckl** kennen. Es sind kleine Winzergebäude neben idyllischen Weingärten, die vor allem für den Tourismus immer beliebter werden. Die Wanderer stoßen in den Naturpark Weinidylle vor, erreichen die Wallfahrtskirche Maria Weinberg und spazieren durch Gassen mit historischen Kellerstöckln zum Weinbau- und Freilichtmuseum Moschendorf. Etappenziel ist das berühmte **Kellerviertel von Heiligenbrunn**. Hier befinden sich rund 120 Weinkeller aus dem 17. und 18. Jahrhundert, um die 50 Gebäude sind noch **mit Stroh gedeckt**.

Die am Schlossberg thronende **Burg Güssing** erblickt man bereits aus der Ferne, der Trail führt direkt an der ältesten Burganlage des Burgenlands vorbei. Hat man den Fidischwald durchquert, landen die Wanderer im **Uhudlerviertel** von Eltendorf. Ein Uhudler ist ein Wein, der im Aussehen einem hellen Rotwein ähnelt und hauptsächlich in dieser Region erzeugt wird. Der geringfügig höhere Methanolgehalt, gesundheitlich nicht bedenklich, sorgte in der Vergangenheit aber dafür, dass der Uhudler mehrfach verboten war. Im Volksmund nennt man diesen **säurebetonten Wein** auch „Heckenklescher“ oder „Rabiatperle“.

Die letzte Etappe nach **St. Martin an der Raab** im Südburgenland zeigt sich von ihrer idyllischsten Seite. Feldwege, Flusstäler, Waldgebiete, Weingärten und historische Gebäude säumen den Weg. Der Bernstein Trail endet an den **römischen Gräbern** bei St. Martin. In 13 Etappen hat man nur einen Teil der früheren Bernsteinstraße begangen. Aber dieser war dafür äußerst eindrucksvoll.

FAZIT

Die geringe Anzahl von Höhenmetern erfreut weniger trainierte Wanderer, doch die Flachland-Etappen dürfen aufgrund ihrer Länge keineswegs unterschätzt werden. Der Bernstein Trail ermöglicht, vom Neusiedler See im Norden bis zu den Weinhängen im Süden, ein Kennenlernen der vielen unterschiedlichen Landstriche des Burgenlands.

GUT ZU WISSEN

VON: Legionslager Carnuntum
BIS: Römische Gräber bei St. Martin an der Raab
LÄNGE: 320 Kilometer
HÖHENMETER: 3060
ETAPPEN: 13
MARKIERUNG: weißes B auf gelbem Grund sowie blaue Tafeln mit Beschriftung
HÖCHSTER PUNKT: 884 Meter, Geschriebenstein

DAS BRAUCHE ICH:

- Fernglas zur Vogelbeobachtung
- Reisedokument für Grenzübertritte
- Sonnenschutz

Abenteuer 🔥🔥🔥 (3 von 5)
Natur ⛺⛺⛺ (3 von 5)
Schwierigkeit 1 von 5

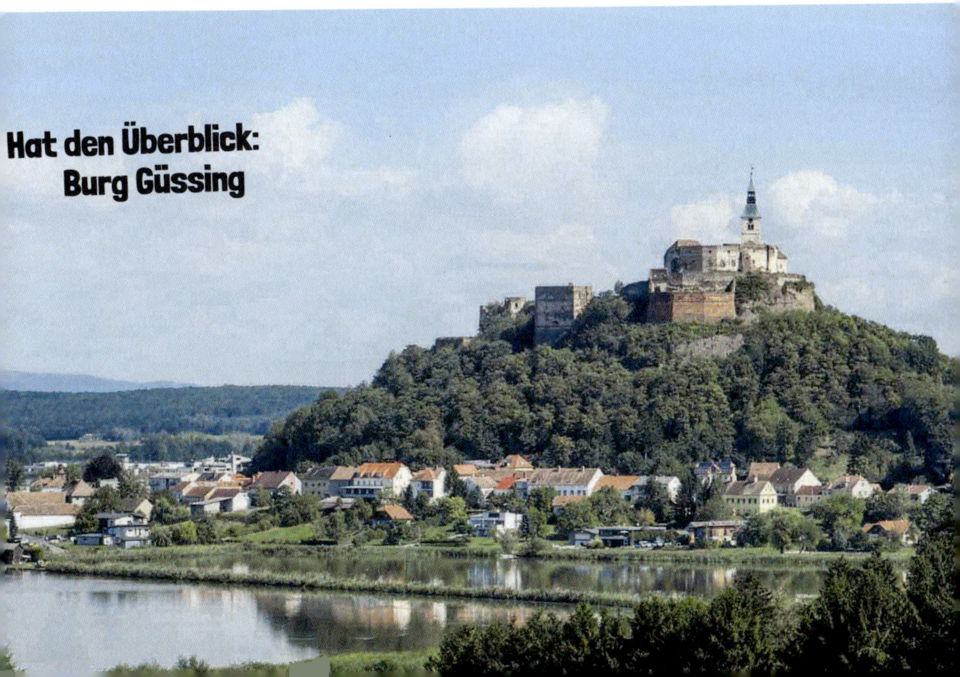

Hat den Überblick: Burg Güssing

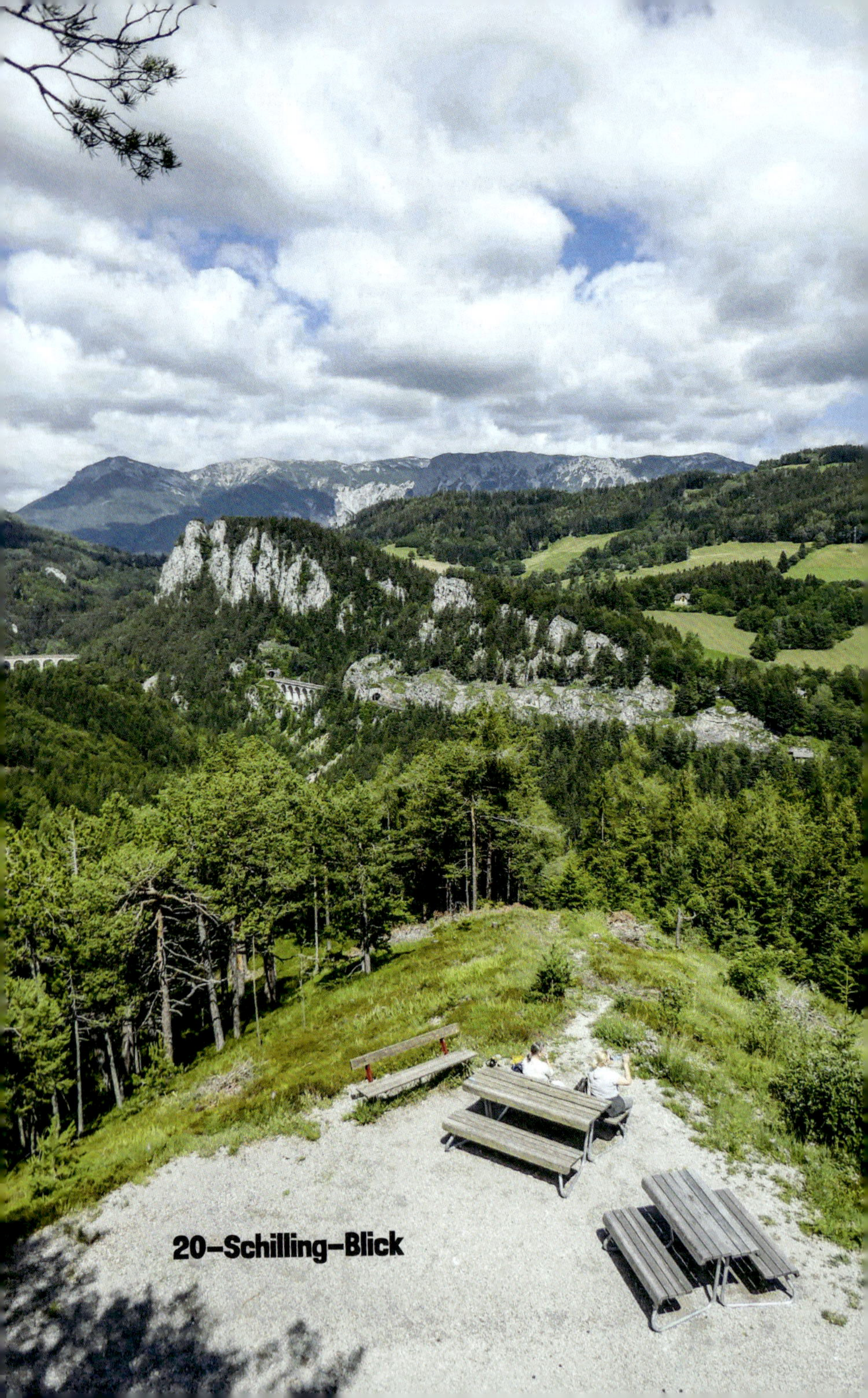
20-Schilling-Blick

Der Wiener Alpenbogen verbindet einige altbekannte Berge und Orte in den Wiener Hausbergen und der Buckligen Welt. Doch selbst Einheimische werden auf diesem Weg Neues und Unerwartetes entdecken. Vom Land der tausend Hügel bis hin zur sanften Almlandschaft am Hochwechsel, dem historischen Semmering und zu den hohen Gipfeln der Wiener Hausberge. Der Weg im südlichen Niederösterreich spielt alle Wanderstückerl.

Am Schloss Katzelsdorf, südlich von Wiener Neustadt, startet der Wiener Alpenbogen. Die ersten Höhenmeter lassen nicht

Der Wiener Alpenbogen

Bergerlhüpfen in den Wiener Hausbergen

lange auf sich warten. Vom höchsten Punkt der ersten Etappe, der **Rosaliakapelle** auf 748 Metern, blickt man einerseits in die pannonische Tiefebene Richtung Neusiedler See, andererseits bereits auf den alpinen Schneeberg. Bis zum geografischen Höhepunkt der Tour sind es jedoch noch einige Tage.

Die erste Etappe war ein Vorgeschmack auf die **Bucklige Welt**, die wahren Buckel kommen aber erst. Ab der kleinen Ansiedlung Leiding reihen sich Hügel an Hügel, dazwischen formieren sich kleinbäuerliche Strukturen. In Thernberg besucht man das **Erzherzog-Johann-Museum**. Die Gemeinde war ein Rückzugsort für den naturinteressierten Erzherzog. Hier führte er Experimente zur Verbesserung der Landwirtschaft durch und legte Versuchsgärten an.

Es geht aufwärts zur Kaltenberger Höhe und zur **Wallfahrtskirche Maria Schnee**. Prächtige Ausblicke auf den Schneeberg begleiten die Wanderer wie fast bei jeder Etappe am Wiener Alpenbogen. Im ständigen Auf und Ab bewegt man sich über die Buckel hinweg nach **Kirchschlag**. Die Stadtgemeinde gilt als kulturelles Zentrum der Region und ist zugleich Passionsspielort. Von der frei zugänglichen Burgruine genießt man eine großartige Aussicht auf den darunterliegenden Ort. Der 22 Meter hohe Bergfried dient dabei als Warte.

Vom Kurort Bad Schönau führt der Wiener Alpenbogen auf den **Hutwisch**. Mit 896 Metern gilt er, je nach Abgrenzung der Buckligen Welt, als höchster Punkt dieses Landstrichs. Ein schöner Höhenweg führt danach zum Luftkurort Mönichkirchen. Auf die Mönichkirchner Schwaig, wie die Almen in dieser Region genannt werden, geht es entweder gemütlich mit der Seilbahn oder zu Fuß. Die Steinerne Stiege leitet auf den sanften Höhenrücken des Niederwechsels, von hier ist es nicht mehr weit auf den 1743 Meter hohen **Hochwechsel**. Das Wetterkoglerhaus dient als passende Unterkunft. Als Gipfelhütte ist den Wanderern ein wunderschöner Sonnenaufgang garantiert. Solange das Wetter mitspielt.

Einige Fernsichten und eine urige Einkehrmöglichkeit warten am Weg zum 1523 Meter hohen Sonnwendstein. Vom Gipfel

INFO

Seit dem Jahr 1897 ist die Schneebergbahn in Betrieb und überwindet auf einer Länge von 9,7 Kilometern eine Höhendifferenz von 1218 Metern.

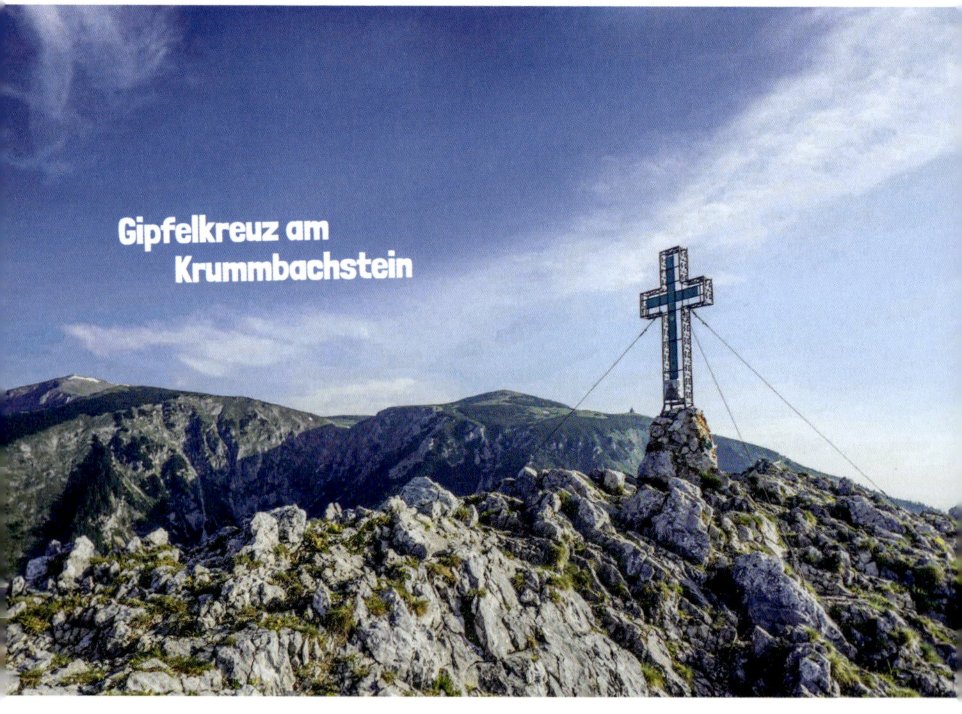

Gipfelkreuz am Krummbachstein

steigt man zur Passhöhe am Semmering ab und quert dabei die weltcuperprobte Skipiste. Große und prächtige Gebäude zeugen im Sommerfrischeort von einer mondänen Vergangenheit, das Weltkulturerbe der **Semmeringbahn** steht nun aber im Mittelpunkt. Immer wieder bekommt man Einblicke in die faszinierende Ingenieurskunst, die es Carl Ritter von Ghega erlaubte, eine Bahnstrecke durch dieses zerklüftete Gebiet anzulegen. Die Semmeringbahn verbindet Wien mit Städten wie Klagenfurt und Graz und ist somit auch Bestandteil der Verbindungen ins südliche Ausland. Erst wenn voraussichtlich im Jahr 2028 der Semmering-Basistunnel öffnet, wird der Fernverkehr über eine andere Strecke verlaufen. Historisch wertvoll ist diese Wanderung allemal, denn am **20-Schilling-Blick** zeigen sich die Pollereswand und somit auch das Motiv einer alten 20-Schilling-Note. Die Aussicht ist jedenfalls kostenlos. Mehr über die Semmeringbahn erfährt man im Ghega-Museum direkt am Wanderweg. Kurz danach verlässt man die Bahnlinie und wandert nach Prein an der Rax.

Das macht die Tour einzigartig!

- **Land der tausend Hügel**
- **Wiener Hausberge Rax und Schneeberg**
- **Weltkulturerbe Semmering-Bahn**

Vom Fuße der Rax nimmt man die Besteigung des Kalkstocks in Angriff. Der **Schlangenweg** führt auf das Hochplateau zum Karl-Ludwig-Haus, einem möglichen Stützpunkt auf der Rax. Keine Angst, der Weg heißt nur so, weil er sich nach oben „schlängelt". Lohnend sind die weiteren 200 Höhenmeter zur Steinkapelle auf der Heukuppe, mit 2007 Metern der höchste Punkt der Rax. Schöne Bergpfade führen durch eine Latschen-Landschaft zum **Habsburghaus**. In der Ferne sind äsende Gämsen keine seltene Beobachtung.

Tags darauf vollendet man die Überschreitung der Rax. Zuerst am Kammweg zum Ottohaus mit prächtigem Ausblick, im Abstieg dann über den Törlweg **durch ein Felsentor** in den Kur- und Theaterort Reichenau an der Rax. Entlang der Schwarza bewegt man sich auf den idyllischen Wasserleitungsweg zu. Dieser führt im ständigen Auf und Ab, zumeist nahe dem

Fluss, durch das Höllental nach Kaiserbrunn. Hier verläuft auch die **1. Wiener Hochquellenleitung**, die seit 1873 die Bundeshauptstadt Wien mit einwandfreiem Trinkwasser aus dem Rax- und Schneeberggebiet versorgt. Etwas fordernd ist daraufhin der teils versicherte Miesleitensteig zum **Naturfreundehaus Knofeleben**.

Vom felsigen Krummbachstein wirken der Schneeberg und das Elisabethkirchlein bereits zum Greifen nahe. Zu passenden Zeiten lässt sich auch der „Salamander“ beobachten. So nennt sich die **längste Zahnradbahn Österreichs**, die von Puchberg auf den Schneeberg tuckert. Man quert nahe der Haltestelle Baumgartner die Trasse der Bahn, der Salamander bleibt aus zwei Gründen auf rund 1400 Metern Seehöhe stehen. Entgegenkommende Züge finden hier eine Ausweichstrecke vor, und Wanderer und Zugfahrende werden mit Buchteln, einer schmackhaften Süßspeise, versorgt. Vom Bergbahnhof Hochschneeberg ist es eine gemütliche Wanderung zum Gipfelkreuz am **Klosterwappen**. Dieses markiert auf 2076 Metern den höchsten Punkt Niederösterreichs. Direkt neben der nahe liegenden Fischerhütte erwandert man mit dem Kaiserstein noch den dritten 2000er am Wiener Alpenbogen.

Nach erfolgtem Abstieg vom Schneeberg verläuft der Weg über die Dürre Wand zum beliebten Öhlerschutzhaus. Es geht weiter zum Plattenstein, dem letzten 1000er-Gipfel der Wandertour. Das Ende der 15. Etappe befindet sich im Piestingtal, auch **Biedermeiertal** genannt. Bekannte Maler wie Friedrich Gauermann, der in dieser Region viele Vorlagen für seine Kunstwerke vorfand, gaben dem Tal seinen Namen. Ein Kunstwerk sind jedenfalls die landschaftlich sehenswerten **Myrafälle**, wo sich der Myrabach tosend einen Weg ins Tal sucht.

Föhrenwälder und alte Spuren des **Pecherhandwerks** begleiten die Wanderer am Weg hinab nach Markt Piesting. Einige Abstecher führen dabei zu wundersamen Kleinoden wie dem Teufelsstein oder dem Steinernen Stadl, einem imposanten Felsendurchgang mitten im Wald. Vom Obelisken am Kaiserstein blickt man bereits hinab auf **Bad Fischau**. Bei einer der Heurigengaststätten des lieblichen Ortes lässt man die Tage am Wiener Alpenbogen Revue passieren.

FAZIT

Der Wiener Alpenbogen führt auf die hohen Gipfel der Wiener Hausberge, ist aber für einen Bergweg technisch relativ einfach. Für Abwechslung sorgen die genussvollen Hügellandschaften der Buckligen Welt und die ruhige Waldidylle rund um das Biedermeiertal.

GUT ZU WISSEN

VON: Katzelsdorf
BIS: Bad Fischau
LÄNGE: 293 Kilometer
HÖHENMETER: 14.000
ETAPPEN: 19
MARKIERUNG: weißes WAB auf blauem Grund
HÖCHSTER PUNKT: 2076 Meter, Klosterwappen am Schneeberg

DAS BRAUCHE ICH:

- Festes Schuhwerk für Rax und Schneeberg
- Schlafsack für die Hütten in den Wiener Hausbergen
- Kleingeld für die Buchteln bei der Haltestelle Baumgartner der Schneebergbahn

Abenteuer 3/5
Natur 4/5
Schwierigkeit 3/5

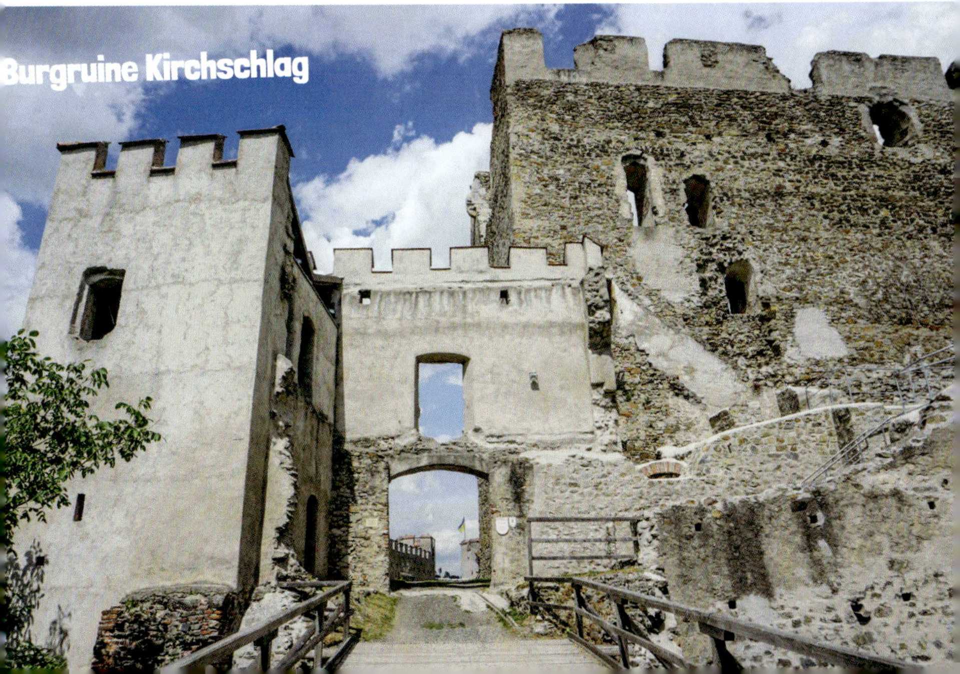
Burgruine Kirchschlag

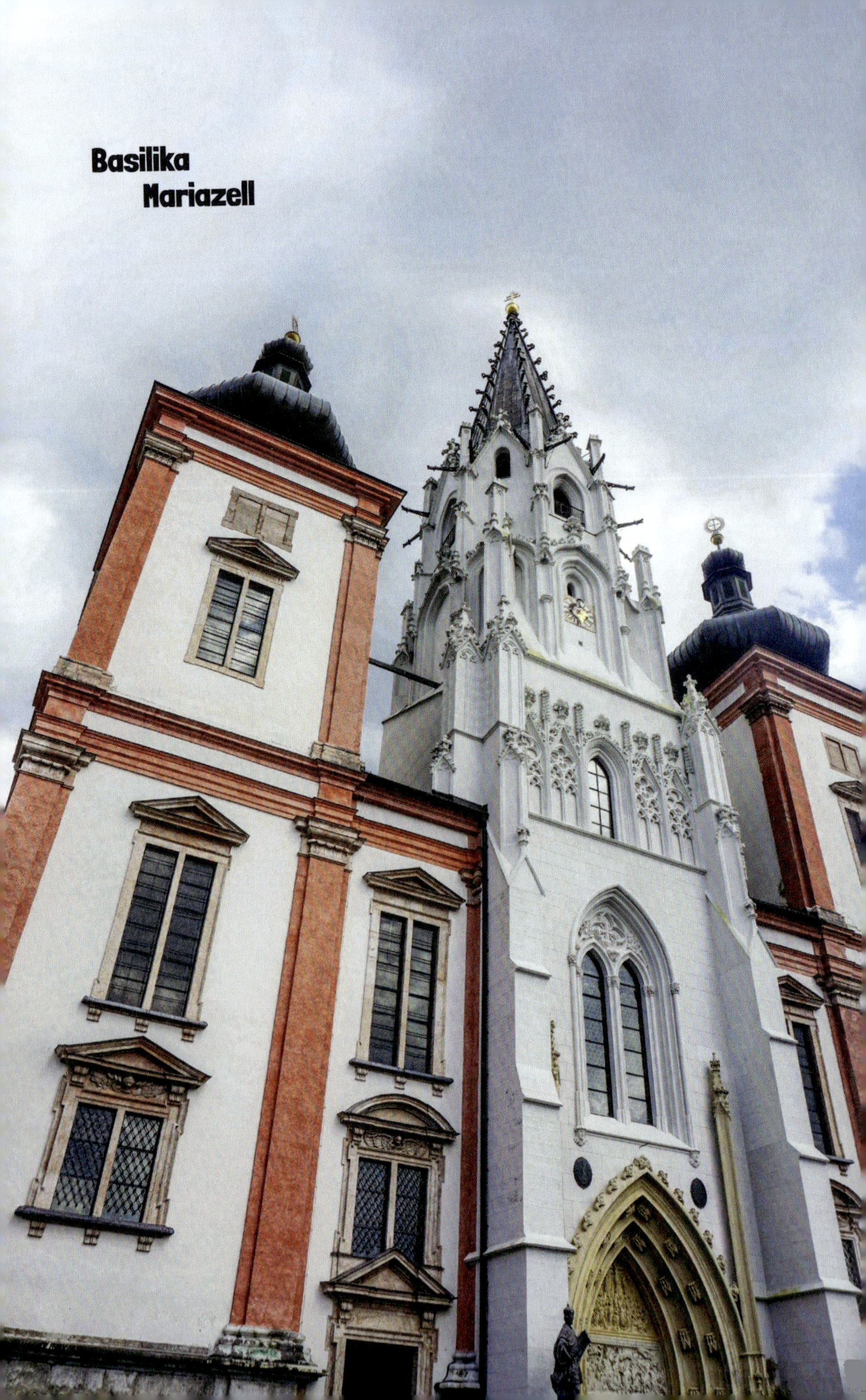

Basilika Mariazell

Ein wahrer Klassiker unter den österreichischen Pilgerwegen ist die Wallfahrt von Wien nach Mariazell. Der Wallfahrtsort in der Steiermark ist dank der Gnadenstatue „Magna Mater Austriae" in der Basilika zum wichtigsten Pilgertreff Österreichs aufgestiegen. Die Strecke – mit der Wegnummer 06 zählt er zu den zehn großen Weitwanderwegen Österreichs – führt vom Wiener Stadtrand durch die niederösterreichischen Voralpen nach Mariazell.

Im Südwesten Wiens, im Stadtteil **Rodaun**, startet der Wiener Mariazellerweg seine 115 Kilometer lange Strecke nach Mariazell.

Der Wiener Mariazellerweg

Auf den Spuren der Wallfahrer

Alternativ kann man auch in Perchtoldsdorf südlich von Wien starten, die Wege treffen sich nach wenigen Kilometern bei der Kammersteiner Hütte. Zunächst geht es über die **Perchtoldsdorfer Heide**, einen Trockenrasenbereich mit seltenen Tieren und Pflanzen, zu zwei Ausflugshütten. Die zweite davon ist die Kammersteinerhütte, von deren Josefswarte ein Blick auf den Wienerwald geworfen wird. In leichtem Auf und Ab führt der Mariazellerweg am Schloss Wildegg vorbei nach Sittendorf und **Heiligenkreuz**. Das gleichnamige Stift besteht seit der Gründung im Jahr 1133 ohne Unterbrechung. Somit ist die Abtei das weltweit zweitälteste durchgehend bestehende Zisterzienserkloster.

Die nächste Besonderheit am Weg ist das ehemalige **Jagdschloss Mayerling**. Der österreichisch-ungarische Thronfolger Kronprinz Rudolf verstarb hier im Jahr 1889 gemeinsam mit seiner Geliebten Mary Vetsera. Bis heute sind die genauen Umstände ungeklärt. Historiker gehen jedoch davon aus, dass der unter Depressionen leidende Kronprinz zuerst seine Geliebte und dann sich selbst richtete. Das Schloss wurde im Anschluss in ein Kloster umgebaut. Unter dem Hochalter der neuen Kirche befindet sich die Sterbestelle des Kronprinzen. Das neue Kloster wurde dem **Orden der Unbeschuhten Karmelitinnen** überlassen, die bis heute hier aktiv sind.

Je weiter man sich südlich bewegt, desto höher werden die Erhebungen im Wienerwald. Von Holzschlag lohnt sich beispielsweise der Abstecher auf den 716 Meter hohen **Peilstein**. Die westlich davon liegenden Felswände gelten als wahres Kletter-Eldorado. Im Peilsteinhaus können Wallfahrer auch eine Nacht einlegen, die angrenzende Warte bietet prächtige Ausblicke. Ab der **Wallfahrtskirche Hafnerberg** – mit der davorstehenden 500 Jahre alten Linde – folgt ein genussvoller Übergang nach Klein-Mariazell. Hier finden Wanderer ein **ehemaliges Benediktinerkloster** vor, das bereits im Jahr 1782 aufgehoben wurde. Die ehemalige Stiftskirche trägt den Ehrentitel Basilica minor, den ihr Papst Benedikt XVI. im Jahr 2007 verlieh. In der Abteikirche wird der Märtyrerin **Maria Restituta** gedacht. Die Ordens- und Krankenschwester widersetzte sich zur Zeit des Nationalsozialismus den Machthabern und wurde 1943 wegen „Vorbereitung zum Hochverrat" hingerichtet. Papst Johannes Paul II. sprach sie selig.

INFO

Insgesamt sieben Mariazellerwege führen aus den unterschiedlichen Bundesländern nach Mariazell. Nur Tirol und Vorarlberg „schicken" keinen eigenen Weg in den steirischen Wallfahrtsort.

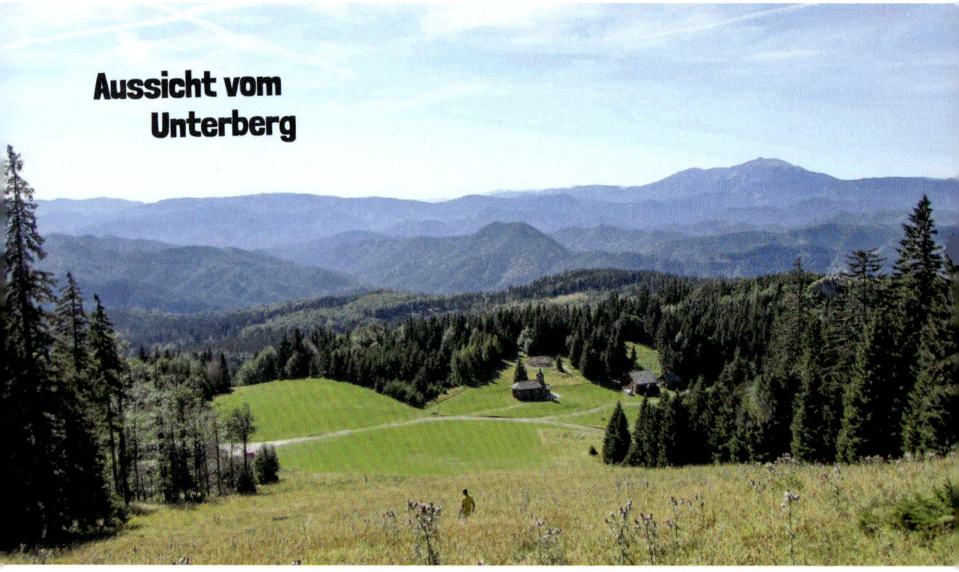

Aussicht vom Unterberg

Einfach zu gehende Forst- und Asphaltwege führen nach Kaumberg im Triestingtal. Aussichtsreich führt der Mariazellerweg rund 300 Höhenmeter bergwärts zur **Araburg**. Die Burganlage steht unter Denkmalschutz, im Inneren des Areals befindet sich ein kleines Museum. Der 27 Meter hohe Bergfried ermöglicht einen Rundumblick zum Schneeberg und auf die niederösterreichischen Voralpen. Schattige Waldwege führen anschließend zur **Enzianhütte** am 1107 Meter hohen Kieneck. Gemeinsam mit einigen anderen bezeichneten Wegstrecken wandert man im Auf und Ab zum **Unterberg**. Dessen Wege auf den Gipfel sind zwar steil, aber leicht zu begehen. Und der Aufstieg lohnt sich, die Aussicht vom Unterberg ist grandios! Das Unterbergschutzhaus ist, wie die Enzianhütte zuvor, eine Einkehr- und Nächtigungsmöglichkeit für Wallfahrer. In der gegenüberliegenden **hölzernen Wallfahrtskapelle** greift man Mariazell bereits vor, das Innere beherbergt eine Kopie der Mariazeller Muttergottes-Statue.

Das macht die Tour einzigartig!

- Sehenswerte Kirchen und Klöster
- Der aussichtsreiche Unterberg
- Das Ziel in Mariazell

Von Rohr im Gebirge wandert man zur Kalten Kuchl, einem beliebten Motorradtreff. Das benachbarte **Freilichtmuseum** zeigt einen Einblick in den Holzkohleabbau und in das Leben der Holzknechte. Sogar ein noch aktiver Kohlemeiler kann besichtigt werden. Die Arbeiter vergangener Tage fanden jedenfalls hier bereits vor rund 500 Jahren eine Raststätte vor. In der Kalten Kuchl gibt es übrigens auch warme Mahlzeiten.

Ohne große Höhenunterschiede führt der Wallfahrerweg in die **einsamen Täler** der Grünen und Dürren Schwarza. Mit Blick auf das neubarocke Schloss Hochreit überschreitet man einen Sattel ins Seebach- und Traisental. Am Ende der vierten Etappe entpuppt sich St. Aegyd am Neuwalde als kleines **Museumsdorf**. Neben einem Pfeifenmuseum befinden sich in dieser kleinen Ortschaft ein Heimatmuseum und ein eigenes Schimuseum. Das hat auch einen Grund. Nördlich von St. Aegyd liegt am Rande einer Wiese auf über 1000 Metern die Zdarskyhütte. Sie ist nach dem Begründer der alpinen Skilauftechnik

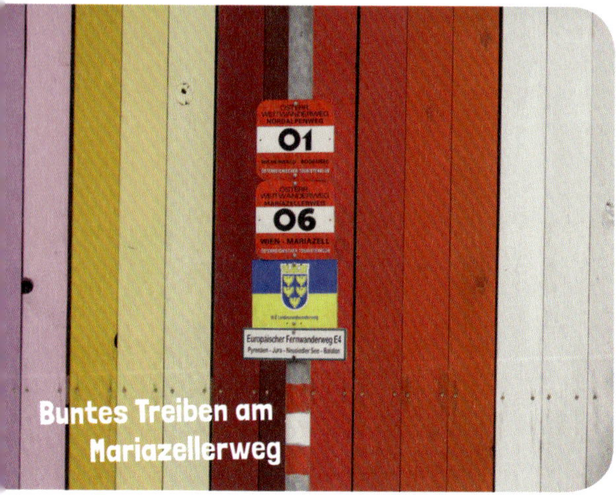

Buntes Treiben am Mariazellerweg

benannt: Mathias Zdarsky. Die von ihm 1890 entwickelte Lilienfelder Stahlsohlenbindung machte die erste alpine Schwungtechnik möglich. Am Muckenkogel bei Lilienfeld, unweit des Mariazellerweges, organisierte er 1905 unter der Bezeichnung „Wettfahrt“ den ersten Torlauf der Skigeschichte. Gewertet wurden Schnelligkeit und sturzfreies Fahren. Noch heute findet jedes Jahr eines dieser Rennen mit historischer Ausrüstung am Muckenkogel statt.

Vom Tal der Unrechttraisen kommend, steigt man auf die **Passhöhe am Gscheid** hoch. Im Angesicht des 1766 Meter hohen Göller steigt man über den Krumbachsattel in das Walstertal ab. Nach einer Stärkung bei der **Wuchtlwirtin** erreichen die Wanderer den künstlich angelegten **Hubertussee**. Am Nordufer überrascht die neumoderne Bruder-Klaus-Kirche. Kurzzeitig führt der Weg die Walster entlang, zweigt jedoch bald zum Haberteuersattel ab und leitet, den Westhang der Bürgeralpe querend, nach St. Sebastian. Bald drängt sich die **Basilika von Mariazell** ins Blickfeld. Man steigt die wenigen Stufen zur Basilika hoch und freut sich über die Ankunft im Wallfahrtsort. Wie zumeist viele andere Wanderer, denn diese erreichen, aus allen Himmelsrichtungen kommend, den Gnadenort. Noch zum Abschied besorgt man sich **kulinarische Klassiker**: den bitteren Mariazeller Magenlikör und saftige Lebkuchen. Für den Heimweg nutzen die meisten Wallfahrer die „Himmelstreppe“ in die niederösterreichische Landeshauptstadt St. Pölten. Die Schmalspurbahn windet sich spektakulär durch das gebirgige Ötscherland ins Pielachtal. Spektakuläre Ausblicke sind garantiert, während die vielen Eindrücke der vergangenen Tage erst noch verarbeitet werden müssen.

FAZIT

Je nach konditionellen Fähigkeiten sind die Etappen am Wiener Mariazellerweg individuell einteilbar. So ist der Weg nicht nur für Wallfahrer oder Pilger gedacht, auch reine Genuss- oder Sportwanderer finden an diesem historischen Wanderweg Gefallen.

GUT ZU WISSEN

5

VON: Rodaun oder Perchtoldsdorf
BIS: Mariazell
LÄNGE: 115 Kilometer
HÖHENMETER: 3500
ETAPPEN: 5
MARKIERUNG: rot-weiß-rote Farbmarkierung mit Wegnummer 06
HÖCHSTER PUNKT: 1187 Meter, Unterbergschutzhaus

DAS BRAUCHE ICH:

- Schlafsack in den Hütten am Kieneck und Unterberg
- Platz im Rucksack für Mariazeller Schmankerl
- Stempelpass zur Erreichung eines Abzeichens

Abenteuer 3/5
Natur 3/5
Schwierigkeit 3/5

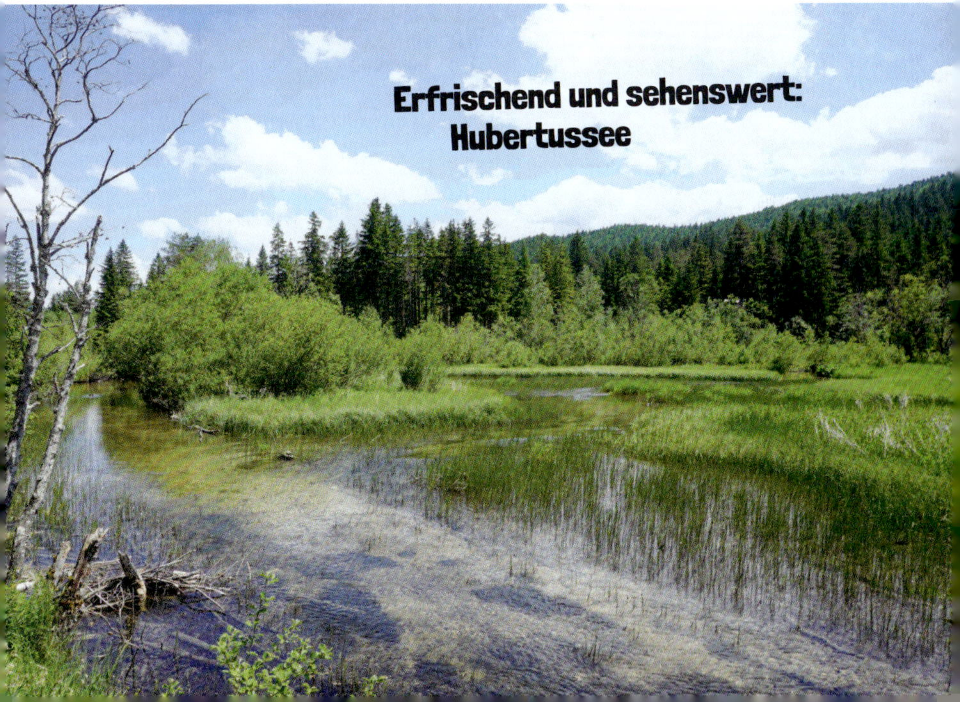

Erfrischend und sehenswert: Hubertussee

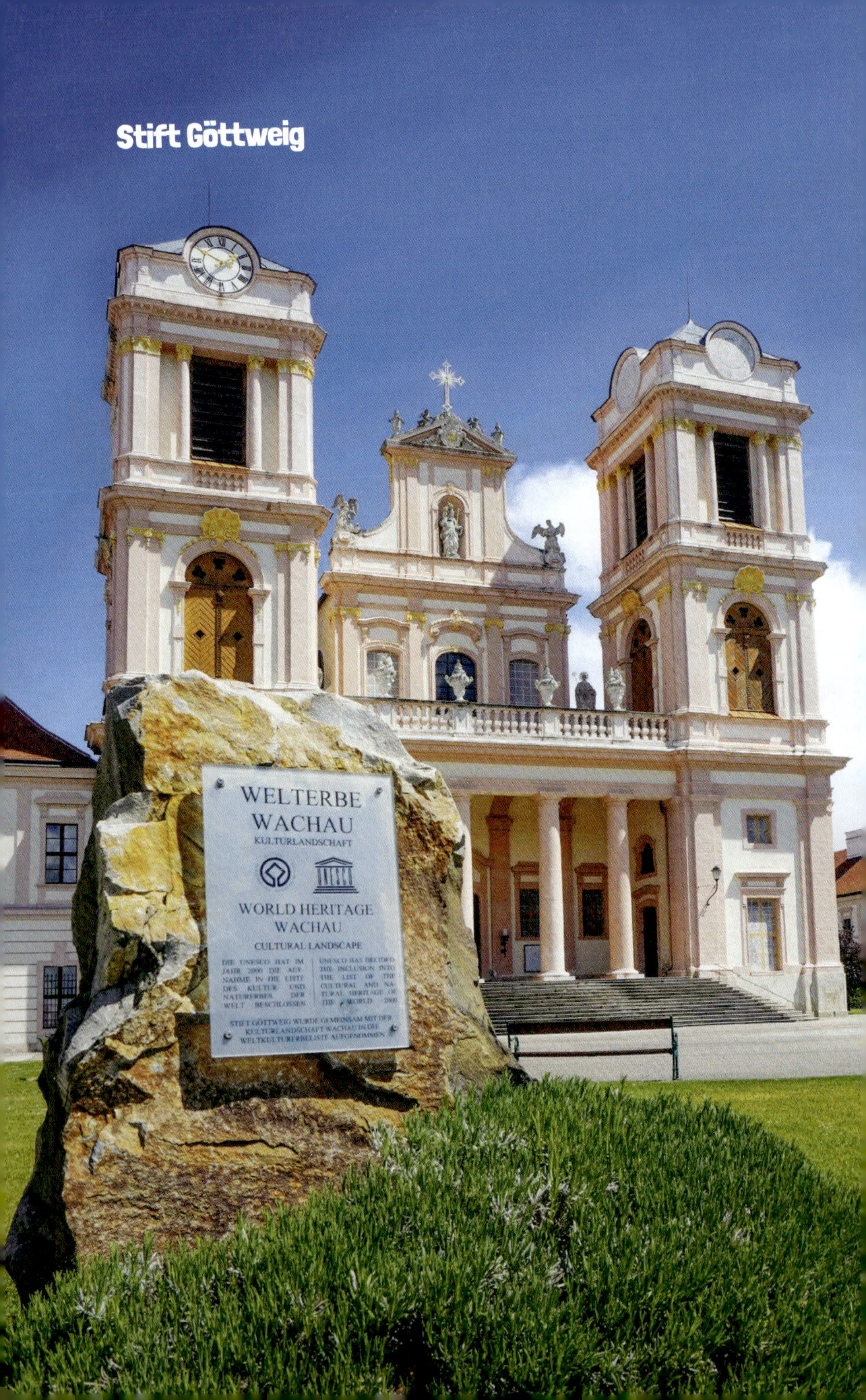

Stift Göttweig

Seit der Jahrtausendwende gilt die Wachau in Niederösterreich als UNESCO-Weltkulturerbe-Region. Der passende Weitwanderweg ließ nicht lange auf sich warten und durchzieht die beschauliche Gegend zwischen Melk und Krems an beiden Ufern der Donau. Steile Weinterrassen, alte Ruinen und dichte Wälder geben die Landschaft vor, dazwischen mischen sich historische Dörfer und besondere Schmankerl.

Der Welterbesteig Wachau

Wein, Wasser und Wald

Steht man vor der hochmittelalterlichen Gozzoburg in Krems, fühlt man sich in eine andere Zeit zurückversetzt. Dieses Gefühl ist es, das der Wachau den Titel **Welterberegion** einbrachte. Wesentliche historische Zeugnisse sind besonders gut erhalten, die speziell angelegten Weinterrassen sowie die Siedlungsstrukturen haben sich seit Jahrhunderten nur gemächlich verändert.

Die aussichtsreichen Blicke ins Donautal halten sich zu Beginn etwas zurück, doch ein paar kulinarische Besonderheiten, wie die **allgegenwärtige Marille**, begleitet die Wanderer bereits durch die alten Gassen von Krems. Es ist eine imposante erste Etappe! Die Strecke führt auf alten Weinwegen entlang, berührt Naturschutzgebiete, wechselt in eine felsige Waldlandschaft und erreicht nach dem aussichtsreichen Kuhberg das **Kremser Tor** in Dürnstein. Auch stellt man am ersten Tag bereits fest, warum es in dem nur 35 Kilometer langen Abschnitt der Donau zu der deutlich längeren Wanderstrecke kommt. Das Gelände ist mit Gräben durchsetzt, der Weg ist äußerst kurvenreich und vollzieht einige kleinere Schleifen. Neben den Kilometern sind aber auch die **Höhenmeter nicht zu unterschätzen**, wenngleich der erste Tag mit rund 350 Höhenmetern im Aufstieg noch als gute Einstimmung dient. Dürnstein hat trotz seiner nur rund

830 Einwohner das Stadtrecht und ist eines der bekanntesten Touristenziele Österreichs. Der **blaue Turm der Stiftskirche** gilt dabei als weithin sichtbares Wahrzeichen.

Oberhalb thront die **Burgruine Dürnstein**. Bekanntheit erlangte sie als jene Burg, in welcher König Richard Löwenherz gefangen gehalten wurde, während er vom dritten Kreuzzug heimkehren wollte. Erst gegen ein hohes Lösegeld hatte man den englischen König freigelassen. Am Weißenkirchner Höhenweg folgt man dem gut markierten Welterbesteig, ein Abstecher zur **Dürnsteiner Kanzel** belohnt mit einem fabelhaften Ausblick über das Donautal. Kurvenreich und somit ohne große Höhenunterschiede führt der Weg zu einer Heurigengaststätte, die man in der Wachau noch mehrmals antreffen wird. Neben hauseigenen Weinen werden auch kulinarische Schmankerl kredenzt. Um zu zeigen, dass Gäste gerne eintreten dürfen, hängen vor dem Ein-

INFO

Auch zwischen Krems und Melk kann die Donau überquert werden. Drei Donaufähren ermöglichen eine individuelle Planung der Etappen.

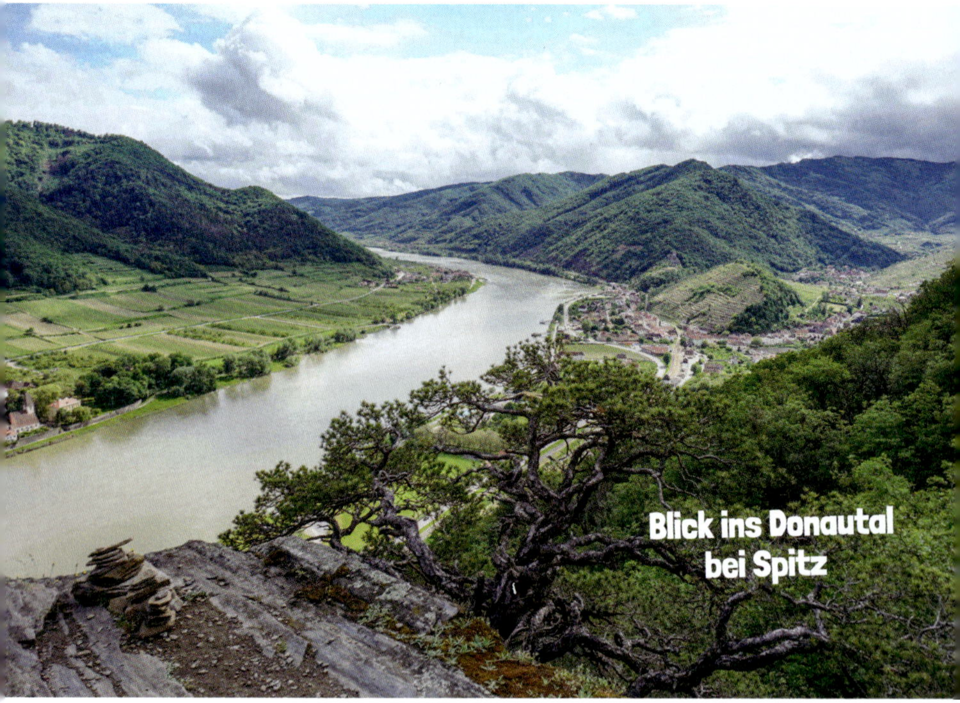

Blick ins Donautal bei Spitz

gang **Strohsterne oder Zweige**. Der historische Kirchensteig von Weißenkirchen führt über eine überdachte Holztreppe zum Markplatz. Die im Jahr 1385 errichtete Schule ist heute noch in Betrieb.

Der Weg in den **Weinhauerort Spitz** wird von Weinrieden, felsigen Waldlandschaften und von fabelhaften Ausblicken dominiert. Durch das legendäre Rote Tor, Teil der alten Verteidigungsmauer von Spitz, wandert man hinab in die Marktgemeinde und nähert sich dem **Tausendeimerberg**. Das markante Wahrzeichen von Spitz hat seinen Namen aus der frühen Weinbauzeit. In guten Jahren brachte die Ernte von diesem Berg nämlich tausend Eimer Wein ein.

Das macht die Tour einzigartig!

- Weltkulturerbe-Status der Wachau
- Ruinen und Burgen
- Die steinigen Weinterrassen

Ab der dritten Etappe wenden sich die Wanderer von der Donau ab und wandern durch den aussichtsreichen Spitzer Graben nach **Mühldorf**. Der Name ist Programm: Man wird am Marktplatz von einem Mühlrad begrüßt. Einige Höhenmeter, exakt 845, sind es von Mühldorf in den Wallfahrtsort Maria Laach. Dazwischen liegen der 628 Meter hohe Trenning und der 960 Meter hohe **Jauerling**, er gibt der Landschaft des Naturparks auch seinen Namen. Übrigens: Passt das Wetter, kann man von der Jauerlingwarte sogar den Schneeberg im Süden Niederösterreichs oder den Watzmann in den Berchtesgadener Alpen erblicken.

Nach der gotischen Wallfahrtskirche Maria Laach führt der Welterbesteig wieder an die Donau nach **Aggsbach Markt**. Die Ortschaft auf der anderen Donauseite, Aggsbach Dorf, wird man in einigen Tagen durchwandern. Die bereits siebte Etappe leitet wieder auf das vom Jauerling geprägte Hochplateau, der historische **Briefträgersteig** führt zu einem Glockenturm in Mödelsdorf, der Abstieg in den Renaissanceort Emmersdorf ist ein Genuss. Die folgende Wegstrecke nach Melk ist zwar kurz, geizt aber nicht mit Sehenswürdigkeiten. Zum einen präsentieren sich der Ort Rantenberg und die Warte am Dachberg als

prächtige Aussichtspunkte, zum anderen überquert man die Donau nach **Melk** und erkundet die Altstadt und das sehenswerte Barockstift. Als Teil der Welterberegion ist Melk das Tor zur Wachau.

Der Welterbesteig verläuft nun auf der anderen Donauseite, dabei trifft man immer wieder auf die Hauptroute des österreichischen Jakobswegs. Nach dem Ort Schönbühel lernt man den **Dunkelsteiner Wald** kennen, einen Ausläufer des Waldviertels, dessen Klima deutlich rauer als in der angrenzenden Wachau ist. Der neunte Tag endet an der Hammerschmiede in Aggsbach, diesmal im Dorf und nicht im gegenüberliegenden Markt.

Rund 300 Meter über dem Donaustrom thront die **Ruine Aggstein** auf einem Felssporn. Sie wurde im 12. Jahrhundert errichtet und gehört wegen ihrer Größe und historischen Bedeutung zu den wichtigsten Burgen Österreichs. Nach kurzer Wanderung direkt an der Donau, mit Blick auf Spitz und den bereits bekannten Tausendeimerberg, führt der Steig auf die 671 Meter hohe Seekopfwarte. Wie so oft sieht man von hier aussichtsreich ins Donautal. Im Abstieg durch die **Steinige Ries** warten im Eichenwald einige bizarre Felsformationen. Zum Abschluss der Etappe wandert man über einen mehrere hundert Meter langen **Trockensteinmauerweg** nach Rossatz. Das Ende des Welterbesteigs naht.

Auf einem Hügel thront das imposante **Stift Göttweig**. Das Benediktinerkloster zählt wie das Stift Melk zur Weltkulturerberegion und wird wegen seiner Lage auch als österreichisches Montecassino bezeichnet. Hat man die darunter liegende Ortschaft Furth durchquert, wartet die „Lössschlucht Zellergraben“ als auffallendes Naturdenkmal auf die Wanderer. Die letzte Etappe von der **Römerstadt Mautern** nach Krems wird gerne mit dem vorletzten Wandertag kombiniert. Der gemütliche Spaziergang ist nämlich bereits nach einer Stunde beendet. Man überquert die Donau auf der historischen Stahlfachwerkbrücke und wandert wiederum durch die Altstadtgassen von Krems zum Ausgangspunkt. Kulinarische Schmankerl, egal ob Wein, eingelegte Marillen oder Safran-Schokolade, finden vor der Heimreise noch gerne einen Platz im Rucksack.

FAZIT

Der Welterbesteig lässt fast keine Sehenswürdigkeiten der Wachau aus, und diese gibt es in der Region in hoher Anzahl. Egal ob steile Weinterrassen, prächtig blühende Marillenbäume oder Ausblicke auf den ruhigen Donaustrom: Man fühlt sich in der Wachau wie in einem einzigartigen Mikrokosmos.

GUT ZU WISSEN

VON/BIS: Krems an der Donau
LÄNGE: 180 Kilometer
HÖHENMETER: 6500
ETAPPEN: 14
MARKIERUNG: weißes, geschwungenes W mit Donauwelle
HÖCHSTER PUNKT: 960 Meter, Jauerling

DAS BRAUCHE ICH:

- Schönes Wetter, um die Ausblicke ins Donautal genießen zu können
- Etwas Platz im Rucksack für kulinarische Mitbringsel
- Zeit für kulturelle Abstecher

Abenteuer
Natur
Schwierigkeit

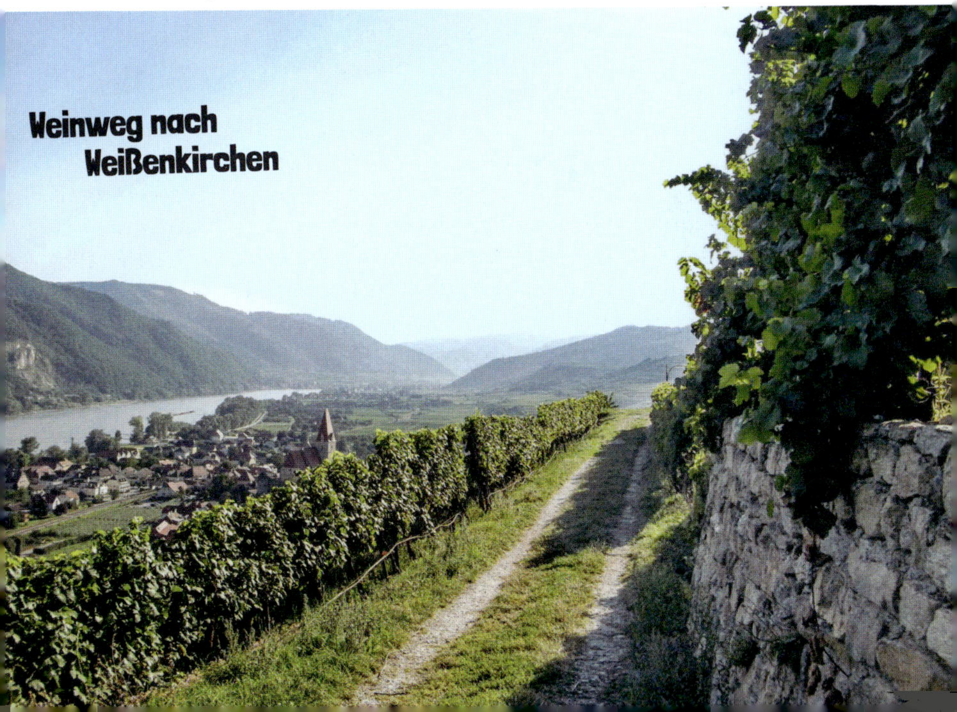

Weinweg nach Weißenkirchen

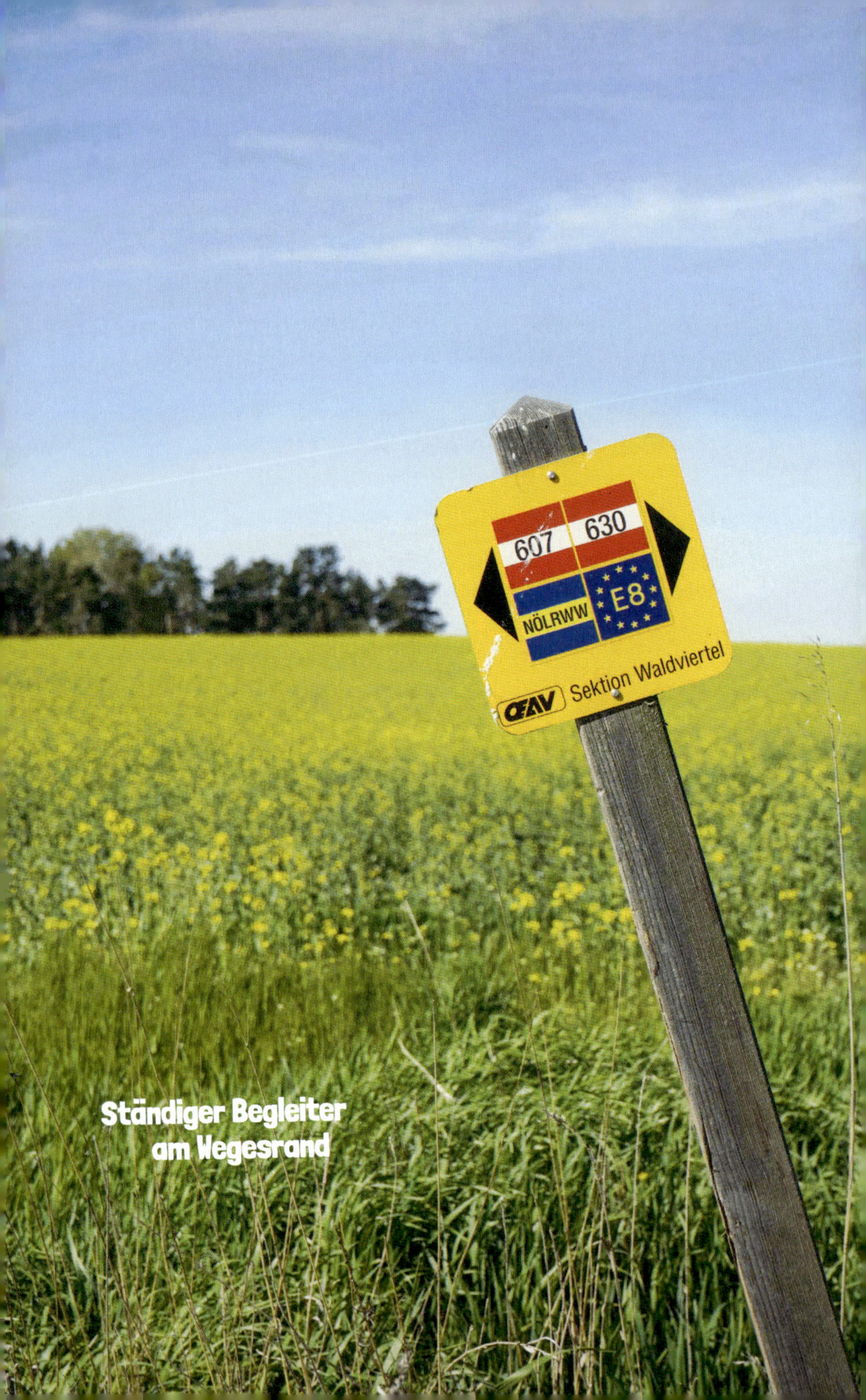

Ständiger Begleiter
am Wegesrand

Die Kulturlandschaft des Waldviertels ist faszinierend. Mächtige Schlösser und Burgen reihen sich am Thayatalweg entlang, verloren geglaubtes Handwerk lebt in dieser Region weiter. Dazu kommen wundersame Wackelsteine und Hochmoore, die über die Weltgeschichte viel erzählen könnten. Nicht zu vergessen der Nationalpark Thayatal bei Hardegg, in dessen Wäldern die Wildkatze umherstreift.

Die Weinviertler Stadt Retz ist das Ziel des Waldviertler Thayatalweges, der aber erst ab der sechsten Etappe dem stark gewundenen Fluss folgt. Dort lernt man das Gewässer vorerst nur als

Der Thayatalweg

Auf sanften und verschlungenen Pfaden

Deutsche Thaya kennen. Wiederum etwas später verbündet sich die Deutsche mit der Mährischen Thaya und bildet den eigentlichen Fluss. Kompliziert ist das alles; einfach sind aber die Wege am Thayatalweg. Die erste Etappe führt vom **Nebelstein**, einem Knotenpunkt für Weitwanderwege, in die **Kuenringerstadt Weitra**. Die Kuenringer waren ein österreichisches Ministerialengeschlecht. Zuvor unfreie Verwalter für den Adel, aus denen sich aber der Stand des niederen Adels und die Kuenringer bildeten, die vor allem im Waldviertel Besitzungen hatten. Der Kuenringer Hadmar II. gründete nicht nur die Burgstadt Weitra, er war es auch, der Richard Löwenherz in der **Burg Dürnstein** gefangen hielt, siehe Welterbesteig Wachau.

Nach Weitra steht noch eine historische Stadt auf dem Streckenplan. Eine der vielen Sehenswürdigkeiten der Grenzstadt Gmünd ist das sehenswerte **Schloss Gmünd**. Es entstand im 16. Jahrhundert aus einer mittelalterlichen Stadtburg und ist von einem englischen Garten umgeben. Im Stadtgebiet befindet sich außerdem das **Naturschutzgebiet Blockheide**. Die Heidelandschaft ist von Granitblöcken durchsetzt, die manchmal auch als Wackelsteine ausgebildet sind. Kurz vor Amaliendorf können

Wanderer versuchen, so einen Koloss auch wirklich zum Wackeln zu bringen. Wer kann den 105 Tonnen schweren Stein in Bewegung versetzen?

Die Wasserburg von Heidenreichstein liegt ebenso an der Strecke wie der Naturpark **Heidenreichsteiner Moor**. Dabei handelt es sich um ehemalige Torfstiche, die sich, seit sie nicht mehr genutzt werden, auf natürliche Weise regenerieren. Vertiefende Einblicke erhält man im hiesigen Moor- und Torfmuseum. Der Weg führt danach durch eine klassische Waldviertler Kulturlandschaft mit Mohnfeldern und trifft in **Waidhofen an der Thaya**, wie es der Name schon verrät, auf den Fluss. Genauer gesagt, aber erst auf die Deutsche Thaya. In der Stadt wird es oberirdisch und unterirdisch interessant. Seit 2003 befindet sich in Waidhofen Europas größte **Waldrapp-Voliere**. Die seltene und gefährdete Ibis-Art wird hier gezüchtet, um sie auch langfristig zu erhalten. Unter der Erdoberfläche sind Teile alter Kelleranlagen

INFO

Fragend blickt man die Wackelsteine an. „Wie wurdest du so?“ Die einfache Antwort: jahrmillionenlange Verwitterung.

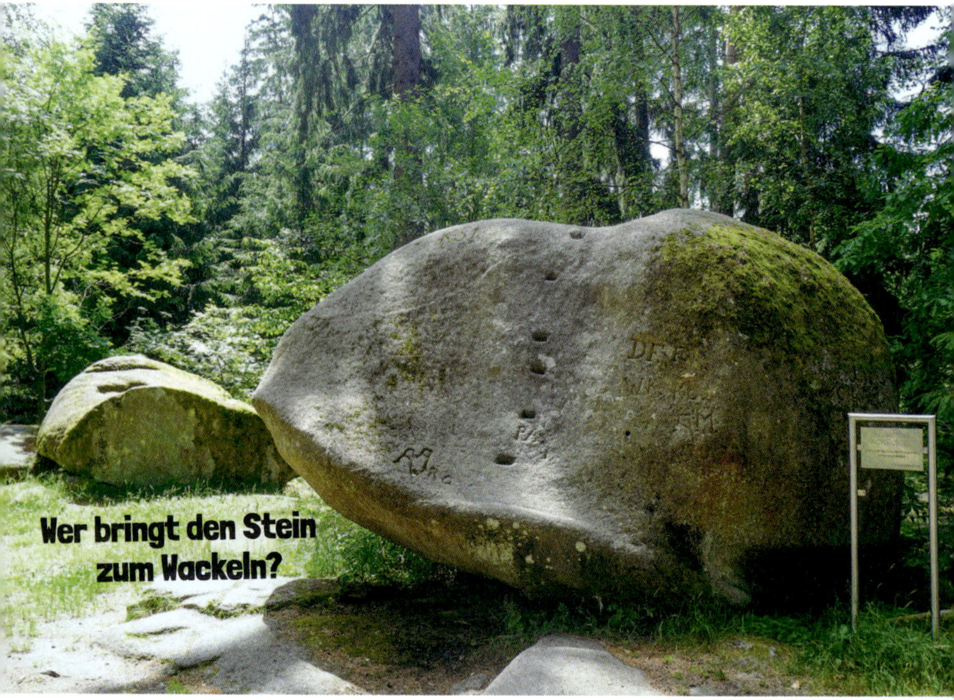

Wer bringt den Stein zum Wackeln?

aus dem Mittelalter begehbar und können im Rahmen einer Führung besichtigt werden.

Von Dobersberg führt der Thayatalweg ins „Horologenland" rund um **Karlstein an der Thaya**. Die **Horologie**, auch Zeitmesskunde, gab dieser Region den Namen und steht für das hier in früheren Zeiten ausgeprägte Uhrenhandwerk. Wanderhändler verkauften die Uhren aus dem Waldviertel in der gesamten Monarchie. Eine Uhr aus Karlstein zu besitzen, galt im Jahr 1830 als Luxus. In der heutigen Zeit wird man einen Zeitmesser aus Karlstein aber nicht mehr erhalten. Der Wander-Zeitmesser verrät jedoch, dass bereits sieben Etappen absolviert sind.

Das macht die Tour einzigartig!

- **Die monströsen Wackelsteine**
- **Die historischen Altstädte**
- **Nationalpark Thayatal und Umlaufberg**

Einige als Mühlen bezeichnete Gebäude zeugen an der Deutschen Thaya von ihrer wasserwirtschaftlichen Bedeutung. In kleinen Schleifen folgt man dem Flussverlauf nach **Raabs an der Thaya**, wo sich die Deutsche und die Mährische Thaya zum eigentlichen Fluss vereinigen. Hoch über der Stadt beeindruckt auf einem Felssporn die **lang gezogene Höhenburg**, die bis heute noch bewohnt ist. Nicht minder sehenswert ist die **Burgruine Kollmitz** weiter flussabwärts, eine der größten mittelalterlichen Burganlagen Niederösterreichs. Sie wird von der Thaya in einer weiten Schleife umflossen, gegen einen Obolus kann man die Reste der Burg erkunden. Noch vor der Ruine durchschreitet man ein Tor der Böhmischen Mauer. Als vorgeschobene Verteidigungseinrichtung sollte die Burg vor Angriffen schützen, was ihr auch erfolgreich gelang.

Langsam dringt man in landschaftlich noch schönere Gefilde vor. Doch auch die mittelalterlichen Städte, zu welchen die **Stadt Drosendorf** zählt, beeindrucken weiterhin. Imposant thront sie auf einem Bergstock in einer Thayaschleife. Die 1,7 Kilometer lange Stadtmauer macht Drosendorf zu einer der wenigen Städte in Österreich, die noch vollständig von einer Begrenzung umgeben sind. Auf der Mauer führt ein Themenwanderweg um die Stadt herum.

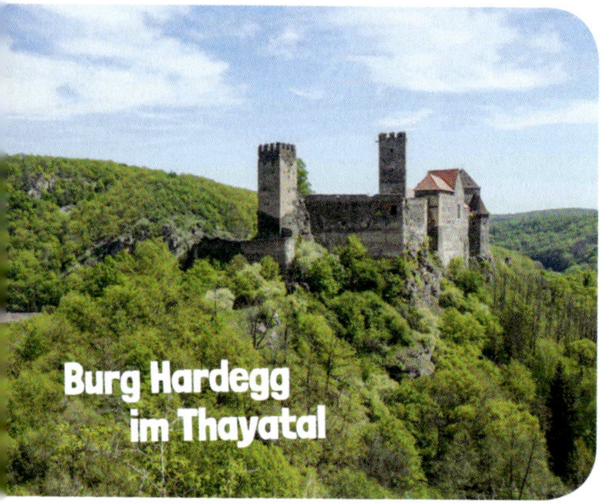

Burg Hardegg im Thayatal

Die Thaya verabschiedet sich anschließend für kurze Zeit nach Tschechien. Eine andere Richtung schlägt der Thayatalweg ein, führt über den aussichtreichen Galgenberg und auf **gemütlichen Güterwegen** zum Prämonstratenser-Chorherren-Stift Geras. Deren Besonderheit ist der Marmorsaal über dem Hauptportal. Das **Deckenfresko** stammt von Paul Trogers, einem der bedeutendsten Barockmaler Österreichs, und wurde nie gereinigt oder restauriert. Das tut den strahlenden Farben aber keinen Abbruch. Als kulinarischer Anziehungspunkt geht jedes Jahr im Herbst das Erdäpfelfest Geras über die Bühne. Das Waldviertel ist nämlich das führende Anbaugebiet der „Grundbirn“ in Österreich.

Vorbei an Österreichs einziger und letzter Perlmuttmanufaktur führt der Weg in den **Nationalpark Thayatal**. Dessen Flusstal zählt mit seinen steilen Hangwäldern zu den schönsten Durchbruchstälern Österreichs. Besonders sehenswert sind die mitten im Nationalpark liegende **Stadt Hardegg** und die auf einem Hügel thronende Burg. Mit nicht einmal 100 Einwohnern ist sie die kleinste Stadt Österreichs. Ebenso eine Augenweide ist der **Umlaufberg** am weiteren Flussverlauf. Nur ein schmaler Felsstreifen, den man am Thayatalweg auch übersteigt, trennt die Thaya von sich selbst. Ansonsten würde sie hier im Kreis fließen.

Dieses besondere Naturschauspiel ist auch die letzte Begegnung mit dem Fluss. Von der Ruine Kaja führen sanfte Wald- und Güterwege zu den ersten Weinrieden von Retz. Einen prächtigen Blick auf die Altstadt genießt man von der **Retzer Windmühle**. Sie ist eine der letzten beiden betriebsfähigen Windmühlen im gesamten Land. Nach kurzem Abstieg endet der Thayatalweg am Hauptplatz in Retz. Aus den beiden **Brunnen**, die bei der Ankunft für Erfrischung sorgen, fließt zum alljährlichen Retzer Weinfest Ende September schmackhafter Wein. Wer die Wandertour also gut plant, kann leibhaftig miterleben, wie zumindest für zwei Tage Wasser in Wein verwandelt wird.

FAZIT

Die einfach zu gehenden Pfade am Thayatalweg verbinden faszinierende Naturschauspiele wie die Blockheide mit sagenhaften Orten wie Drosendorf und seine Stadtbefestigung. Der weinfreudige Abschluss in Retz rundet die Tour vom Wald- ins Weinviertel ab.

GUT ZU WISSEN

VON: Nebelstein im Waldviertel
BIS: Retz im Weinviertel
LÄNGE: 180 Kilometer
HÖHENMETER: 4100
ETAPPEN: 12
MARKIERUNG: rot-weiß-rot, Wegnummer 630
HÖCHSTER PUNKT: 1017 Meter, Nebelstein

DAS BRAUCHE ICH:
- Zeit für Ruinen- und Stadtbesichtigungen
- Kraft, um einen Wackelstein zu bewegen
- Gute Zeitplanung für Erdäpfel- und Weinfeste

Abenteuer 2 von 5
Natur 3 von 5
Schwierigkeit 2 von 5

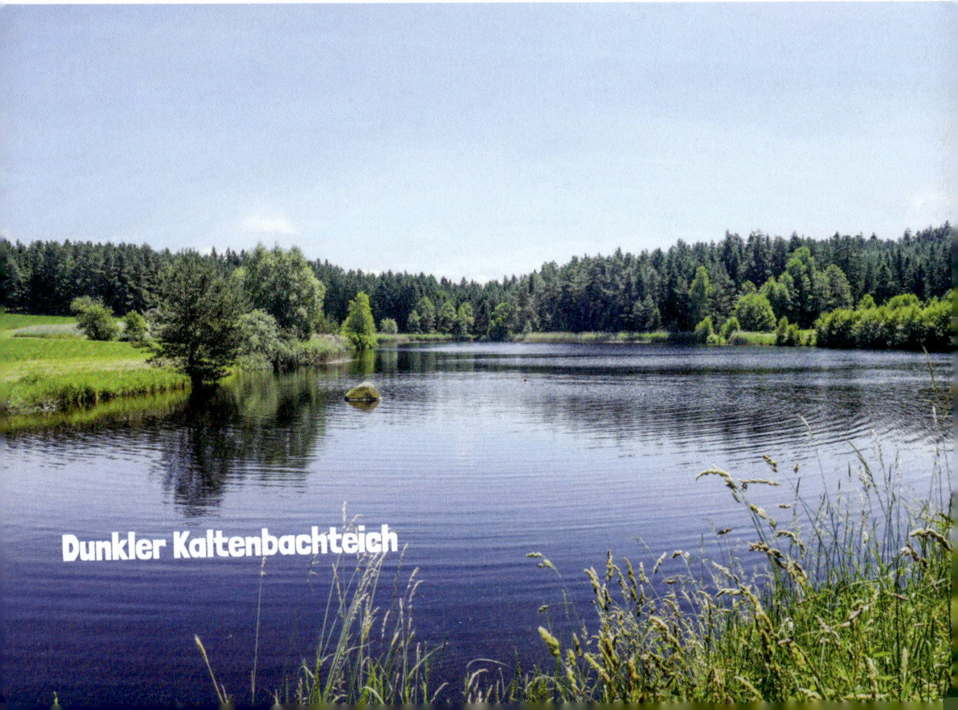

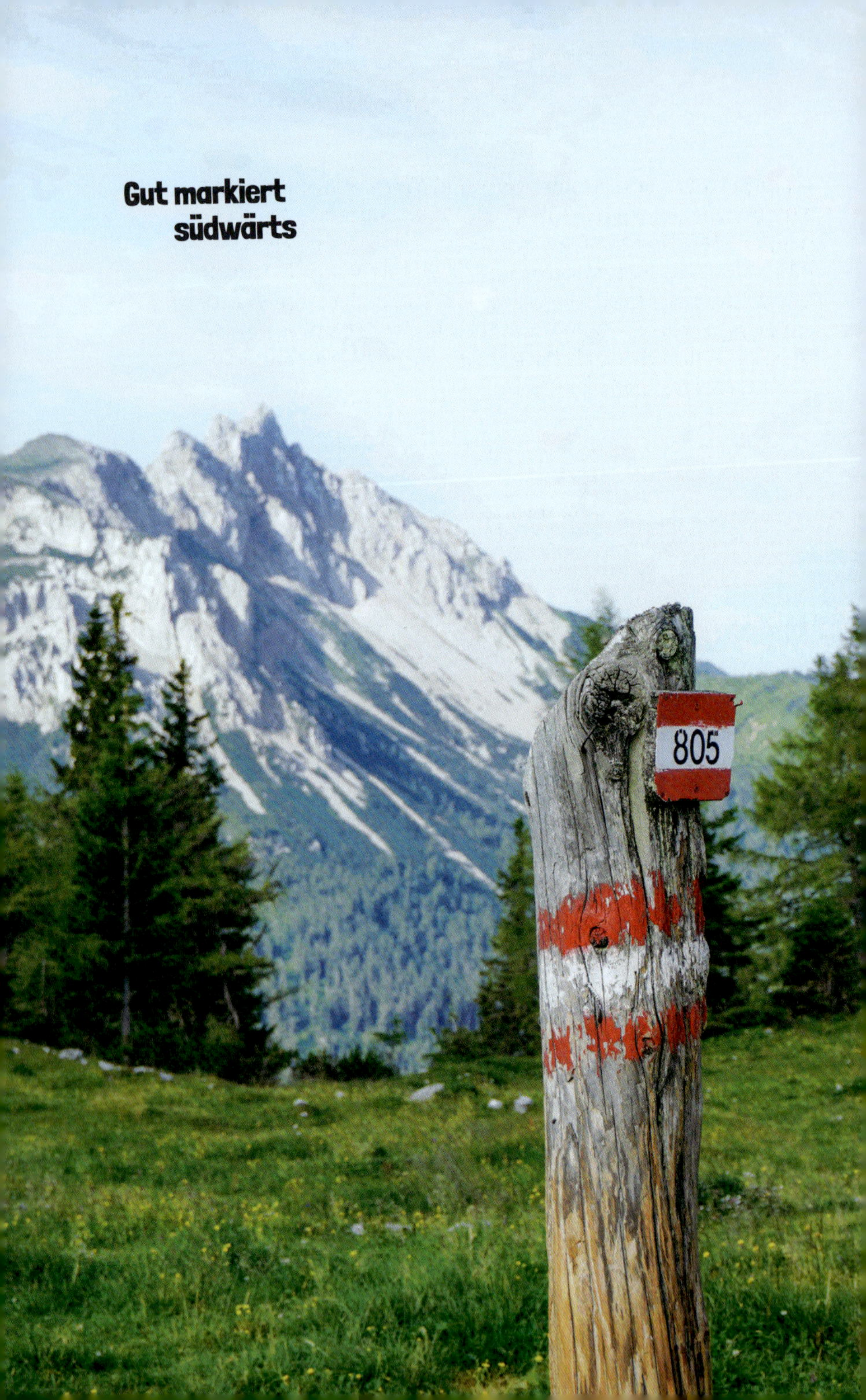

Gut markiert südwärts

Im Jahr 2020 feierte der Nord-Süd-Weitwanderweg sein 50-jähriges Bestehen. Dieser war somit der erste der zehn großen Weitwanderwege des Österreichischen Alpenvereins, die das Land von Nord nach Süd und von Ost nach West durchqueren. Während der Ostösterreichische Grenzlandweg nur selten Berge berührt und der Zentralalpenweg durch die Gletscherwelt Österreichs verläuft, zeigt sich der Nord-Süd-Weg moderat alpin.

Das Ziel des Nord-Süd-Weitwanderweges befindet sich in der steirischen Gemeinde Eibiswald, der Heimat des Künstlers **Carl**

Der Nord-Süd-Weitwanderweg

Österreich querdurch

Hermann. Er war es auch, der die Idee zu diesem Weg hatte. Ihn verschlug es nach dem Zweiten Weltkrieg ins Waldviertel. Beim schweißtreibenden Bearbeiten eines Granitblocks kam ihm der Gedanke, wie es denn wohl wäre, zu Fuß in die Heimat zu wandern. Das Ergebnis dieses Gedankens sind 22 abwechslungsreiche Etappen, die von Wanderern im Ganzen, oft aber auch in Abschnitten erkundet werden.

Das Abenteuer Nord-Süd-Weg beginnt an der niederösterreichischen **Nebelsteinhütte**. Im Abstieg trifft man kurz auf die Lainsitz, deren Flussverlauf in Österreich zwar 43 Kilometer lang ist, aber durch das hügelige Waldviertel keinen Weg zur Donau fand und sich somit in die Moldau und in die Nordsee verabschiedet. Nach Karlstift folgt mit der Wanderung durch Liebenau und zum **Tanner Moor** ein Abstecher ins Mühlviertel. Das beliebte Latschenhochmoor zählt zu den größten Österreichs und lässt sich auf einem angelegten Moorwanderweg erkunden. Wieder im Waldviertel angekommen, sticht die **Burgruine Arbesbach** ins Auge, die wegen ihres markanten Bergfrieds auch „Stockzahn des Waldviertels“ genannt wird. Die weitere Durchquerung des Waldviertels erfolgt im stetigen Auf und Ab.

DER NORD-SÜD-WEITWANDERWEG

INFO

Die Sektion Weitwanderer des Österreichischen Alpenvereins war und ist maßgeblich an der Umsetzung der zehn großen Weitwanderwege beteiligt. Sie stellt auch Abzeichen für die Begehungen aus.

Durch idyllische Wälder, auf ruhigen Straßen zu aussichtsreichen Plätzen. Der **Jauerling** läutet das Ende des Waldviertler Hochplateaus ein. Am Ende der vierten Etappe stößt man in Spitz an der Donau standesgemäß mit Wein aus der Wachau an. Die **Welterberegion Wachau** ist berühmt für ihre steilen Weinterrassen und historischen Orte. Ist man zur richtigen Zeit unterwegs, kann man außerdem die unzähligen Marillenbäume entweder bei ihrer Blüte bestaunen (Anfang April) oder die frischen Früchte verkosten (Mitte Juli).

Mittels einer **Rollfähre** erreichen die Wanderer das andere Donauufer. Wunderbare Ausblicke begleiten den Weg nach Melk, dem „Tor zur Wachau". Das barocke **Stift Melk** dominiert das Stadtbild und zählt als Wahrzeichen der Wachau auch zum UNESCO-Weltkulturerbe. Es folgt nun der Abschnitt durch das **Mostviertel** ins Ötscherland. Über den Hiesberg hinweg durchquert man auf bequemen Feldwegen die bäuerlich geprägte

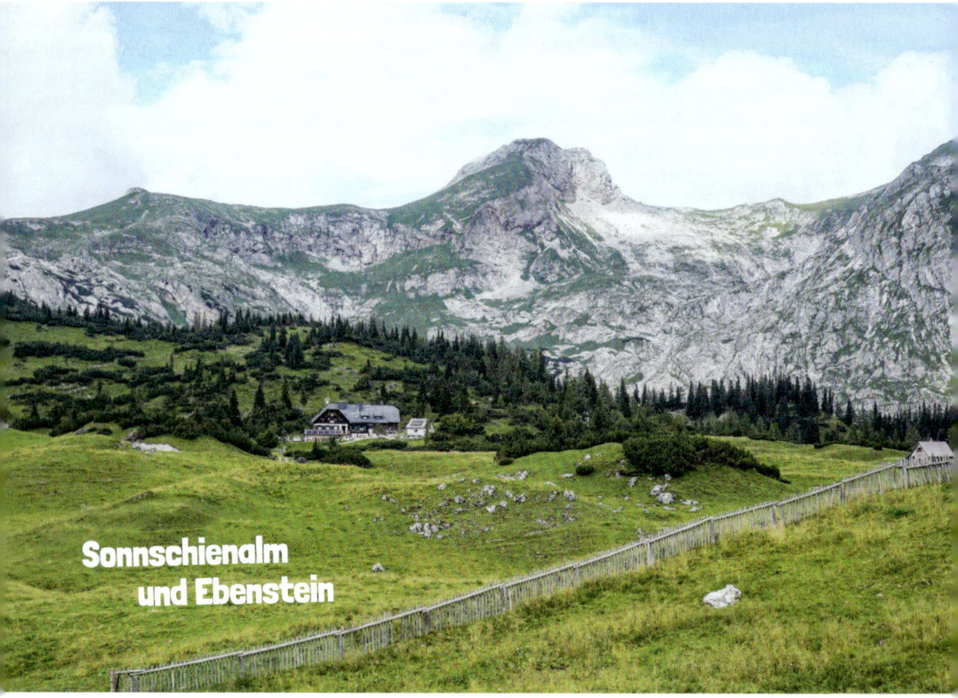

Sonnschienalm und Ebenstein

Kulturlandschaft zur **Burg Plankenstein**. Diese Höhenburg besteigt man nur zu gern, denn zwischen Burghof, Arkadenhof und Burgkapelle endet die bereits siebte Etappe in einem der unterschiedlichen Burgzimmer.

Nahe dem **Almhaus Hochbärneck** greift man in klaren Nächten an der Astrostation, einer kleinen Sternwarte, nach den Sternen. Man befindet sich hier bereits mitten im **Naturpark Ötscher-Tormäuer**, den beiden Landschaftsgebilden kommt der Nord-Süd-Weg noch sehr nahe. An Naturschauplätzen mangelt es in dieser Region jedenfalls nicht. Zuerst die wilde Strömung der Erlauf in den Tormäuern, danach zur Ötscher-Tropfsteinhöhle (im Rahmen einer Führung zu besichtigen) und 600 Höhenmeter von Lackenhof hinauf zum Ötscherschutzhaus. Abendfüllend ist daraufhin die Besteigung des 1893 Meter hohen Ötschers mit einer weiten Gipfelwiese und prächtigen Ausblicken. Über Almwege steigt man hinab zum Erlaufsee und betritt kurz danach steirischen Boden. Im **Wallfahrtsort Mariazell** legen die Weitwanderer nach der zehnten Etappe gerne einen Ruhetag ein und begrüßen die von allen Himmelsrichtungen ankommenden Wallfahrer.

Das macht die Tour einzigartig!

- Das sanfte Übergleiten der Landstriche
- Kunstwerke von Carl Hermann am Wegesrand
- Österreich südwärts durchwandert zu haben

Am Weg zur Veitsch erblickt man bereits das mächtige Gebirgsmassiv des Hochschwabs, welches man nach einer Nacht im Graf-Meran-Haus auch erreicht. Das **Weitwandererdenkmal am Seebergsattel** präsentiert sich stolz vor den Felshängen der Aflenzer Staritzen. Durch das Seetal steigen die Wanderer zur neu errichteten Voisthaler Hütte hoch, passieren mit dem Schiestlhaus das weltweit erste Passivhaus im hochalpinen Raum und erreichen am Hochschwab den höchsten Punkt der Tour. 2277 Meter pures Glück! Die rund dreitägige Überschreitung des Hochschwab-Massivs ist ein Genuss. Steinböcke und Gämsen, Alpensalamander und Murmeltiere: Die Fauna in diesem Schutzgebiet ist äußerst vielfältig. Ab der idyl-

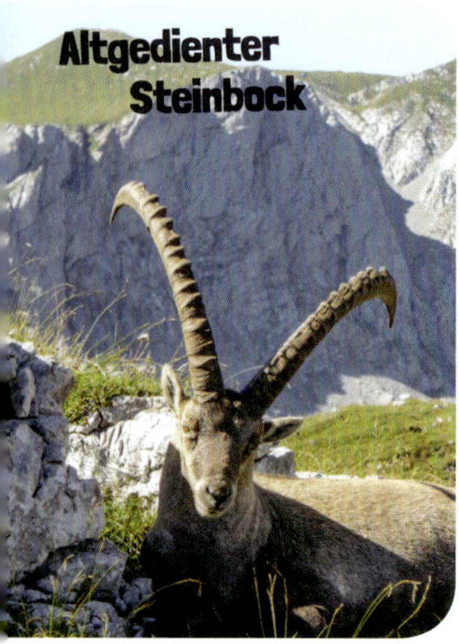

lischen Sonnschienalm folgt der Übergang zur **Frauenmauer**, deren Felsstock sogar im Rahmen einer Höhlenführung durchquert werden kann.

Von der Passhöhe am Präbichl führt der Weg auf einen steirischen Gipfel-Klassiker, den **Eisenerzer Reichenstein**. Unterhalb erblickt man den bekannten Erzberg bei Eisenerz, an schönen Tagen reicht die Aussicht bis in die Hohen Tauern. Es folgen etwas sanftere Kilometer über Trofaiach auf die **Mugel**, den Hausberg der Montan-Stadt Leoben. Ab diesem beliebten Aussichtsberg steht die wohl anspruchsvollste, weil längste Etappe auf dem Programm. Rund 27 Kilometer, ein ständiges Auf und Ab mit 1700 Höhenmetern im Aufstieg und 1500 Metern im Abstieg, dazu keine Einkehrmöglichkeit und nur eine Wasserstelle. Die Bezeichnung **Durststrecke** trifft hier vollends zu. Wer dafür gewappnet ist, erwandert jedoch, von der Fensteralm ausgehend, über die Gleinalm einen traumhaften Höhenweg.

Etwas entspannter verläuft die bereits 18. Etappe zur **Passhöhe am Gaberl**. Es geht weiter über die Stubalpe an die Kärntner Grenze zur Packalpe. Vom Packsattel führt der Nord-Süd-Weg im Grenzbereich über die Baumgrenze, vorbei an interessanten Felsgebilden zur Weinebene und der dort befindlichen **Pauluskapelle**. Der Begründer dieses Weges, der bereits bekannte Carl Hermann, erbaute diese Kapelle selbst und fand in ihr auch seine letzte Ruhestätte.

2140 Meter. So die Höhenangabe des **Großen Speikkogels**, des letzten 2000er-Gipfels auf dem Weg in den Süden. Man verlässt den Kammweg der Koralm und steigt abschließend über die Schwanberger Brendlhütte nach Eibiswald ab. Am Ortsrand von Eibiswald begrüßen die Wanderer nach 22 Etappen der **Weitwanderer-Stein** und eine Gedenktafel für Carl Hermann. Unzählige Eindrücke gilt es nun zu verarbeiten. Auch wenn man sich nach dieser Tour als erfahrener Weitwanderer sehen darf, wird man im **Eibiswalder Weitwandermuseum** noch viel Neues über den Weg und das Weitwandern an sich erfahren.

FAZIT

Am Nord-Süd-Weitwanderweg lernt man quer durch das Land viele unterschiedliche Landstriche, Kulturräume und Besonderheiten kennen, wobei der Hochschwab als absoluter Höhepunkt heraussticht. Von Vorteil sind die immer wieder auftauchenden Täler und Orte, die eine individuelle Etappenplanung zulassen.

GUT ZU WISSEN

VON: Nebelstein in Niederösterreich
BIS: Eibiswald in der Steiermark
LÄNGE: 454 Kilometer
HÖHENMETER: 17.000
ETAPPEN: 22
MARKIERUNG: rot-weiß-rot mit Wegnummer 05
HÖCHSTER PUNKT: 2277 Meter, Hochschwab

DAS BRAUCHE ICH:

- Festes Schuhwerk für die Bergetappen zwischen Veitsch und Eisenerzer Reichenstein
- Schlafsack für die Hüttennächtigungen
- Wanderbuch der Sektion Weitwanderer mit Raum für Stempel für das Wegabzeichen

Abenteuer

Natur

Schwierigkeit

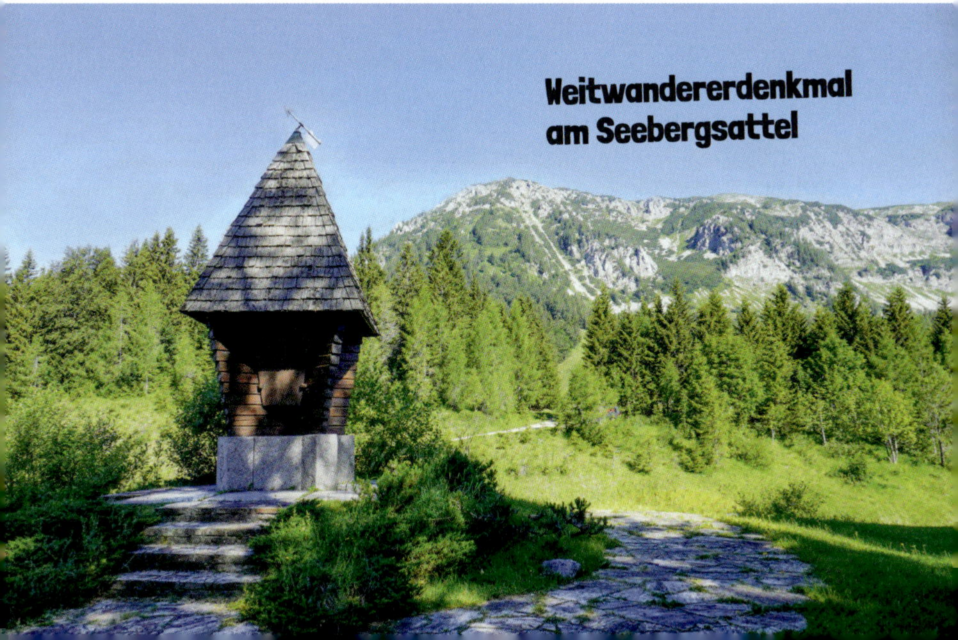

Weitwandererdenkmal am Seebergsattel

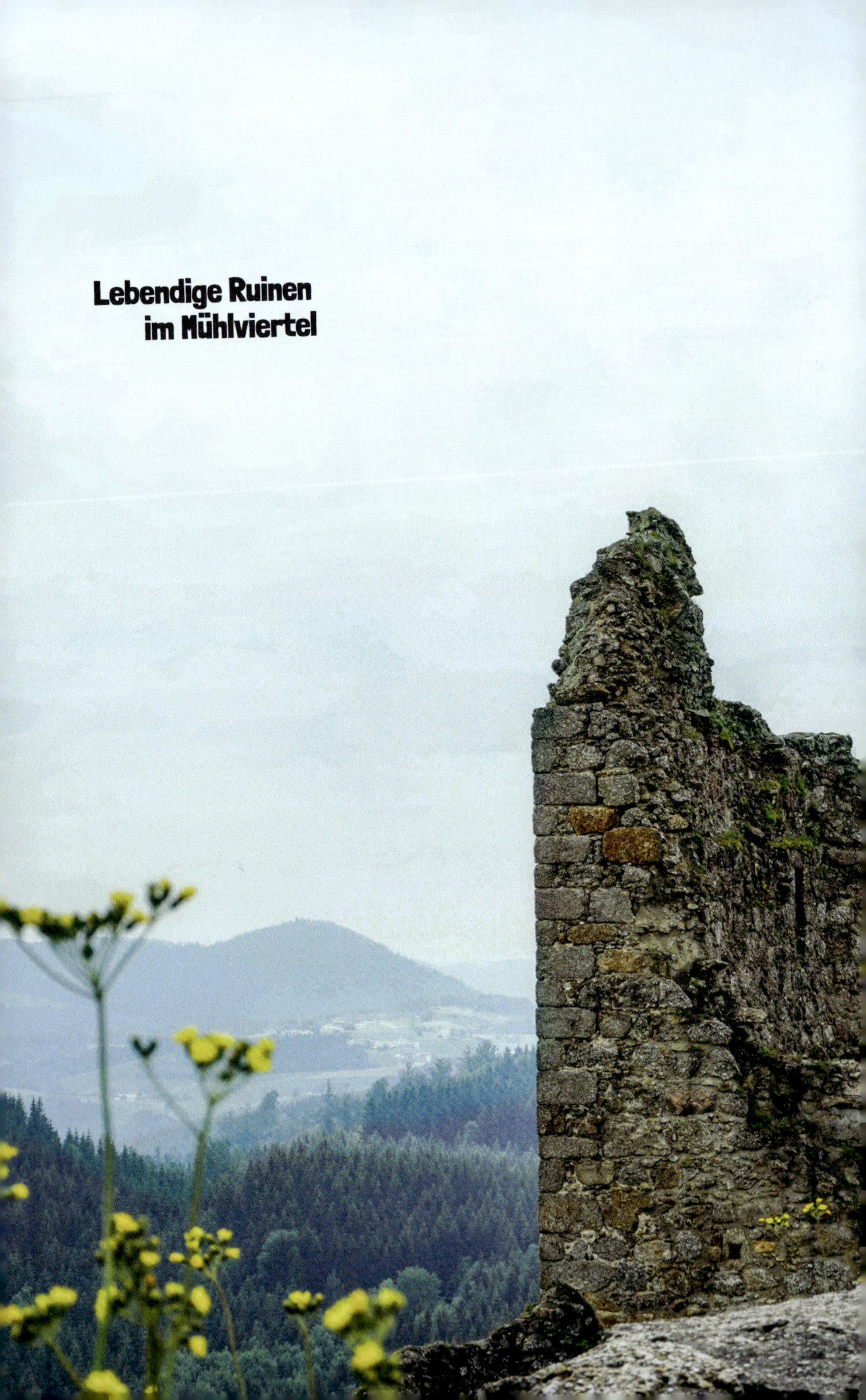

Lebendige Ruinen im Mühlviertel

Raus aus dem Hamsterrad, in die Natur abtauchen, Kraft tanken und mit Weitblick in die Zukunft sehen. Das ist die Grundidee des Pilgerweges auf der Mühlviertler Alm. Dieser führt zu zwölf Stationen, jeweils zu Plätzen, die für Ruhe und Entspannung sorgen. Auch ganz nett: Sieht man sich den Johannesweg auf einer Wanderkarte genauer an, erkennt man mit etwas Fantasie die Form einer Lilie. Die Blume fungiert auch als Wegmarkierung.

In Pierbach gibt die Lilie den Wanderern bereits die Richtung vor. Nach den ersten Metern überschreitet man die Große Naarn

Der Johannesweg

Das Herz des Mühlviertels

und erreicht eine **Kugelmühle** mit einem kleinen Hammerwerk. Mithilfe des kraftvollen Wassers werden aus unförmigen Steinen Granitkugeln geformt. Bereits etwas weiter oberhalb sichtbar ist der Hof Irxenmayr. Hier befindet sich die erste von zwölf Stationen am Johannesweg. Der **Johannesbrunnen** und die darunter liegende Engelskapelle zählen zu den beliebtesten Fotomotiven am Johannesweg. Nebenbei füllt man am Brunnen die Wasserflasche wieder auf.

Am Weg nach Schönau, dem ersten Etappenende, lernen Wanderer die **Stoabloßhöfe** kennen. Diese Höfe sind typische Gebäude des Mühlviertels, deren Fassaden aus freiliegenden Granitsteinen bestehen, die sparsam mit Kalk ausgefugt sind. Diese Art zu bauen stammt noch aus der Zeit des Mittelalters. Kalk war rar, aber Steine waren im Überfluss vorhanden. Die ursprünglich **typische Bauweise** findet in der heutigen Zeit wieder mehr und mehr Anklang.

Von der Stoaninger Alm, einem kleinen Skigebiet, führt der Weg zum steinigen Herrgottsitz und weiter zur romantischen **Burgruine Prandegg**. Die Höhenburg liegt besonders imposant auf einem Felsriegel. Eine Holzstiege führt auf den mächtigen Bergfried und dient, heute wie einst, als prächtiger Aussichtspunkt. Hausgemachtes Brot als Stärkung bekommt man in der dazugehörigen Taverne. Die zusätzliche Energie kann man für den folgenden Abschnitt auch gut gebrauchen. Es geht zunächst rund 200 Höhenmeter hinab ins **Tal der Waldaist**, ehe man diese Höhe wieder im Aufstieg bewältigt. Ein kurzer Abstecher vor dem zweiten Etappenziel führt auf den 811 Meter hohen Herzogreither Berg. Der Aufstieg zum Gipfelkreuz ist nur mithilfe eines angebrachten Stahlseils möglich. Hat man dieses Hindernis aber überwunden, befindet man sich auf einem der schönsten Aussichtsplätze der gesamten Region. Vom Gipfel aus blickt man bereits nach St. Leonhard bei Freistadt. Nachdem man den Ort durchschritten hat, nehmen die Wanderer an der **Bründlkapelle** einen Stein mit. Warum, wird man einige Kilometer später erfahren.

„Werde großzügig und strebe nicht gierig nach noch mehr", heißt es an der vierten Station am Johannesweg. Nach kurzem

INFO

Bereits in der Schule lernt man, aus welchen Mineralien das Gestein Granit hauptsächlich besteht: „Feldspat, Quarz und Glimmer – die drei vergess' ich nimmer!"

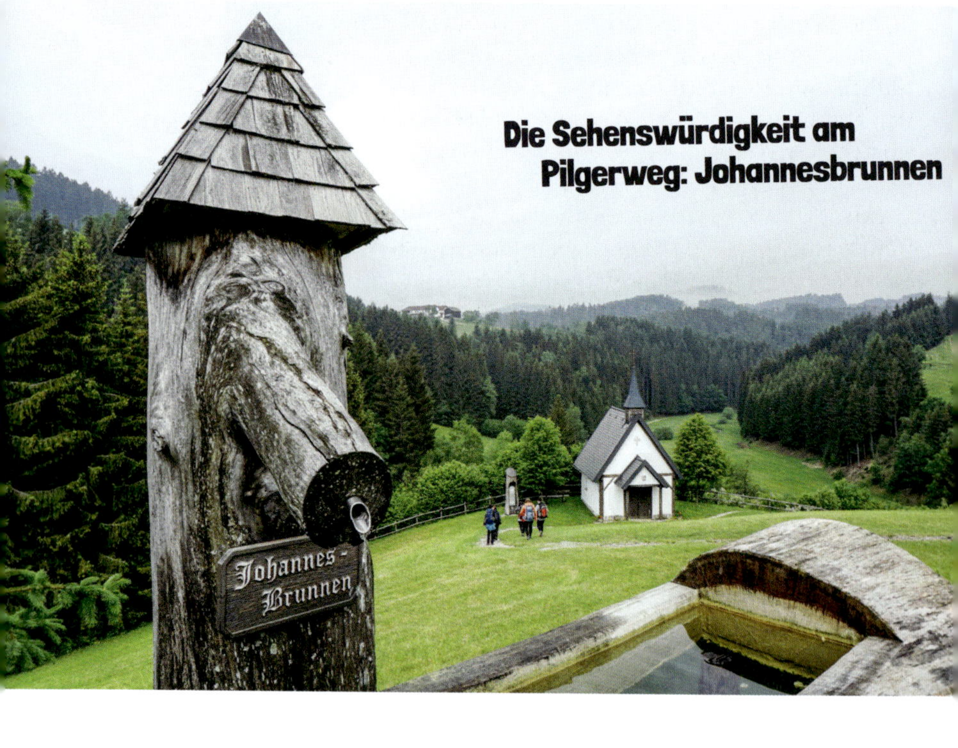

Die Sehenswürdigkeit am Pilgerweg: Johannesbrunnen

Abstieg führt der Weg auf den **Haiderberg** zu einem besonderen Gipfelkreuz. Hier legt man den Stein von der Bründlkapelle ab und entledigt sich symbolisch gewisser Sorgen, Probleme oder auch Wünsche. Diese hat man entweder **auf den Stein geschrieben** oder legt sie gedanklich mit ab. Die Idee dazu stammt vom berühmten Cruz de Ferro am Spanischen Jakobsweg.

Auf stetig wechselnden Pfaden landen die Wanderer in der Marktgemeinde Weitersfelden. Im Süden der Ortschaft wird fließend Schwarz-Weiß gedacht, was den **Zusammenfluss von Schwarzer und Weißer Aist** zur Waldaist betrifft. Beide Flüsse entspringen knapp nebeneinander im nördlich gelegenen Liebenau. Die Schwarze Aist bahnt sich einen etwas längeren Weg durch eine moorige Landschaft, hingegen berührt die Weiße Aist kaum jene Gebiete, die den Fluss braun färben würden. Am Zusammenfluss südlich von Weitersfelden, Station Nummer 6, werden die Unterschiede eindeutig. Die daraus entstehende Waldaist beherbergt das größte **Flussperlmuschel-Vorkommen** in ganz Mitteleuropa.

Das macht die Tour einzigartig!

- Das alles umgebende Pilger-Flair
- Die unvermuteten Aussichtspunkte
- Die zwölf Pilgerstationen

Der **Kammererberg** definiert nicht nur den nördlichsten Punkt der Lilie in der Landkarte, sondern auch den höchsten. Nur 20 Meter fehlen vom obersten Höhepunkt auf die 1000er-Marke. Am Kammerer-Kreuz, eigentlich eine Kapelle in Stoabloßart erbaut, lässt es sich gut rasten, und bei klarem Wetter erkennt man sogar die fernen Alpen. Im Auf und Ab führt der Weg nach **Kaltenberg**, dessen Ortsentstehung eng mit der Marienwallfahrt zusammenhängt. Zur Ursprungskapelle und zum **Augenbründl** pilgerten zahlreiche Wallfahrer, auch der Johannesweg führt direkt daran vorbei. Rund 200 Höhenmeter steigt man von Kaltenberg über den Bergkreuzweg hinab nach **Unterweißenbach** ins Herz der Mühlviertler Alm. Schatzsucher kamen hier auf ihre Rechnung. 1500 Silbermünzen aus dem 15. Jahrhundert tauchten in einem Feld verstreut auf. Es könnte sich dabei um das im Boden versteckte Vermögen eines Land-

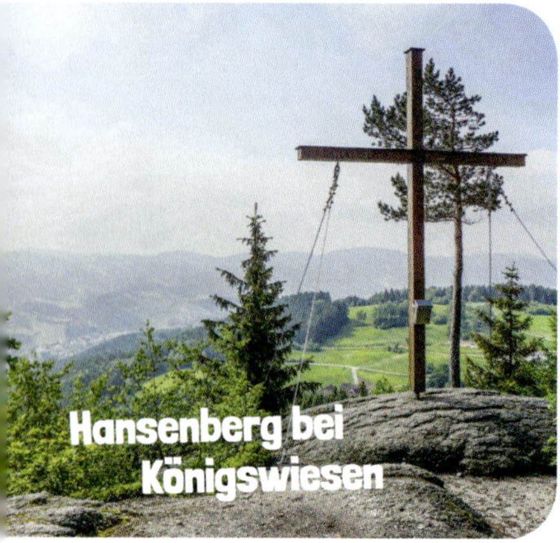

wirts gehandelt haben. In jedem Fall stellt dieser Fund für die Wissenschaft ein bedeutendes Zeitdokument zur Erforschung des Geldumlaufs dar.

Ein natürlicher Schatz ist der **Wegererstein** außerhalb von Unterweißenbach. Diese riesige Granit-Restlingsformation gilt als Kraftplatz. Die Wanderer steigen durch eine enge Treppe hoch, vom obersten Aussichtspunkt genießt man einen Blick zurück nach Kaltenberg. Anschließend führt der Johannesweg durch einen Weidenrutentunnel an einem wahren Kinderparadies vorbei. Der **Jagdmärchenpark Hirschalm** beeindruckt mit rund 40 aktiv erlebbaren Märchen- und Spielestationen. Eine Sommerrodelbahn und eine Familienachterbahn sind nur zwei vieler unterschiedlicher Attraktionen.

Etwas abseits vom Rundweg liegt die **Einsiedlerklause** samt der dazugehörigen Himmelsleiter. Hier hauste in einfachsten Verhältnissen Ordensschwester Leonilla, die in der Abgeschiedenheit des Waldes ihr Eremitendasein auslebte. Vom Gipfelkreuz auf 920 Metern hat man bereits einen prächtigen Blick auf **Königswiesen**, die 12. Station am Johannesweg. Die kommende **Johannesweghütte** dient auch als Unterkunft für Pilger und beruht auf Freiwilligkeit, es werden nur freiwillige Spenden entgegengenommen. Eine Voranmeldung ist jedoch unbedingt notwendig.

Man nähert sich dem Marktplatz von Königswiesen, und langsam wird einem bewusst, dass die Lilie bald in ihrer Form geschlossen ist. Der Johannesweg führt durch eine eindrucksvolle Naturlandschaft zur **Ruine Ruttenstein**. Sie ist die größte Wehranlage Österreichs und kann dank der tatkräftigen Arbeit des Ruttensteiner Erhaltungsvereins auch besichtigt werden. Zu Speis und Trank auf der **Sonnenterrasse** lädt die Jausenstation unterhalb der Ruine ein. Die letzten Kilometer führen hinab ins Tal der Großen Naarn und abschließend retour nach Pierbach. Das Hamsterrad stand in den vergangenen Tagen am Johannesweg still. Vielleicht hat der Weg einen Teil dazu beigetragen, dass das auch so bleibt.

FAZIT

Viele Kleinigkeiten machen den Johannesweg wertvoll. Es sind dabei nicht nur die sichtbaren Besonderheiten wie Ruinen, Kirchen, Steinmonumente und Naturschätze. Nein, vor allem das Gefühl der inneren Einkehr und die herzliche Gastfreundschaft prägen sich ins Gedächtnis ein.

GUT ZU WISSEN

VON/BIS: Pierbach
LÄNGE: 84 Kilometer
HÖHENMETER: 2700
ETAPPEN: 4
MARKIERUNG: weiße Lilie auf gelben Wegweisern
HÖCHSTER PUNKT: 980 Meter, Kammererberg

DAS BRAUCHE ICH:

- Vorreservierte Schlafplätze
- Schwindelfreiheit bei Abstechern auf Felsgipfel
- Passendes Schuhwerk für Asphaltwege

Abenteuer 2/5
Natur 3/5
Schwierigkeit 2/5

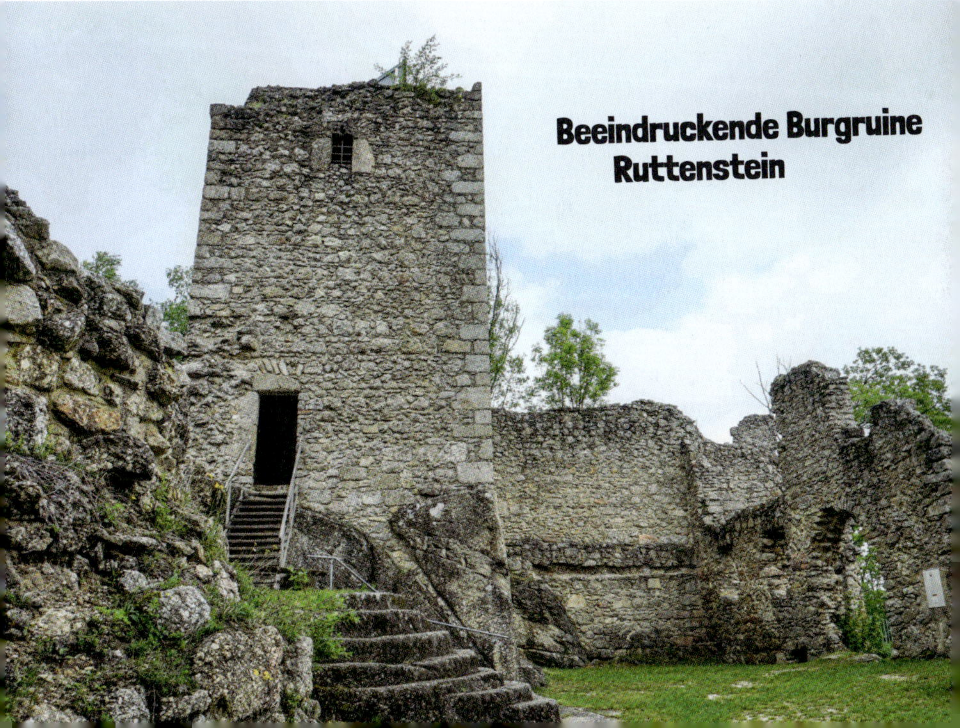

Beeindruckende Burgruine Ruttenstein

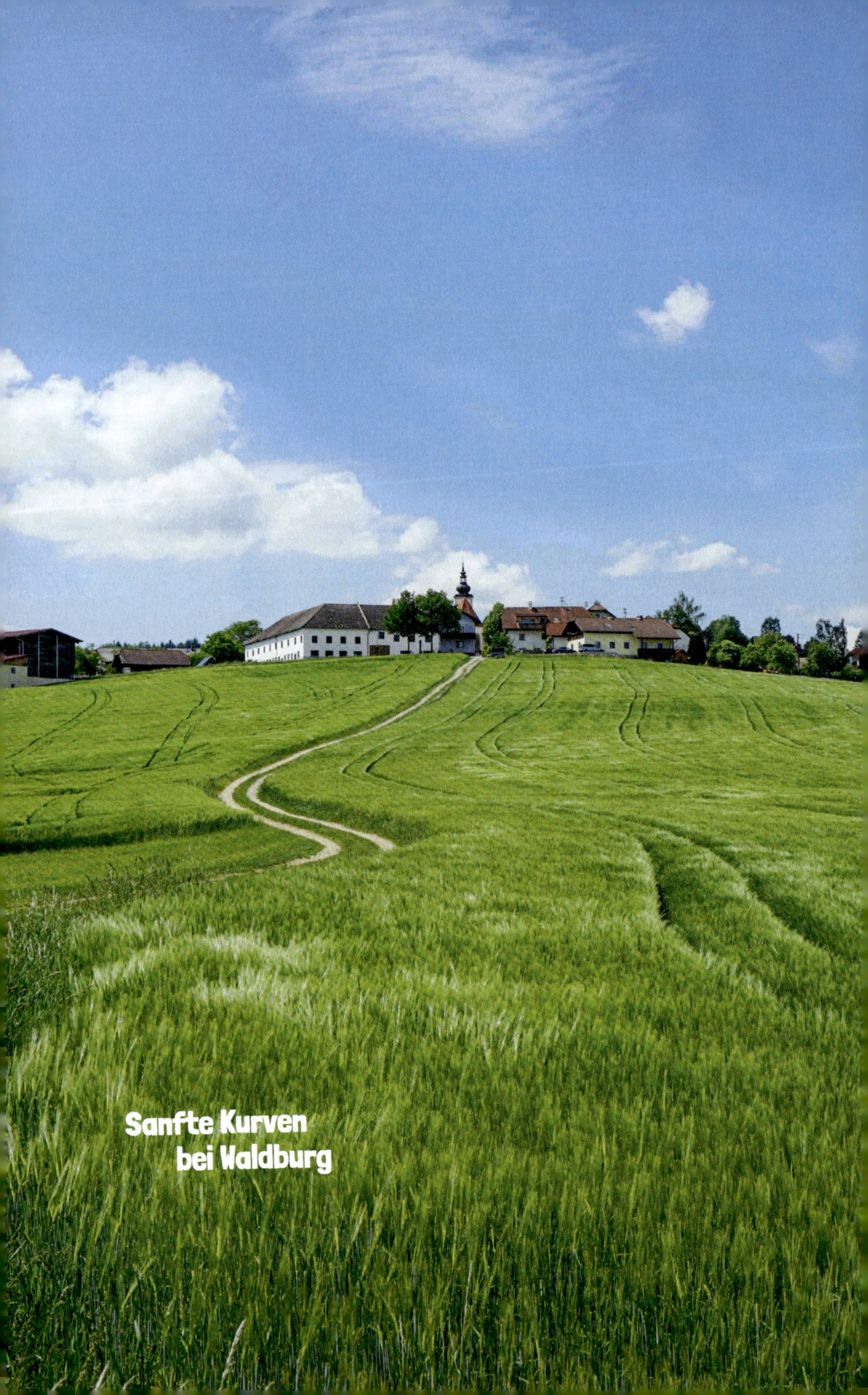

Sanfte Kurven bei Waldburg

Um das Jahr 1910 legte der Deutsche Böhmerwaldbund einen Weg im Österreichisch-Tschechischen Grenzgebiet an. Aufgrund der Grenzschließung war die Begehung dieser Strecke bald nicht mehr möglich. Im Jahr 1960 wurde der Weg mit seiner markant blauen Kammmarkierung, nunmehr mit einer grenzfreien Streckenführung, neu eröffnet. Diese Umstände bringen dem Nordwaldkammweg den Titel als ältester Weitwanderweg Österreichs ein.

Ein interessantes Detail vorweg zum Nordwaldkammweg: Start- und Endpunkt befinden sich gar nicht in Österreich. Während

Der Nordwaldkammweg

Der älteste Weitwanderweg Österreichs

am bayerischen Hochstein die Wanderer ihren Rucksack schultern, legen sie spätestens im tschechischen Nové Hrady diesen wieder ab. Wer öffentlich zum Startpunkt anreist, muss bereits vor Beginn der Wanderung einige Stunden Gehzeit einberechnen. Mit dem Auto kommt man dem Startpunkt, dank dem Parkplatz unterhalb des Dreisesselberges, ungleich näher. Haben die Wanderer den imposanten Granitgipfel des Hochsteins über eine Steintreppe erreicht, blicken sie, Borkenkäfer und Sturm Kyrill im Jahr 2007 geschuldet, in die Ferne. Diese haben den **Fichtenwäldern im Böhmerwald** ordentlich zugesetzt. Die bereits entdeckte blau-weiße Markierung wird in den kommenden sieben Tagen ständige Begleiterin sein.

Vorbei am Dreisesselberg folgt man dem **Adalbert-Stifter-Weg**, seines Zeichens ein berühmter österreichischer Schriftsteller, Maler und Pädagoge, der hier in der Region Böhmerwald auf die Welt kam. Der Weg durchquert das **Steinerne Meer**, eine natürliche Granit-Blockhalde. Die kargen Bäume sorgen für eine besonders mystische Stimmung. Der Nordwaldkammweg führt alsbald über die Grenze nach Österreich und an den Hängen des Plöckensteins entlang zu einer Zollhütte. Am sonnigen Plateau der **Schöneben**

INFO

Der clevere Landvermesser Josef Rosenauer schaffte im 18. Jahrhundert, was niemand zu glauben vermochte. Dank seiner Berechnungen überwindet der Schwarzenbergsche Schwemmkanal die Europäische Wasserscheide.

endet die erste Etappe. Am darauffolgenden Tag muss man sich entscheiden, ob man die Route über den Moldau- oder den Alpenblick wählt. Beides sind Türme, die jeweils in andere Richtungen ein Panorama eröffnen. Im Zweifel nimmt man beide Aussichtspunkte mit und plant eine Stunde mehr Gehzeit ein.

Die Wanderer steigen hinab nach St. Oswald bei Haslach und erreichen den Steilstufenweg, der kurzzeitig dem **Schwarzenbergschen Schwemmkanal** folgt. Dieser Kanal ist eine Holzschwemmanlage, die im 18. Jahrhundert angelegt und etwa 160 Jahre genutzt wurde. Auf rund 80 Kilometern verläuft das Bauwerk, ausgehend vom Dreisesselberg, über die Europäische Hauptwasserscheide und endet an der Großen Mühl bei Haslach. Das Ziel der zweiten Etappe ist ein geschichtsträchtiger **Weberort**. In Haslach gibt es noch heute drei Webereien. Ein eigenes Museum und jährliche Veranstaltungen rund um das Handwerk unterstreichen die Bedeutung der Weberei in der Region. Aus der

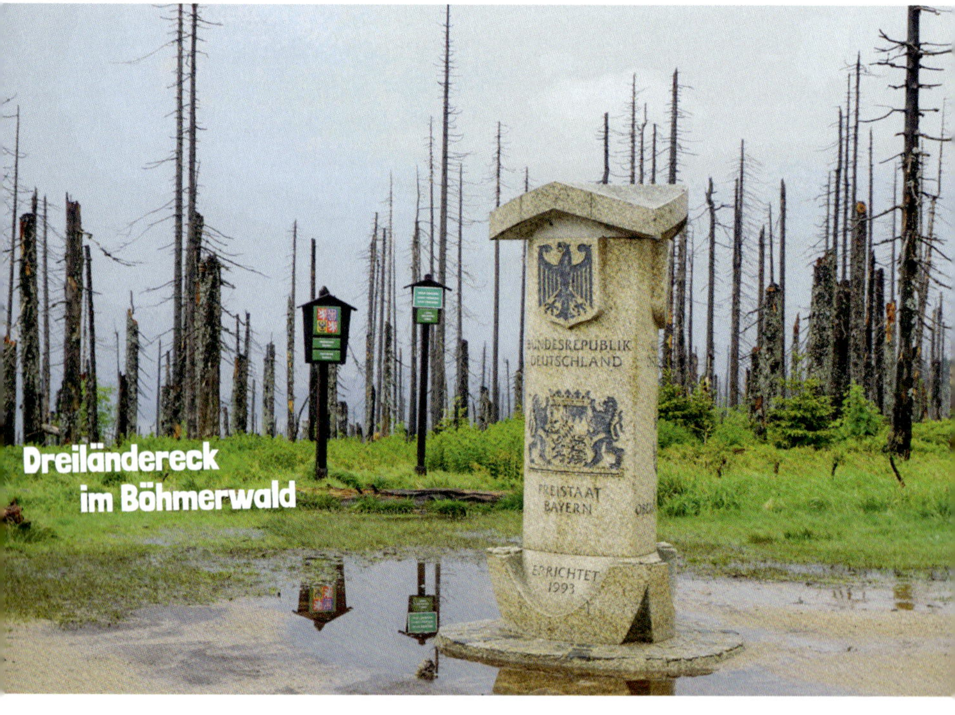

Dreiländereck im Böhmerwald

hier angebauten Leinpflanze werden kostbare Stoffe geschaffen, aus den Pflanzensamen Leinöl. Verfeinert werden damit lokale Schmankerl, wie die schmackhaften **Leinölerdäpfel**.

Die Strecke nähert sich der Grenze zu Tschechien und dem ehemaligen **Eisernen Vorhang**. Mahnmale an diese dunkle Zeit sind immer wieder am Wegesrand zu entdecken, so wie auch kurz nach dem beliebten Hotel Guglwald neben einem Grenzübergang. Gemütliche Waldwege führen anschließend auf den 1122 Meter hohen **Sternstein**, von dessen Aussichtswarte man einen grandiosen Blick über den Böhmerwald und in die Alpen hat. Keine 400 Meter Abstieg sind es in die Kurstadt **Bad Leonfelden**. Bereits wieder außerhalb der Stadt ist das Kalvarienbergkirchlein am Hang des Thierbergs als Kraftplatz bekannt. Unweit davon lohnt sich ein Abstecher auf den Felsen mit Kreuz am Hirtstein. Auf der weiteren Route liegt die kleine Ortschaft Waldburg, deren Kirche mit ihren drei **spätgotischen Flügelaltären** beeindruckt. Kurz danach passiert man ein Viadukt der alten **Pferdeeisenbahn**. Von der Landeshauptstadt Linz verlief ab 1832 nach Budweis in Tschechien eine Bahn, deren Wagen von Pferden gezogen wurden und die hauptsächlich für den Transport von Salz und Kohle im Einsatz war. Doch auch für den Personentransport zog man die Zügel stramm. Somit war diese Pferdeeisenbahn die zweite öffentliche Eisenbahnlinie auf dem Europäischen Festland.

Das macht die Tour einzigartig!

- Der geschichtsträchtige Grenzverlauf
- Waldregion Böhmerwald
- Mühlviertler Gastfreundschaft

Westlich von Freistadt erreichen die Wanderer auf einem Höhenrücken die sehenswerte Kirche von St. Peter und die gotische Kalvarienbergkapelle. Ein Kreuzweg leitet hinab nach **Freistadt**. Nahe dem Brauhaus betritt man die mittelalterliche Stadtbefestigung mit ihren Wehrtürmen. Die gotische Altstadt und die barocken Fassaden der Bürgerhäuser zählen zu den besonderen Sehenswürdigkeiten am Nordwaldkammweg.

Durch das liebliche **Mühlviertler Hügelland** führt die Route nach Sandl. Dieser kleine Ort ist vor allem wegen zweier Sehens-

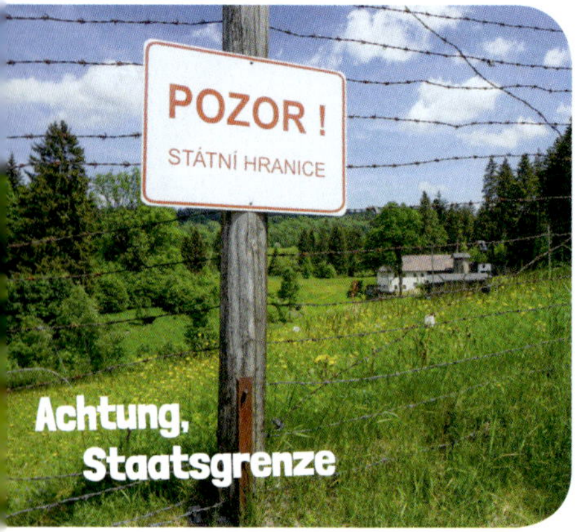

Achtung, Staatsgrenze

würdigkeiten bekannt. Zum einen die Hinterglasmalerei, eine Malform, bei der, wie der Name schon verrät, Glasplatten von der Rückseite her bemalt sind. Dies sorgt für intensivere Farben und einen besonderen Glanz. Ein eigenes Museum widmet sich in Sandl dieser Handwerkskunst. Unweit davon symbolisiert der Ortsbrunnen die **Europäische Wasserscheide**. Das nördlich abfließende Wasser landet im Oberlauf der Maltsch. Diese mündet in die Moldau, die weiterführende Elbe findet ihr Ende in der Nordsee. In südlicher Richtung hingegen sucht sich das Wasser einen Weg zum Flammbach und fließt danach in die Aist und in die Donau, welche bekannterweise ins Schwarzen Meer mündet.

Die sechste Etappe beginnt als Höhenweg. Auch wenn es den Wanderern nicht sonderlich aufgefallen ist: Sandl selbst liegt auf über 900 Metern Seehöhe. Am Weg über die Grenze zu Niederösterreich packt der Nordwaldkammweg noch einige Höhenmeter drauf. Man erreicht die Ortschaft Karlstift, wechselt nördlich ins Tal der Lainsitz und steigt zum **Nebelstein** hoch. Mit 1017 Metern ist der beeindruckende Gipfelfelsen einer der höheren Punkte im Waldviertel. Vorbei am Moorbad Harbach kommt man am Mandlstein zu einer Aussichtsplattform. Dabei erkundet man das „Steinerne Tor" und lernt das **Grüne Band** kennen. Dies ist jener Grenzstreifen, der während des Kalten Krieges kaum von Menschen berührt wurde und als Naturschutzprojekt erhalten werden soll. Dieses Band hat eine Länge von 12.500 Kilometern und reicht vom Eismeer im Norden Norwegens bis zum Schwarzen Meer an der Grenze zur Türkei.

Etwas kürzer als das Grüne Band sind die letzten Abschnitte. Bei Pyhrabruck überschreitet man die Grenze zu Tschechien und beschließt vor dem **Schloss Nové Hrady** den Nordwaldkammweg. Vorerst, denn eine zusätzliche Wegvariante, Nordwaldkammweg II, verläuft hauptsächlich auf tschechischer Seite zum Ausgangspunkt am Hochstein. Also, juckt es noch in den Füßen oder geht's doch mit der Bahn wieder heim?

FAZIT

Der Nordwaldkammweg durchstreift einen abwechslungsreichen Naturraum und berührt sehenswerte Städte und gemütliche Dörfer. Altes Handwerk, eine bewegte Geschichte und vielfältige Naturwunder begleiten die Wanderer auf der gesamten Route.

GUT ZU WISSEN

VON: Hochstein im Bayerischen Wald
BIS: Schloss Nové Hrady in Tschechien
LÄNGE: 161 Kilometer
HÖHENMETER: 4100
ETAPPEN: 7
MARKIERUNG: blau-weiße Kammmarkierung
HÖCHSTER PUNKT: 1333 Meter, Hochstein

DAS BRAUCHE ICH:

- Reisedokument für Grenzübertritte
- Einen zusätzlichen Tag, um bei öffentlicher Anreise zum Startpunkt zu kommen
- Gemütliches Schuhwerk für Wald- und Asphaltwege

Abenteuer 3/5
Natur 4/5
Schwierigkeit 2/5

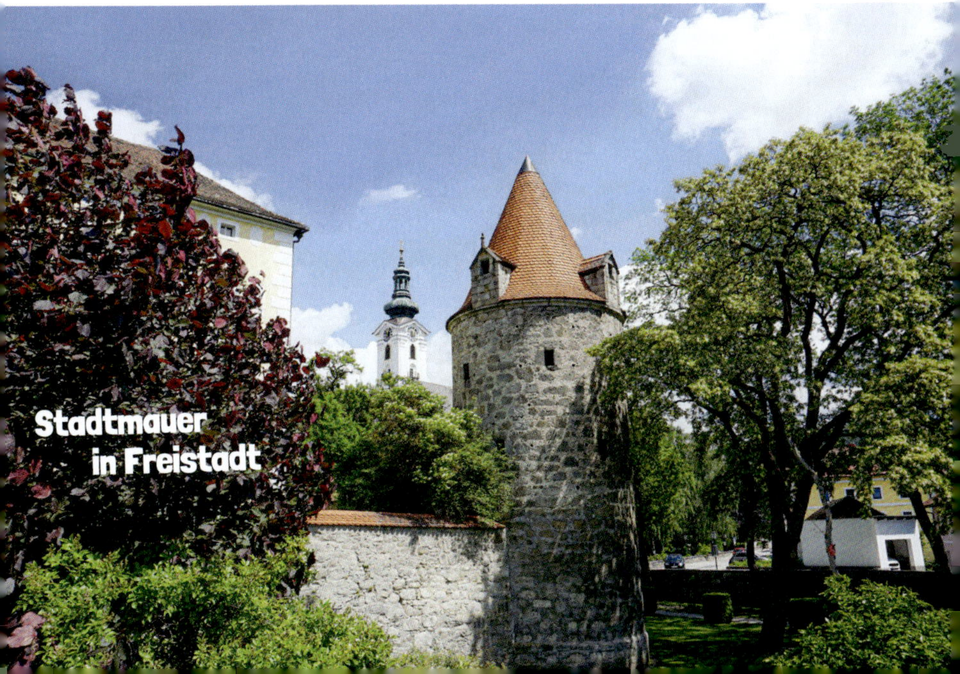

Stadtmauer in Freistadt

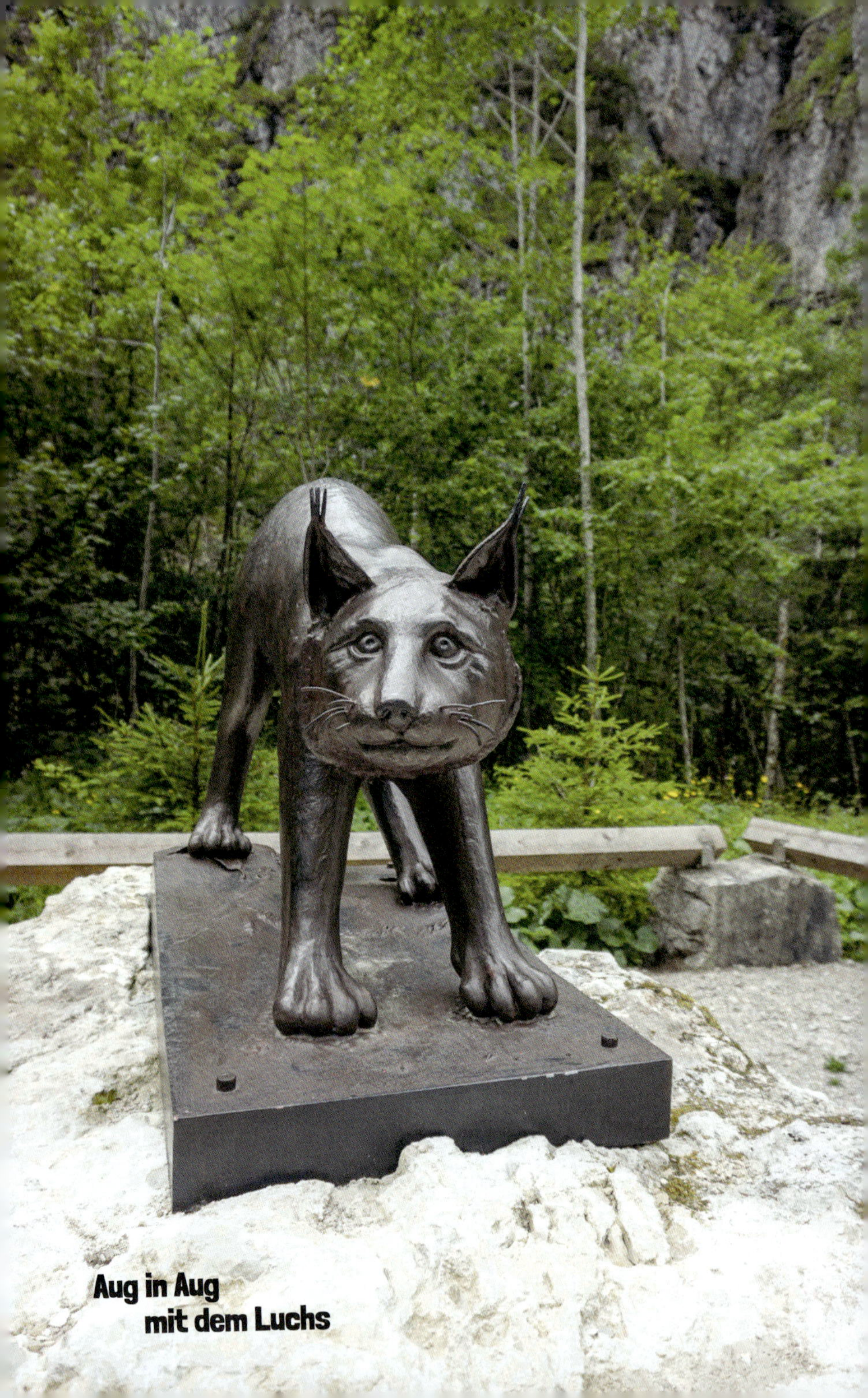

Aug in Aug
mit dem Luchs

Drei besondere Naturschutzgebiete werden am Weg durch „Österreichs wilde Mitte" berührt. Sie gelten als Heimat der Luchse, die im Volksmund auch „Pinselohren" genannt werden. Die scheuen Waldkatzen konnten im größten durchgehenden Waldgebiet Österreichs nämlich wieder „Pfote" fassen. Man kann aber von absolutem Glück sprechen, wenn den Wanderern am Weg durch das erste Weltnaturerbe Österreichs ein Luchs begegnen sollte.

Die Spurensuche am Luchs Trail beginnt am **Bahnhof Reichraming**. Für die nächsten drei Tage sollte man sich hier noch mit

Der Luchs Trail

Österreichs wilde Mitte

Proviant eindecken, wenngleich es an jedem Etappenende schmackhafte Almverköstigung gibt. Der Hintergebirgsweg bringt die Wanderer in den **Nationalpark Kalkalpen**. Zwei kurze Tunnel führen zur Klaushütte. Sie diente früher als Unterkunft für Holzfäller, die auf dem Großen Bach Holz zur Weiterverarbeitung talwärts brachten. Die letzte Holztrift fand 1936 statt. Zwischenzeitlich wurde der wertvolle Rohstoff auch mittels der **Waldbahn** aus dem Gebirge geholt, die Tunnel erinnern an die ehemalige Trasse. Rund 500 Höhenmeter fehlen noch zur Anlaufalm mit prächtiger Aussicht auf das Reichraminger Hintergebirge. Von der Alm führt der Weg wieder hinab ins enge Tal und abermals durch mehrere Tunnel zu einem eigens eingerichteten **Biwakplatz**. Hier ist Zelten und Campieren im Nationalpark erlaubt. Eine Trockentoilette und Holz für die Feuerstelle werden zur Verfügung gestellt.

Unterschiedliche Waldtypen begegnen den Wanderern am teils steilen Aufstieg auf die Blabergalm. Es ist ein seltener Anblick, wenn der Wald einfach sich selbst überlassen wird. Das menschliche Auge sieht offenbar **natürliche Wälder** viel zu selten. An der Dörflmoaralm verlässt man den Nationalpark Kalk-

INFO

Die Luchs-Population ist trotz aller Bemühungen in dieser Region noch sehr überschaubar. Sechs unterschiedliche Luchse sind bekannt, die hier aktuell herumstreifen (Stand 2021).

alpen, wandert zum Hengstpass und verbringt den restlichen Tag unter 300 Jahre alten Linden an der **Laussabaueralm**.

Bald lässt man Oberösterreich hinter sich und steigt auf steirischem Boden zum **Admonter Haus** hoch. Von hier ist das Ziel Admont bereits gut zu sehen. Beeindruckend ist das Benediktinerstift Admont, der religiöse Mittelpunkt der Obersteiermark. Auch ist es ein Zentrum für Kunst und Wissenschaft, sehenswert ist die Nationalparkausstellung „Leidenschaft der Forscher“.

Der Luchs Trail verlässt Admont in südlicher Richtung und nähert sich dem **Gesäuse**. Die Route führt auf die Scheiblegger Hochalm und kommt den ersten schroffen Felszacken näher. Als Tagesziel ist die Klinkehütte am Fuße des Admonter Kalb-

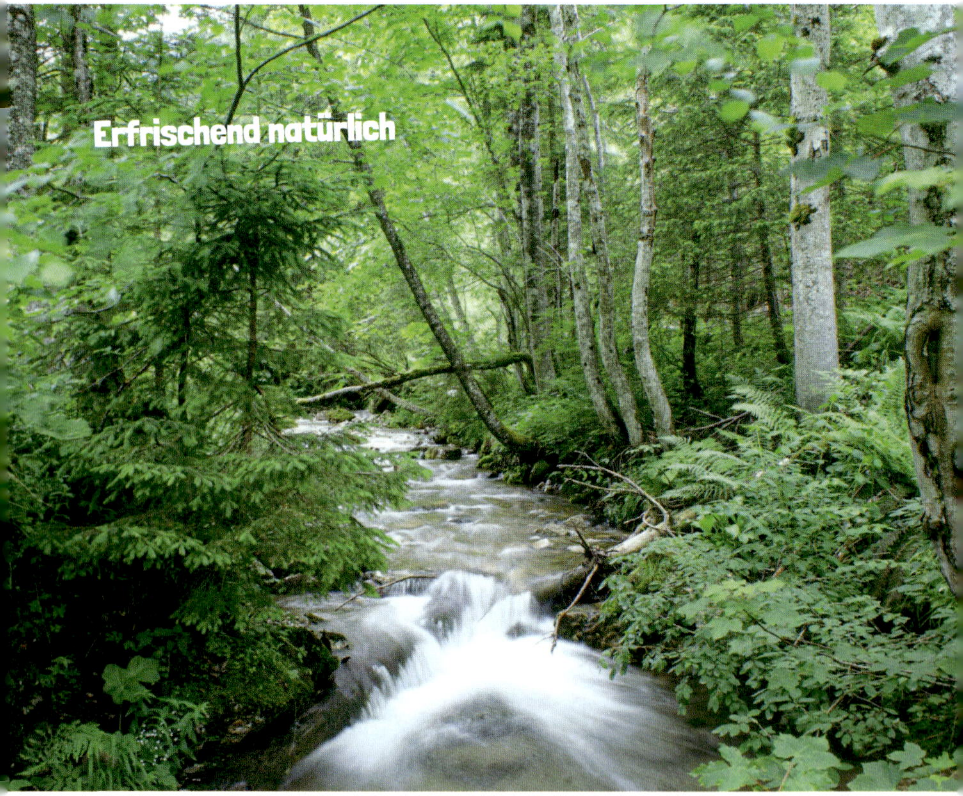

ling auserkoren, der vom Süden und Westen als spitze Pyramide weithin erkennbar ist. Auf der fünften Etappe in das **Bergsteigerdorf Johnsbach** werden mehrere einfache Gipfel überschritten, die es ja im wilden Gesäuse nicht zuhauf gibt. Etwas abseits der Straße erkundet man den größten Bergsteigerfriedhof Österreichs.

Zeit zum Genießen bleibt am Themenweg des „Wilden John" am Johnsbach. Der „Wilde John" war ein Riese, daher kann man sich hier auch auf eine Riesenschaukel setzen oder sich durch eine Riesensandkiste wühlen. Die Wanderer überschreiten die Enns und landen am **Nationalparkpavillon im Gstatterboden**. Steile Felswände ragen in Nord- und Südrichtung empor. Auch der Trail führt bergwärts, nämlich zur ältesten Schutzhütte im Gesäuse. Von der **Ennstaler Hütte** eröffnet sich ein herrlicher Blick auf die Hochtorgruppe, das alpine Kernstück der Region. Jedem Aufstieg folgt ein Abstieg, und der führt nach **Mooslandl**. Wundersam kommt einem die weite Ebene inmitten der Berglandschaft vor. Kulturhistorisch wertvoll ist hier der Radstatthof. Der älteste Bauernhof in Mooslandl wurde bereits 1135 n. Chr. urkundlich erwähnt. Außen trägt der Hof eine Sgraffitomalerei aus dem Jahr 1594 und zählt somit zu den bedeutendsten Bauten der gesamten Steiermark.

Das macht die Tour einzigartig!

- **Eine (unwahrscheinliche) Luchs-Sichtung**
- **Die wechselnden Naturschutzgebiete**
- **Haus der Wildnis in Lunz am See**

Auf der achten Etappe bekommt man es mit einem Flusswechsel zu tun. Befindet man sich anfänglich noch an der Enns, landet man nach einem Rechtsbogen an der Salza, einem bei Wildwasserfahrern beliebten Flusslauf. Ab der Ortschaft Gams bei Hieflau informiert ein **geologischer Lehrpfad** über die Weltgeschichte und durchwandert die **Nothklamm**. Der Gamsbach hat sich durch den Kalkstein einen tiefen Weg gegraben. Holzstege ermöglichen die Durchwanderung dieser wildromantischen Schlucht. Welche Kraft das Wasser auf Stein ausübt, lernt man auch an der Steinkugelmühle am oberen Ende der Klamm kennen. Hier werden kantige Steine kugelrund geformt. Die

Mühle ist die einzige ihrer Art in der Steiermark. Rund 1000 Höhenmeter sind es von **Palfau im Salzatal** auf die Moarhochalm. Dabei verlässt die neunte Etappe die Steiermark, und man begrüßt das dritte Bundesland der Wandertour. Die Wanderer steigen ins niederösterreichische Mendlingtal ab, eine von der Holztrift geprägten Schlucht.

Der Hochkar ist das Reich der Kontraste. Unterhalb des Gipfels dominieren Skilifte und Häuser das Bergambiente. Hat man dieses Gebiet aber hinter sich gelassen, kommt man am Kammweg dem unterhalb liegenden **Wildnisgebiet Dürrenstein-Las-**

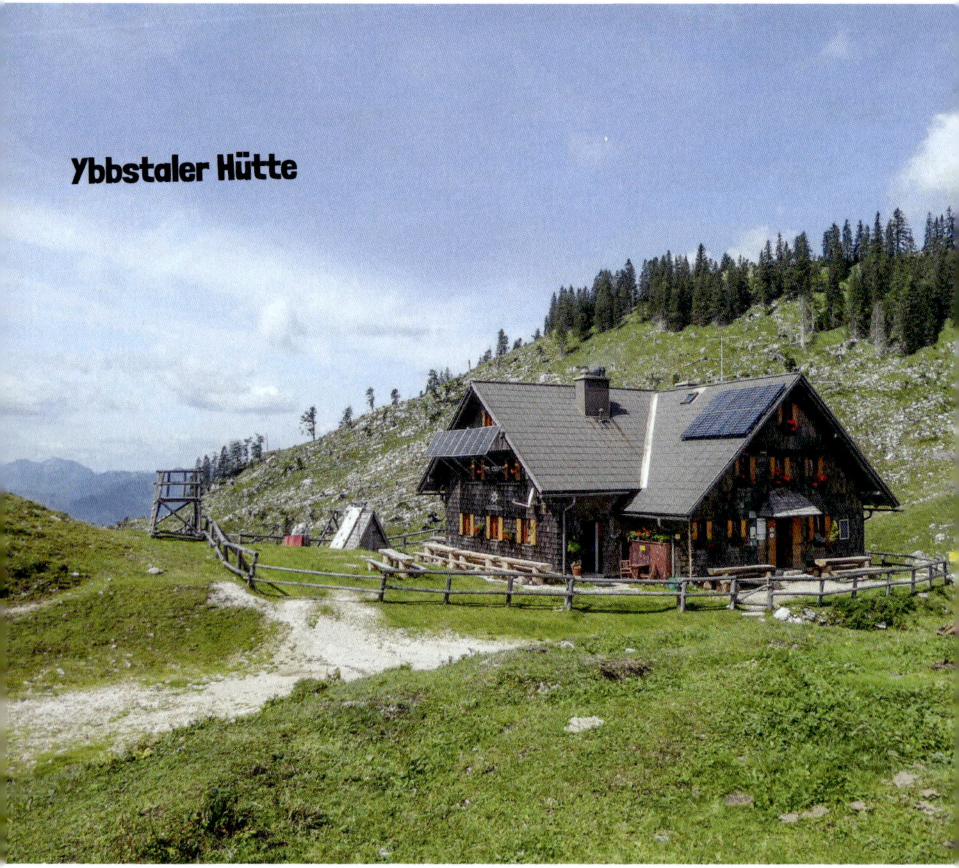
Ybbstaler Hütte

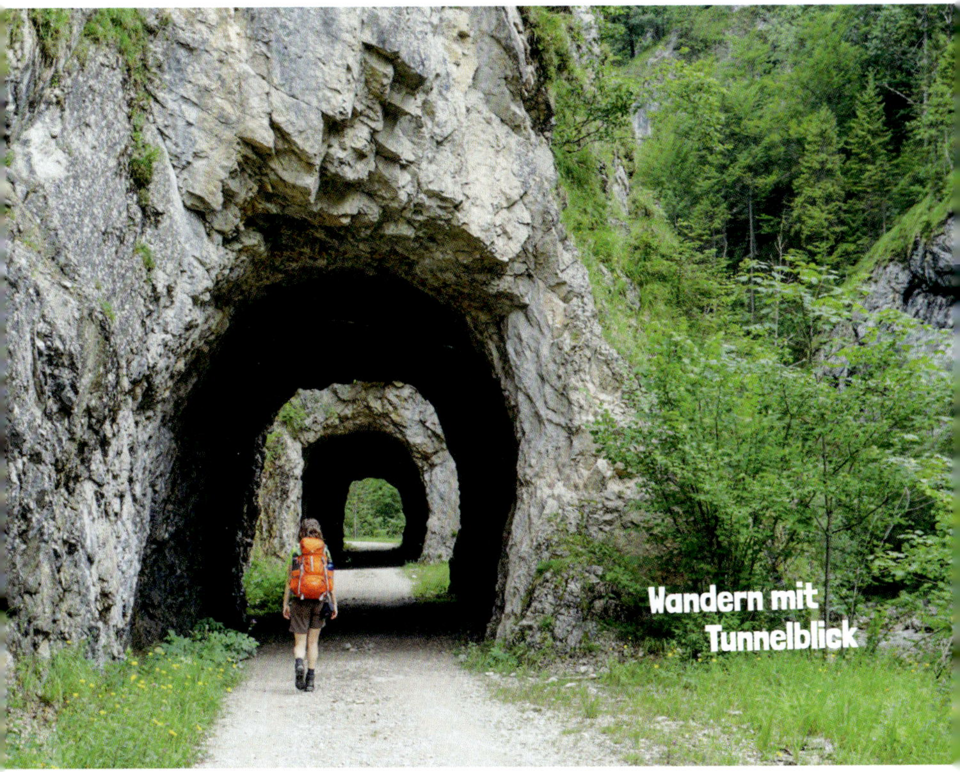

singtal sehr nahe. Dieses Areal darf von unsereins nicht betreten werden, da es mit dem Rothwald einen der größten Urwälder Mitteleuropas beherbergt. Das Schutzgebiet der höchsten Klasse ist seit 2017, gemeinsam mit den Buchenwäldern im Nationalpark Kalkalpen, auch als **erstes österreichisches Weltnaturerbe** ausgewiesen. Der Abstieg nach Göstling an der Ybbs führt durch eine unübersichtliche Karstlandschaft. Es fühlt sich an, als ob die Zivilisation gerade so richtig weit weg wäre. Ist sie aber nicht, man erreicht sie schneller, als einem lieb ist.

Die letzte Etappe über den 1878 Meter hohen Dürrenstein hat es nochmals ordentlich in sich. Traut man sich die 28 Kilometer und 1400 Höhenmeter nicht zu, schiebt man in der **Ybbstaler Hütte** nochmals eine Nächtigung ein. Vom Gipfel des

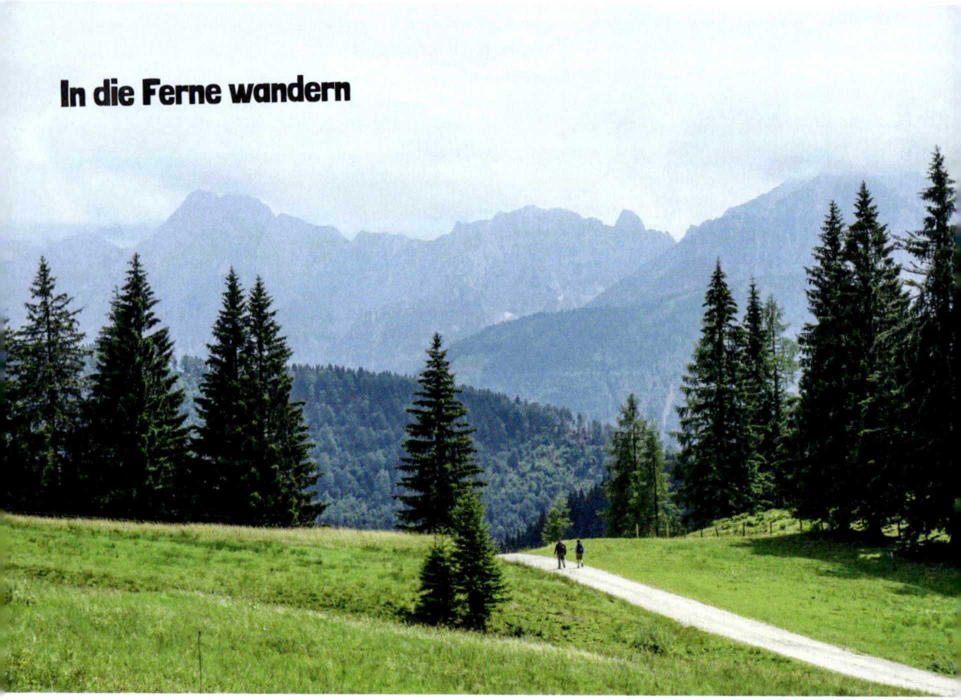

FAZIT

Ein Naturweg erster Klasse! Zwei Nationalparks durchquert diese Strecke. Ein Wildnisgebiet, das nicht zugänglich ist, wird fast berührt. Der Luchs Trail zeigt eindrucksvoll, was es heißt, wenn der Mensch für einige Zeit keinen Einfluss auf die Natur nimmt.

Dürrensteins mit schönem Eisenkreuz blickt man zurück zum Hochkar und voraus zum legendären Ötscher. Ein wasserreicher Abstieg begleitet die Wanderer nun zum **Lunzer See**, am Südufer entlanggehend, erreicht man den gleichnamigen Ort. Da man das Wildnisgebiet Dürrenstein-Lassingtal wohl kaum einmal mit eigenen Augen zu Gesicht bekommt, lohnt sich ein Abstecher ins **Haus der Wildnis**. Am 2020 neu errichteten Gebäude endet außerdem der Luchs Trail. Die vielen interaktiven Stationen im Erlebnishaus geben einen Einblick in den Rothwald mit höchster Schutzkategorie. Aber nicht nur das: Sie zeigen auch den Lebensraum der gefährdeten Waldkatze. Einen Lebensraum, den man in den vergangenen Tagen selbst durchstreift hat. Vielleicht wurde man sogar einmal von einem „Pinselohr" beobachtet? Man wird es nie erfahren. Allein der Gedanke daran hat aber etwas Abenteuerliches.

GUT ZU WISSEN

VON: Reichraming
BIS: Lunz am See
LÄNGE: 220 Kilometer
HÖHENMETER: 12.000
ETAPPEN: 11
MARKIERUNG: Profil eines Luchskopfes, umrahmt von einem Kreis auf hellem Hintergrund
HÖCHSTER PUNKT: 1878 Meter, Dürrenstein

DAS BRAUCHE ICH:

- Respekt vor den Naturschutzgebieten
- Schlafsack für die Nächtigungen auf den Hütten
- Festes Schuhwerk

Abenteuer
Natur
Schwierigkeit

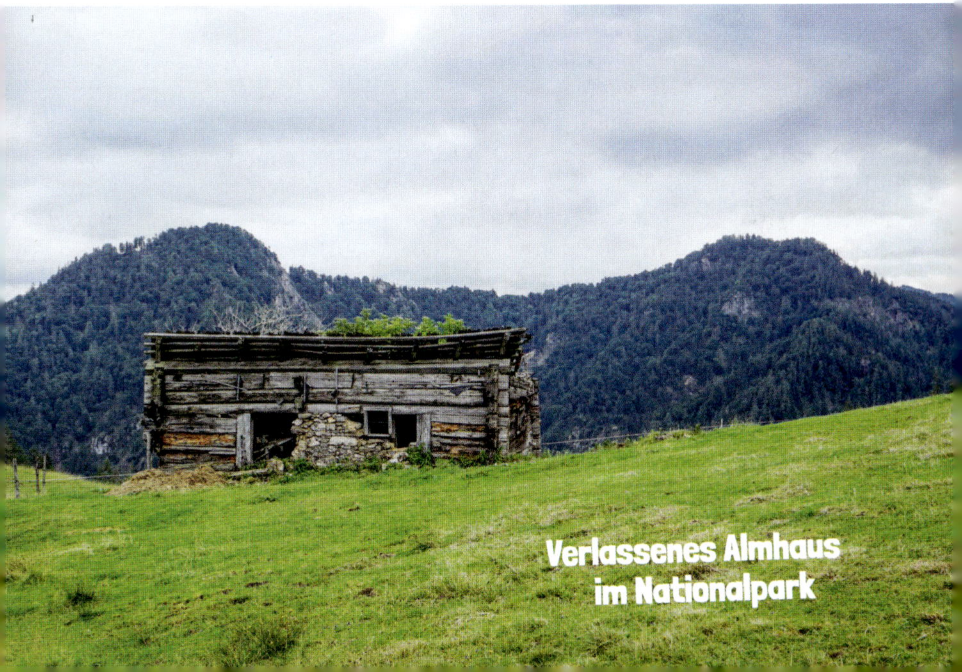

Verlassenes Almhaus im Nationalpark

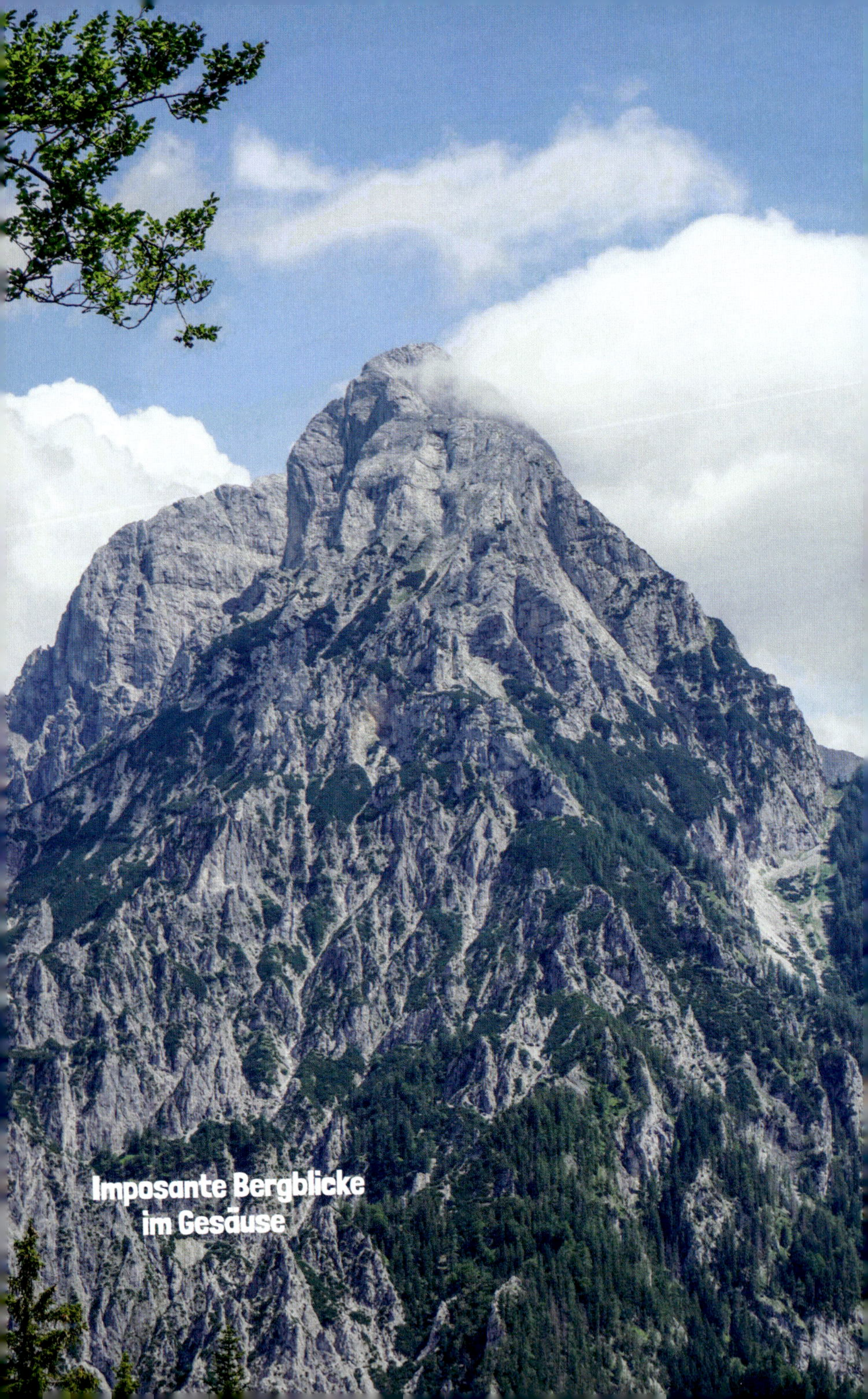
Imposante Bergblicke
im Gesäuse

Bei diesem mehrtägigen Wandererlebnis schreibt man sich in die „Universität des Bergsteigens" ein. So wurde zu den Anfängen des Alpinismus das Gesäuse bezeichnet. Wer es hier auf die Berge schafft, kann es woanders auch. Die wilden Berge erklimmt man auf dieser Tour zwar nicht, bekommt aber einen Eindruck dieser schroffen Landschaft. Ein prächtiges Wandererlebnis im einzigen Nationalpark der Steiermark.

Der Start in die Hüttenrunde erfolgt am **Benediktinerstift Admont**. Allein schon dieses ist sehenswert. Es beherbergt die

Die Gesäuse-Hüttenrunde

Steiler Fels, klares Wasser

größte Klosterbibliothek der Welt und wurde in der Vergangenheit sogar als „Achtes Weltwunder" bezeichnet. Vom Bestand der 200.000 Bücher sind rund 1400 besonders wertvolle Handschriften, die großteils aus dem Mittelalter stammen. Bei jährlich wechselnden Ausstellungen kann der üppige Bestand besichtigt werden.

Nun lässt man Admont aber langsam hinter sich, das „Xeis" – so wird das Gesäuse im Volksmund genannt – wartet. Dazu wandert man in südlicher Richtung zur **Kaiserau**. Der Vorgängerbau des Schlosses auf der Hochebene empfing Kaiser und Erzherzöge. Nach der gänzlichen Zerstörung im Zweiten Weltkrieg wurde das Schloss, leicht vereinfacht, wieder aufgebaut. Die nachfolgende Klinkehütte dient den Wanderern als erste Einkehr. Oder wer es gemütlicher haben will, breitet bereits hier am Fuße des Admonter Kalbling den Schlafsack aus. Mit Blick auf die hohen Gipfel des Sparafelds und des Admonter Reichensteins führt die Tour hinab zur idyllischen Flitzenalm. Der **Admonter Reichenstein galt lange als unbesteigbar**. Doch auch dieser Gipfel wurde erklommen, einfach ist das Unterfangen dennoch nicht. Der „leichteste" Aufstieg erfordert eine Kletterei im zweiten Schwierigkeitsgrad. Eine noch bessere Aussicht auf den felsigen Koloss genießt man an der **Mödlinger Hütte** auf rund 1500 Metern. Die Schutzhütte liegt auf einem Geländerücken mit einem wunderbaren Panorama über weitere spannende Gipfel des Gesäuses.

In Johnsbach unternehmen die berginteressierten Wanderer einen Abstecher zum **Bergsteigerfriedhof**. Vor rund 200 Jahren fand hier der erste im Gesäuse ums Leben gekommene Bergsteiger seine letzte Ruhestätte. Leider folgten ihm bisher weitere Bergliebhaber. So erlangt dieser Friedhof als größter Bergsteigerfriedhof Österreichs traurige Berühmtheit und zeigt eindrucksvoll, dass der Tod ein ständiger Begleiter in der schroffen Bergwelt ist. Mit Leben erfüllt, spaziert man dafür gemütlich das Johnsbachtal aufwärts und steigt über **Almweiden und Lärchenwälder** zur Hesshütte hoch. Diese liegt, eingebettet zwischen Hochtor und Hochzinödl, am Rande des National-

INFO

Der Nationalpark Gesäuse besteht seit 2002 und verdankt seinen Namen dem wild schäumenden und dahinsausenden Wasser der Enns in diesem Gebiet.

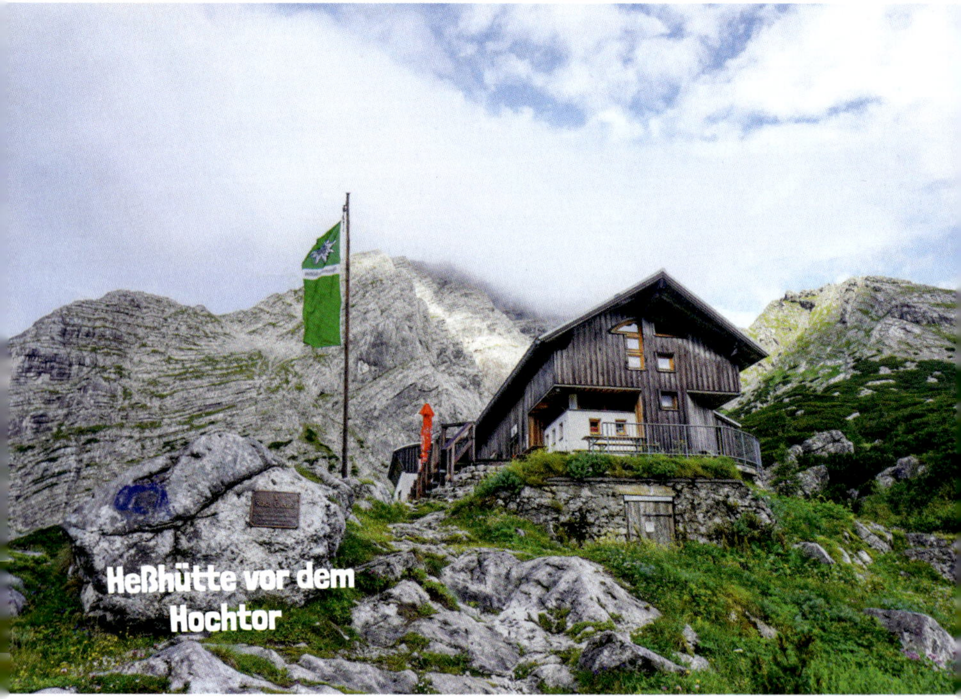

Heßhütte vor dem Hochtor

parks. Der etwas einfacher zu besteigende Hochzinödl bietet von seinem 2191 Meter hohen Gipfelplateau einen fabelhaften Blick auf die Hochtorgruppe, auf den Buchstein und den Tamischbachturm. Allen diesen Bergen kommt man im Laufe der Tour noch näher.

Die darauffolgende Etappe zur Ennstaler Hütte kann auf zweierlei Wegen begangen werden. Entweder schwieriger und kürzer oder einfacher und länger. Die kürzere Variante führt von der Hesshütte über den **Wasserfallweg** ins Ennstal. Einige Leitern und ausgesetzte, gesicherte Rampen sorgen dafür, dass nur erfahrene Berggeher diesen Abstieg nehmen sollten. Aber der Name verspricht nicht zu viel und führt direkt an einem Wasserfall vorbei. An der Enns angekommen, geht man zur Ansiedlung Gstatterboden und steigt auf die Ennstaler Hütte hoch. Anders verläuft der technisch einfachere, aber längere Weg. Von der Hesshütte wieder kurz am Weg vom Vortag zurück, dann über die Scharte am **Sulzkarhund** durch den Hartelsgraben zur Bundesstraße an die Enns. Nach einem Wegstück an der Straße kommen die Wanderer über Forststraßen und Steige zur **Ennstaler Hütte**, die den langen Marsch mit einer aussichtsreichen Terrasse belohnt. Im Süden die schroffen Wände der Hochtorgruppe, im Norden das Alpenvorland.

Das macht die Tour einzigartig!

- **Nationalpark Gesäuse**
- **Die schroffen Felsblicke**
- **Nähe zu gewagten Kletterrouten**

Es geht hinab zum Nationalpark-Besucherzentrum in Gstatterboden. Eine weitere Besonderheit wartet am Weidendom. Neben dem architektonischen Bauwerk aus Weiden zeigt ein großer, begehbarer ökologischer Fußabdruck die Einflüsse des Menschen auf den Planeten. Auffallend ist auch die unweit davorstehende **Himmelstoß-Tanne**, die mit 45 Metern Höhe den umliegenden Wald deutlich überragt. Sie stößt nahezu augenscheinlich an den Himmel. Benannt ist sie aber nach dem ehemaligen Forstdirektor Franz Himmelstoß. Die weitere Hüttenrunde führt an der Enns entlang und zweigt bergwärts durch einen Graben zur **Haindlkarhütte** ab. Sie zählt zu den urtümlichsten

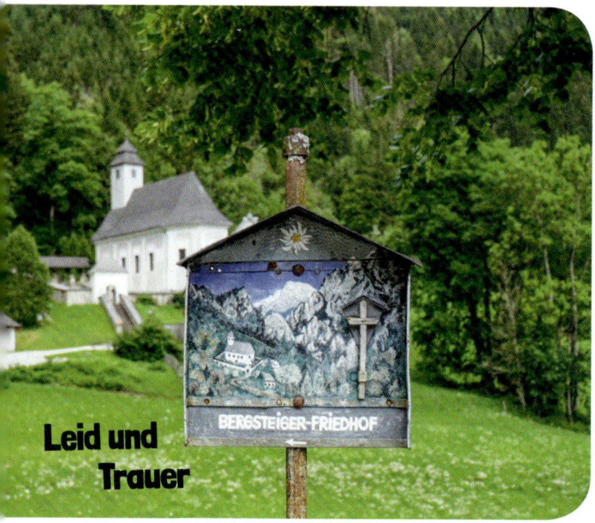

Leid und Trauer

Hütten im Gesäuse. Von der Terrasse aus blickt man auf die imposanten Nordwände der Hochtorgruppe und kann vielleicht sogar manchen Kletterern bei ihrem Felstanz zusehen. Oder zumindest das Klimpern der Karabiner wahrnehmen.

Nicht alles im Gesäuse funktioniert aber mit reiner Muskelkraft. Der **schmale Einschnitt der Enns** führt dazu, dass durch das Flusstal kein durchgehender Fußweg vorhanden ist. Entlang der Bundesstraße wäre erstens die Strecke nicht besonders attraktiv und zweitens auch noch gefährlich. Für die kommende Etappe braucht man also motorisierte Unterstützung. Man steigt von der Haindlkarhütte wieder zur Enns ab und lässt sich mit dem Bus oder dem **„Xeis-Taxi"** zum Buchauer Sattel kutschieren. Von hier ist der Weg über die Grabneralm zum Admonter Haus nicht mehr allzu weit. Mit 1723 Metern ist sie die höchstgelegene Schutzhütte im Gesäuse und bietet einen prächtigen Blick auf Admont, das baldige Ziel.

Die schroffe Bergwelt lässt man nun langsam hinter sich, etwas ruhiger und gemächlicher verlaufen die Wege über Hall zum **Rohrauerhaus**. Zeit, um mal abzuschalten und die weitläufigen Wiesen und schattigen Wälder zu genießen. Der letzte Abschnitt hinab nach Admont kommt einem gemütlichen Auslaufen gleich. Man passiert die idyllische Ardningalm und wandert hinab ins **Ennstal**. Die letzten Kilometer wandert man direkt an der Enns entlang nach Admont und erreicht somit wieder den Ausgangspunkt. Die Hüttenrunde ist vollendet. Noch länger in Erinnerung bleiben die Ausblicke auf die schroffe Bergwelt des Gesäuses. Nach einigen Tagen in dieser Landschaft fühlt man sich mit dem „Xeis" jedenfalls schon sehr verbunden.

FAZIT

Die Hüttenrunde im Gesäuse beeindruckt mit ihren schroffen Bergblicken und der vielfältigen Natur im Nationalpark. Kondition ist zwar erforderlich, jedoch muss man sich von den wilden Felswänden im „Xeis" nicht abschrecken lassen. Wählt man für die dritte Etappe den Wasserfallweg, erhöht sich jedoch die Schwierigkeit.

GUT ZU WISSEN

12

VON/BIS: Admont
LÄNGE: 110 Kilometer
HÖHENMETER: 6100
ETAPPEN: 8
MARKIERUNG: keine eigene Beschilderung, aber durchgehend markierte Wanderwege
HÖCHSTER PUNKT: 1822 Meter, Sulzkarhund

DAS BRAUCHE ICH:

- Festes Schuhwerk
- Schlafsack für die Hüttennächtigungen
- Trittsicherheit und Kondition

Abenteuer 4/5
Natur 4/5
Schwierigkeit 3/5

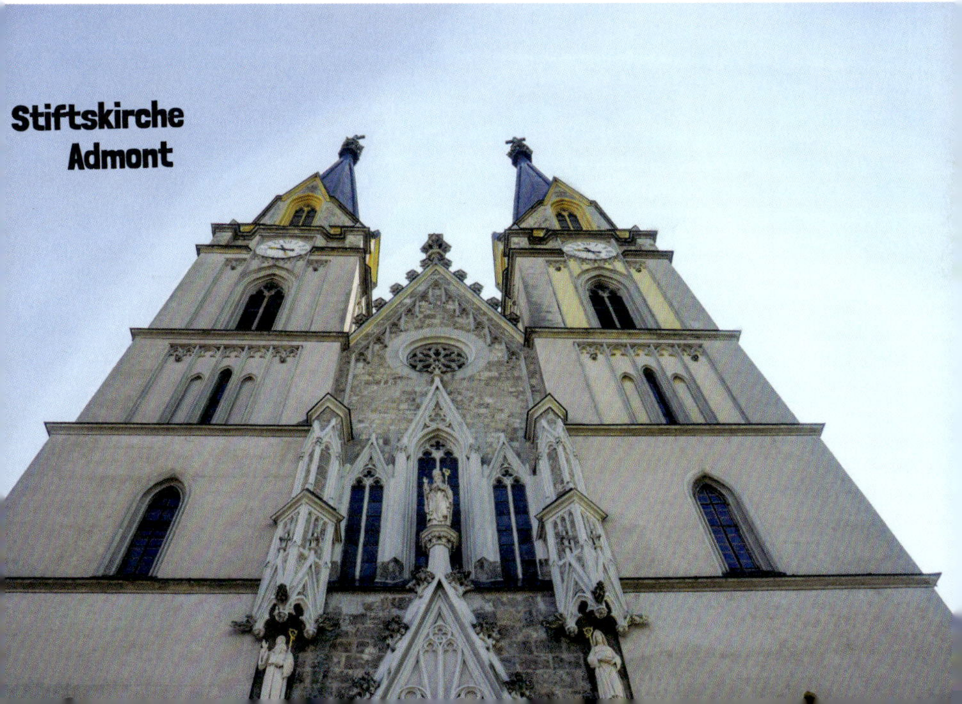

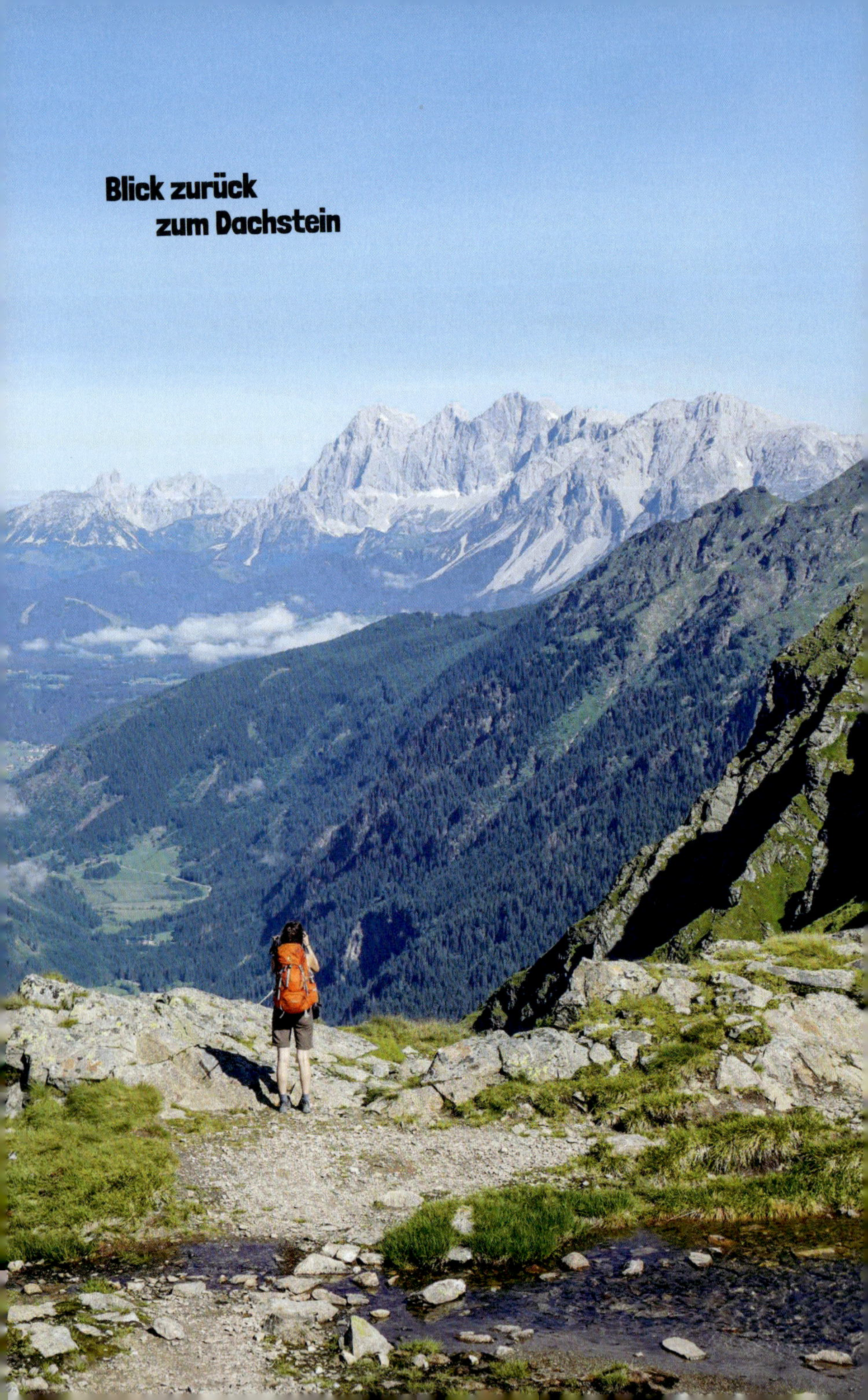

Blick zurück
zum Dachstein

Vom Gletscher zum Wein

Ein steirisches Gesamtkunstwerk

Vom Dachsteingletscher hinab ins Weinland. Zwei Wege, eine Nord- und Südroute, verbinden zwei ganz unterschiedliche Natur- und Kulturräume und weisen die Wanderer in die regionalen Besonderheiten der Steiermark ein. Beide Wege haben ihren besonderen Reiz, wenngleich die Südroute durch eine etwas abwechslungsreichere Landschaft verläuft. Der Unterschied ist aber, ob der Fülle an Sehenswertem, marginal.

Die erste Etappe am Dachstein ist für beide Routen noch gleich. Zu empfehlen ist die Auffahrt mit der **Dachstein-Seilbahn** zur Bergstation. Achtung: Das Ticket bereits im Vorfeld reservieren. Wer alpinistisch erfahren ist, kann auch noch einen Abstecher zum Gipfel selbst unternehmen. Wem das zu gewagt ist, der kann die technisch einfachere „Treppe ins Nichts“ besteigen, an welcher man nahezu über den Wolken ins Unendliche schwebt. Erst am **Guttenberghaus** trennen sich die beiden Routen. Man verlässt das Dachsteinmassiv und erreicht im Ennstal den bekannten Wintersportort Schladming. Die Hochwurzen-Bahn bringt die Wanderer in das Gebiet der **Schladminger Tauern**. Ein wunderbarer alpiner Weitwanderweg führt durch diese Gebirgsgruppe und passiert scheinbar unzählige Seen und prächtig gelegene Berghütten. Allein dieser Wegabschnitt ist ein Erlebnis für sich!

Von der Preintalerhütte wandert man in den **Naturpark Sölktäler** inmitten der Niederen Tauern. Die Putzentalalm wird noch traditionell geführt und zählt zu den schönsten Plätzen im gesamten Naturpark. Besondere **Schmankerl aus der Region** warten an diesem Etappenende auf die hungrigen Wanderer. Wer noch etwas Zeit mitbringt, spaziert talauswärts zum beliebten Schwarzensee. Auf dem Weg nach Krakau lernen die Wanderer an der **Möslhütte** den im Geschmack etwas eigenwilligen „Steirerkas“ kennen, dessen strenge Note nicht allen behagt. Hier, zwischen Ennstal und Murtal, darf man jedoch nicht die kulinarischen Unterschiede übersehen. Der Murtaler Steirerkas ist ein schnittfester Kochkäse, der gänzlich anders als der Ennstaler schmeckt. So weit zum steirischen Käse-Lehrgang in aller Kürze und Würze.

INFO

Bergig sind auch die Hügel im Steirischen Weinland. Drei Viertel der für Wein genutzten Hänge sind so steil, dass sie zum Bergweinbau gezählt werden.

Unweit von **Krakau**, einem von 20 Bergsteigerdörfern in Österreich, stürzt sich der Günsterwasserfall rund 65 Meter in die Tiefe und zählt somit zu den höchsten Fällen der gesamten Steiermark. Nach St. Peter am Kammersberg steigt man schattenreich zur Stolzalpe hoch. Der Bezirk Murau zählt nämlich zu den **waldreichsten Regionen Österreichs**. Erst im Abstieg in die Altstadt von Murau genießen die Wanderer weite Ausblicke, besonders der Murauer Schlossberg sticht ins Auge. Die Stadt ist auch Haltestelle der Murtalbahn, einer Schmalspurstrecke, auf der neben dem fahrplanmäßigen Personenverkehr

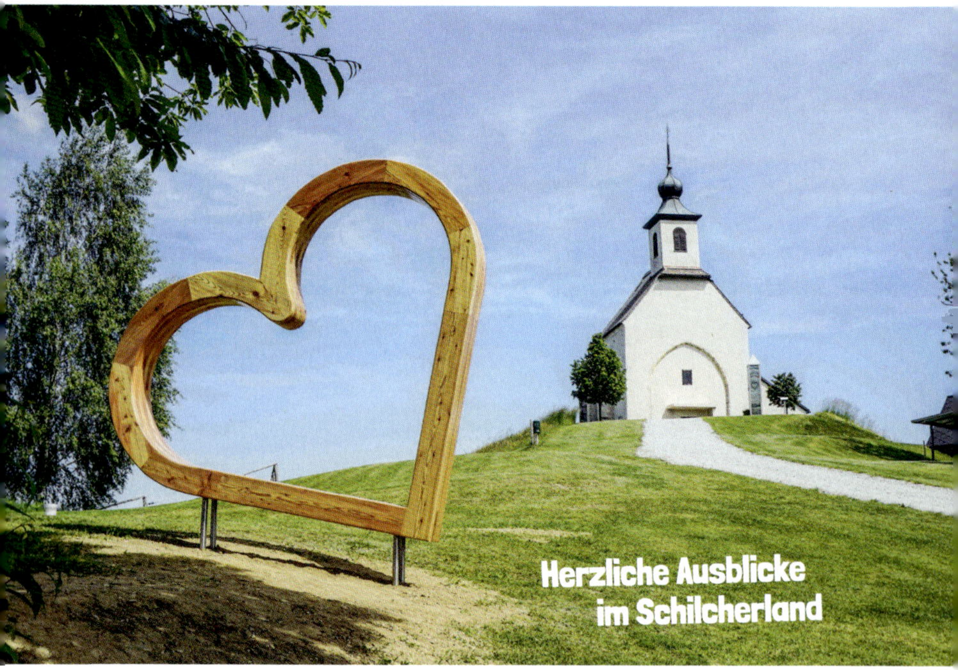

Herzliche Ausblicke im Schilcherland

auch schnaubende Dampfzüge der Mur in den Salzburger Lungau folgen.

Die An- und Abstiege nach **St. Lambrecht** präsentieren sich äußerst sanft. Das geistliche Zentrum der höchstgelegenen Marktgemeinde der Steiermark stellt das imposante Benediktinerstift dar. Am Übergang nach Neumarkt stellt sich den Wanderern die 1870 Meter hohe Grebenzen in den Weg. Das ist aber auch gut so, denn somit sind die Wanderer für den bevorstehenden Aufstieg auf den 2396 Meter hohen **Zirbitzkogel** gut aufgewärmt. Die Zirbe ist in der darunter liegenden Tonnerhütte eine stetige Begleiterin. Zirbenholz-Zimmer und Zirben-Panorama-Saunen bringen Wellness-Freude auf 1600 Metern Seehöhe. Vom letzten 2000er-Gipfel auf der Route führt die Wanderstrecke zum Speikkogel. Die bereits 15. Etappe endet am **Salzstiegelhaus**, im Sommer, wie auch im Winter, ein beliebtes Ausflugsziel.

Das macht die Tour einzigartig!

- Der Übergang von den Alpen ins Weinland
- Buschenschanken im Weinland
- Grenzgang an der slowenischen Grenze

Es wartet nun ein langer und aussichtsreicher Höhenweg auf die Wanderer. Entlang der Grenze zu Kärnten und mit Ausblicken in beide Bundesländer führt die Strecke zunächst südwärts. Dabei überschreitet man prächtige Almgebiete und passiert urige Hütten. Auf der Hebalm entdeckt man den **Dom des Waldes**. Ein Holzlaufsteg mitten im Wald, der dem Grundriss des Mailänder Doms folgt. Die rundherum stehenden Bäume markieren die vielen Türme des Wald-Domes. Immer wieder stößt man am Weg zur Weinebene auf überraschende Felsformationen. Am Weg zur Gösler Hütte sind die **Felsöfen** aus Plattengneis eine geologische Besonderheit.

Die Wanderer erreichen nun das **Schilcherland**. Als Schilcher wird ein spezieller Wein bezeichnet, der nur aus den Trauben der Blauen Wildbacher-Rebe gekeltert wird. Alsbald landet man in der „Hauptstadt" des Schilcherlandes: Deutschlandsberg. Hoch über der Stadt thront die gleichnamige Burg mit Museum, Hotel und Restaurant. In unmittelbarer Nähe laden einige

VOM GLETSCHER ZUM WEIN

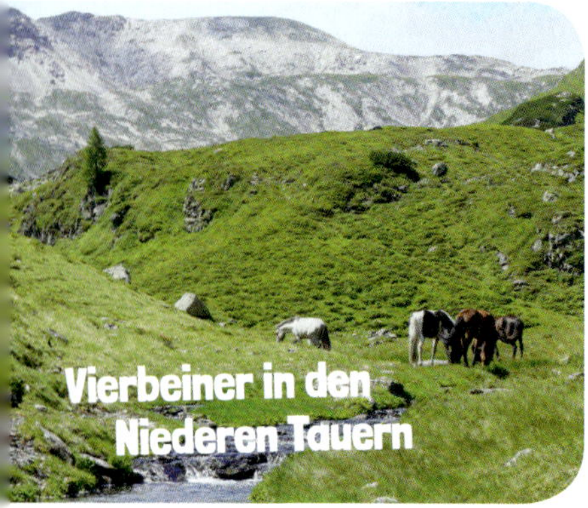

Buschenschänke zu Speis und Trank. In einer Buschenschank darf ein Landwirt nur eigene Erzeugnisse, Getränke und kalte Speisen kredenzen. Diese Regel basiert noch auf einem Gesetz aus der Monarchie.

Besonders aussichtsreich zeigt sich der Weg nach Bad Schwanberg. Die Ortschaft Bad Schwanberg liegt am **Steirischen Mariazellerweg**. Diesem Wallfahrerweg folgt man in der Gegenrichtung nach **Eibiswald**, einem regelrechten Knotenpunkt für Weitwanderwege. Hier endet auch der Nord-Süd-Weg. Dem Begründer des Weges, Carl Hermann, ist ein eigenes Museum gewidmet.

Der Weg geht unvermutet in die **Südsteiermark** über, führt die Wanderer an die Grenze zu Slowenien und punktet mit einer vielfältigen Kulturlandschaft. Dass es in diesem Gebiet nicht nur Wein gibt, beweist die **Remschniggalm**, die südlichste Alm Österreichs. Von diesem Punkt der Steiermark geht es wieder nordwärts nach Leutschach, dem Zentrum für Hopfenanbau und Weinanbau in der Südsteiermark. Gemütliche Wege in nahezu ständigem Auf und Ab an Wein- und Obstgärten vorbei prägen diese Landschaft ebenso wie die hölzernen Windräder. Sie nennen sich **Klapotetz** und sind nichts anderes als Vogelscheuchen. Mit Wellen und Schlägeln vertreiben die Gebilde klappernd gefräßige Vögel.

Die Wanderer sind weiterhin **Grenzgänger zu Slowenien**, ehe sie wieder den Weg Richtung Norden einschlagen und ein natürliches Kleinod vorfinden. Einen bunten Garten, der mediterranes Flair versprüht und mit einer Vielzahl an Bäumen, Sträuchern und Kräutern durchsetzt ist. Die letzte Etappe der Südroute führt am **Römersteinbruch Aflenz** vorbei. Für den Bau des Amphitheaters in Rom kamen Steinblöcke aus diesem Kalksandstein zum Einsatz. Die Wanderung endet in der historischen Stadt Leibnitz mit ihrem wunderschönen Hauptplatz, wobei den eigentlichen Abschluss ein eisgekühlter Weißwein aus der Region bildet. So wird man der Route „Vom Gletscher zum Wein“ auf jeden Fall gerecht.

FAZIT

Die Südroute teilt sich in drei Abschnitte: Vom Dachstein zum Murtal dominieren hohe Berge, bis zum Schilcherland zeigen sich die Alpen von einer sanften Seite. Den Abschluss bildet das hügelige Weinland der Steiermark, auf dessen Wegen die vorher notwendigen Bergschuhe fehl am Platz sind.

GUT ZU WISSEN 13

VON: Dachstein
BIS: Leibnitz
LÄNGE: 370 Kilometer
HÖHENMETER: 16.500
ETAPPEN: 25
MARKIERUNG: Logo des Weges (Felsberg, Weinberg mit Klapotetz und grünem Herz) auf bestehenden Wegweisern mit Routenname
HÖCHSTER PUNKT: 2684 Meter, Bergstation Dachstein Seilbahn

DAS BRAUCHE ICH:

- Festes Schuhwerk für die ersten Bergetappen
- Schlafsack für die Hütten
- Aspirin, wenn die Abende im Weinland zu lange werden

Abenteuer
Natur
Schwierigkeit

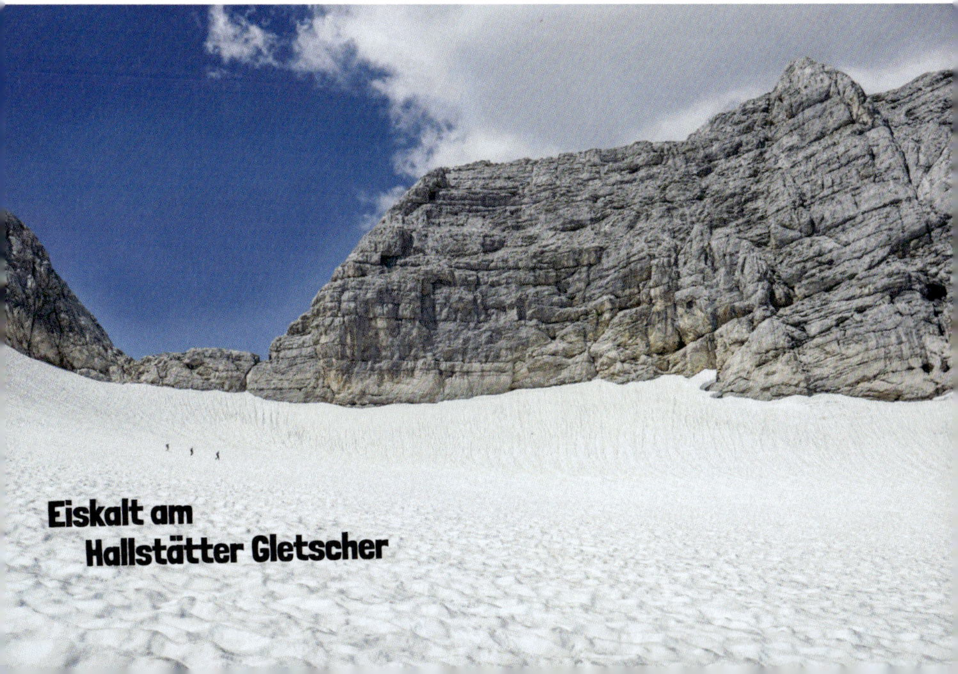

Eiskalt am Hallstätter Gletscher

Naturschauplätze erkunden

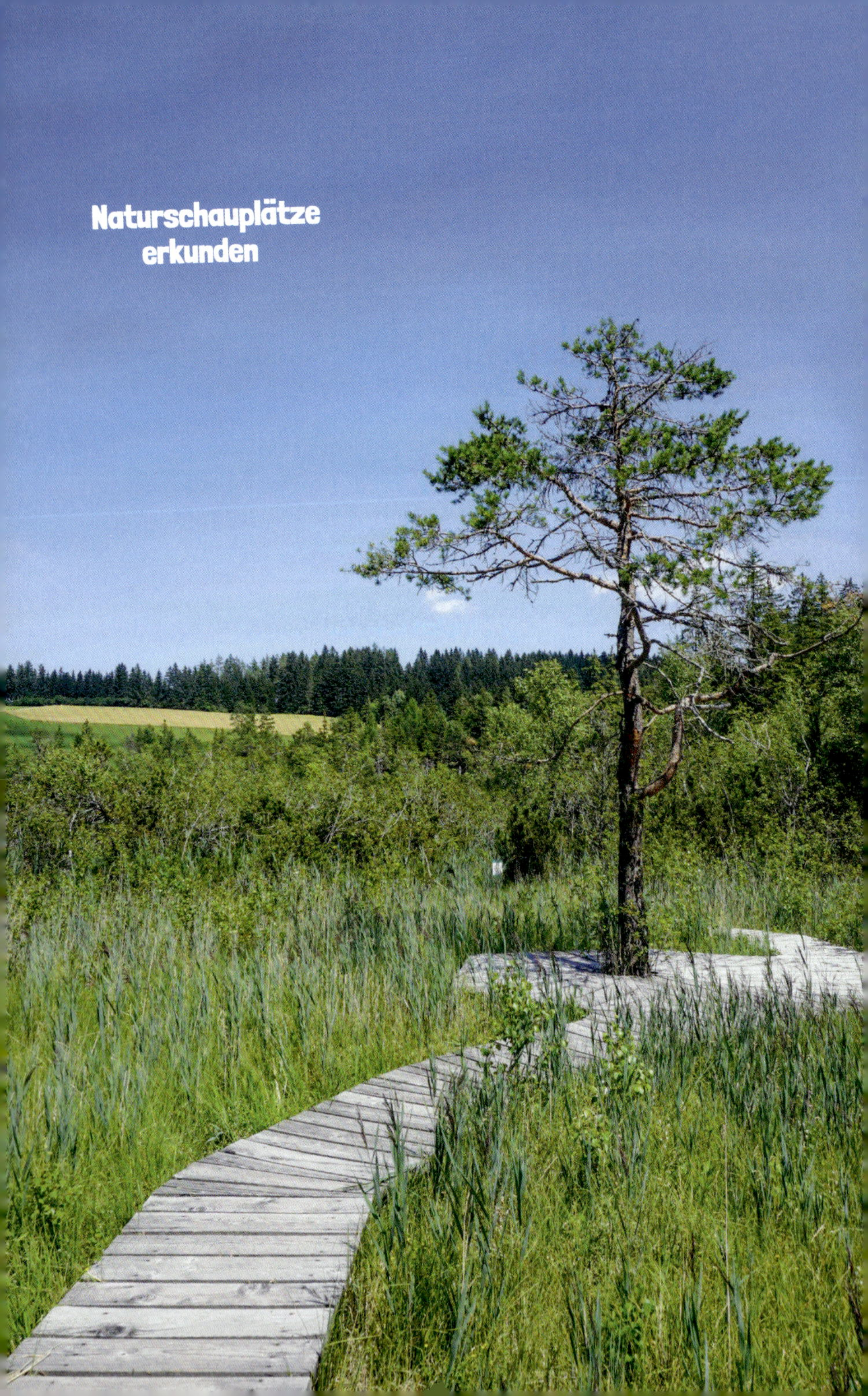

Auf diesem Wanderweg wird man eine neue Art des Lesens kennenlernen. Die Via Natura fördert im wahrsten Sinn das Lesen im großen Buch der Natur. Sie bringt die Wanderer dazu, etwas genauer in die Natur zu blicken und auch einfach mal stillzustehen. Zehn dieser Bücher finden sich an unterschiedlichen Orten rund um den Naturpark Zirbitzkogel-Grebenzen in der Steiermark. Sie alle erzählen eine andere Geschichte.

Die erste Etappe steht unter dem Motto **„NaturLesenLernen"**. Jahrtausendelang hat der Mensch von der Natur gelernt, doch

Die Via Natura

Im Naturpark Zirbitzkogel-Grebenzen

seit geraumer Zeit kann der Mensch mit der Intelligenz der Natur nur noch wenig anfangen. Dieses Verständnis gilt es wieder zu lernen. Dazu berufen fühlt sich ein Kastanienbaum am Hauptplatz in **Neumarkt in der Steiermark**. Hier lernt man erstmals, was das Lesen in der Natur bedeutet.

Die Via Natura startet gemütlich. Die Strecke führt am romantischen Pichlschloss vorbei und erreicht den einzigarten **„NaturLesePark"**, dessen Wege wie Blattadern angelegt sind. Die künstlerische Gestaltung und die ausgestellten philosophischen Texte widmen sich hier ganz dem Thema Natur. Von der **romanischen Kirchenruine** in der Ansiedlung St. Georgen wandert man hinab nach St. Marein und liest im zweiten Buch über die **Inspirationsquelle Natur**. Inspiration, die die wildromantische Graggerschlucht jedenfalls bietet. Der rauschende Kaskadenwasserfall ist überaus erfrischend, mit einem Naturschauspiel dieser Art hätte man in dieser sanften Landschaft nicht gerechnet. Von den oberhalb liegenden Grasluppteichen ist es nicht mehr weit zur **Zeutschacher Ursprungsquelle**. Wahrlich ein wundersamer Ort. Mitten auf einer Wiese sprudelt unaufhörlich Wasser aus dem Boden hervor. Es blubbert und blubbert. Rund

120 Liter Wasser kommen pro Sekunde maximal aus dem Untergrund. An den Rastbänken lässt sich das Schauspiel in aller Ruhe beobachten.

Nach dem Ortszentrum Zeutschach steigt man auf einem überraschend steinigen Wegabschnitt zur **Wallfahrtskirche Maria Schönanger** hoch, wo im Winter Klein und Groß nach einer langen Rodelfahrt ankommen. Im Sommer begehen Wanderer die Rodelbahn zum **Grebenzenhaus**. Vom umzäunten Gipfelkreuz auf 1870 Metern erkennt man bei guter Sicht einige Gipfel der Karawanken und Julischen Alpen. Ja, sogar die Hochalmspitze in den Hohen Tauern schraubt sich am Horizont in die Höhe.

INFO

Die weite und liebliche Form des Naturparks ist zwei Gletscherzungen geschuldet, die sich hier noch vor 12.000 Jahren gegenüberstanden.

Ab der Dreiwiesenhütte startet der Abstieg nach St. Lambrecht. Das **imposante Benediktinerstift** dominiert das Ortszentrum der höchstgelegenen Marktgemeinde der Steiermark. Der nahe Stiftsgarten ist thematisch in die vier Elemente Erde, Feuer,

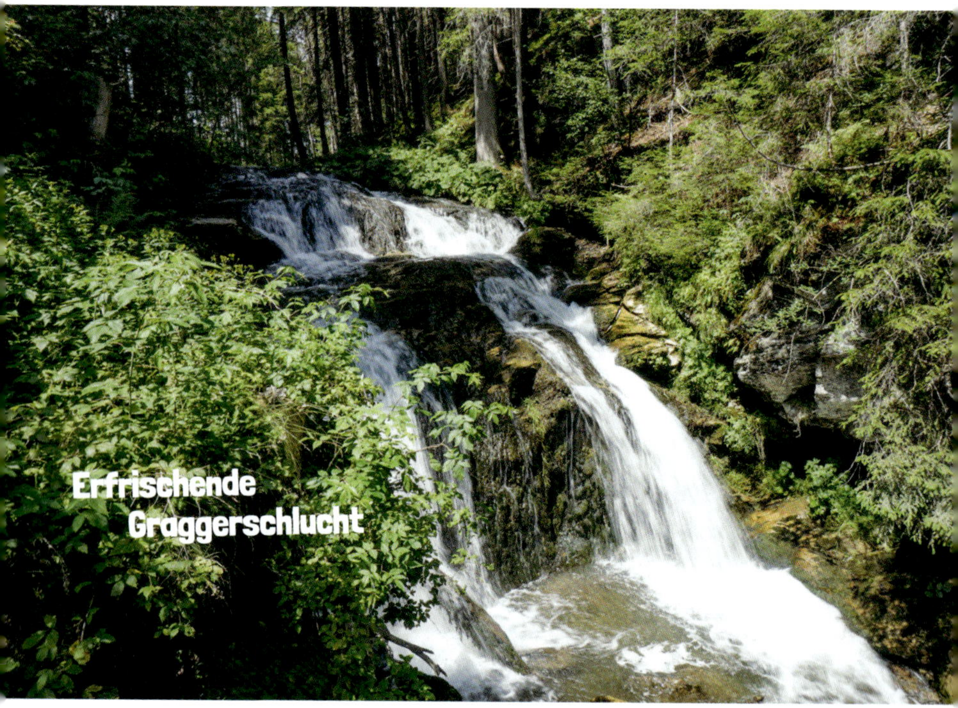

Erfrischende Graggerschlucht

Wasser und Luft gegliedert, vom Café des Gewächshauses genießt man eine herrliche Aussicht auf den blühenden Garten. Auf gemütlichen Güterwegen spazieren die Wanderer zum Lesegarten der idyllischen Ortschaft **St. Blasien**. Noch am Weg dorthin lernt man Lois Steiner kennen, den Komponisten des Weihnachtsliedes „O Jubel, o Freud". Ist man mit der Melodie nicht vertraut, können **musikalische Wanderer** anhand der in Stein gemeißelten Noten das Lied nachsingen.

Alte Bauernhöfe und wunderbare Ausblicke begleiten die Via Natura am Weg zum **Dürnberger Moor**. Auf Holzstegen kommt man dem natürlichen Kleinod besonders nahe. Das kleine Gebiet betrachten Naturinteressierte idealerweise vom hölzernen Aussichtsturm, dem sich ein aufschlussreicher Naturlehrpfad anschließt. Kurz danach sieht man bereits in der Ferne die **Wehrkirche Mariahof** und erreicht nach einigen Höhenmetern das Ziel der fünften Etappe.

Das macht die Tour einzigartig!

- Unerwartete Naturwunder
- Das „Lesen im Buch der Natur"
- Nächtigung am Zirbitzkogel

Die **Burgruine Steinschloss** befindet sich auf halbem Wege zum 1459 Meter hohen Kreuzeck. Sie liegt äußerst unüblich auf 1200 Metern Seehöhe. Aufgrund der reizvollen Lage zählt diese Höhenburg zu den besonderen Anlagen Mitteleuropas. Die **fünftürmige Wehranlage** lässt sich auf drei Ebenen besichtigen, der Blick in das 450 Meter tiefer liegende Murtal ist fabelhaft. Als Vorbote für die morgige Besteigung des Zirbitzkogels notiert man sich das Kreuzeck im persönlichen Tourenbuch. Am Abstieg zum Perchauer Sattel lernen die naturinteressierten Wanderer entlang der **Wegrandapotheke** Kräuter und Heilpflanzen unterschiedlichster Art kennen. Kräuterfee Lisi führt dabei gerne durch ihren Kräutergarten und gibt ihr Wissen weiter.

Mit 12 Stunden berechneter Gehzeit ist die siebte Etappe die mit Abstand längste auf der Via Natura. Das **Zirbitzkogelhaus** liegt nur rund 20 Höhenmeter unter dem 2396 Meter hohen Gipfel und zum Glück auch auf halber Etappenstrecke. Hat man die Obere Wenzelalpe erreicht, folgt ein fabelhafter Kammweg über den Kreiskogel auf den Zirbitzkogel, den alles überstrahlenden Berg der Region, der mit Hochgebirgscharakter überrascht. Man könnte annehmen, dass sich die Baumart Zirbe – die man in der Region auch findet – für den Gipfelnamen verantwortlich zeigt. Dem ist aber nicht so. Im Slowenischen wird „Zirbiza" mit **Rote Alm** übersetzt und weist damit eigentlich auf die hier häufig vorkommende Rostblättrige Alpenrose hin. Der Rundumblick vom Zirbitzkogel ist phänomenal, der Sonnenaufgang verwandelt den Horizont in einen orange-gelben Leuchtstreifen.

Beim Abstieg nach Noreia, wo man ein nachgebautes **keltisches Königshaus** besichtigen kann, passieren Wanderer die Tonnerhütte, die für ihre Naturparkschmankerl berühmt ist. Der Weg führt weiter an der Grenze zu Kärnten durch das **Hörfeld-Moor**. Dieses entstand vor rund 10.000 Jahren, nachdem ein Seitenarm des Murtalgletschers abgeschmolzen war. Kann man sich gar nicht vorstellen, dass hierher einmal ein Gletscher reichte.

Man muss nicht Hans heißen, um die weitere Strecke nach der Ortschaft Mühlen glücklich begehen zu können. Ein **Wandermärchen** erzählt die Geschichte von „Hans im Glück" der Brüder Grimm, ausgestattet – wer will – mit einem Goldklumpen und einem Schlüssel. Am **Mühlner Badesee** befreit man sich von der Last der Rucksäcke und wagt einen Sprung ins Nass. Das Glück kann so einfach sein.

Mehrere kleine Ortschaften durchquert die Via Natura am Weg in den Ort **Dürnstein**. Die gleichnamige Burgruine thront über dem kleinen Ort, deren Anlage bewachte in früheren Zeiten den Weg durch das Olsatal nahe der Kärntner Grenze. Auf der anderen Talseite wandert man nun nordwärts zur Gesundheitstherme Wildbad und zum Schloss Lind. Zum Abschluss der Via Natura statten die kulturinteressierten Wanderer dem „ANDEREN heimatmuseum" einen Besuch ab. Teils **skurril anmutend**, das sehenswerte Museum wird seinem Namen absolut gerecht. Von hier aus ist es nicht mehr weit nach Neumarkt. Am Hauptplatz endet die Runde auf der Via Natura. Das Wanderbuch schließt sich, das Buch der Natur bleibt jedoch weit aufgeschlagen.

FAZIT

Auf der Via Natura wandert man nicht nur in, sondern auch mit der Natur. Die vielfältigen Naturschauplätze und wissenswerten Bücher öffnen die Augen für die scheinbar unsichtbaren Dinge am Wegesrand. Der Weg ist technisch einfach, einzig beim Gang über den Zirbitzkogel ist Kondition gefragt.

GUT ZU WISSEN

14

VON/BIS: Neumarkt in der Steiermark
LÄNGE: 130 Kilometer
HÖHENMETER: 4800
ETAPPEN: 10
MARKIERUNG: offenes Auge mit blauer Pupille
HÖCHSTER PUNKT: 2396 Meter, Zirbitzkogel

DAS BRAUCHE ICH:

- Festes Schuhwerk für die Etappe über den Zirbitzkogel
- Schlafsack bei Nächtigung in der Gipfelhütte
- Ein offenes Auge für die Naturwunder am Wegesrand

Abenteuer
Natur
Schwierigkeit

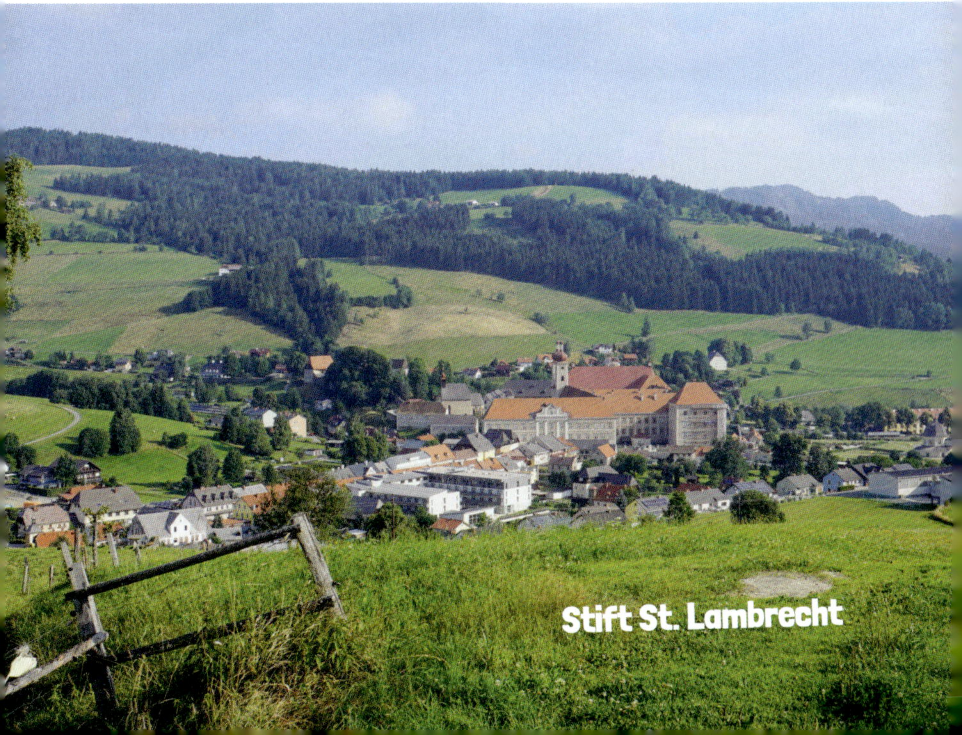

Stift St. Lambrecht

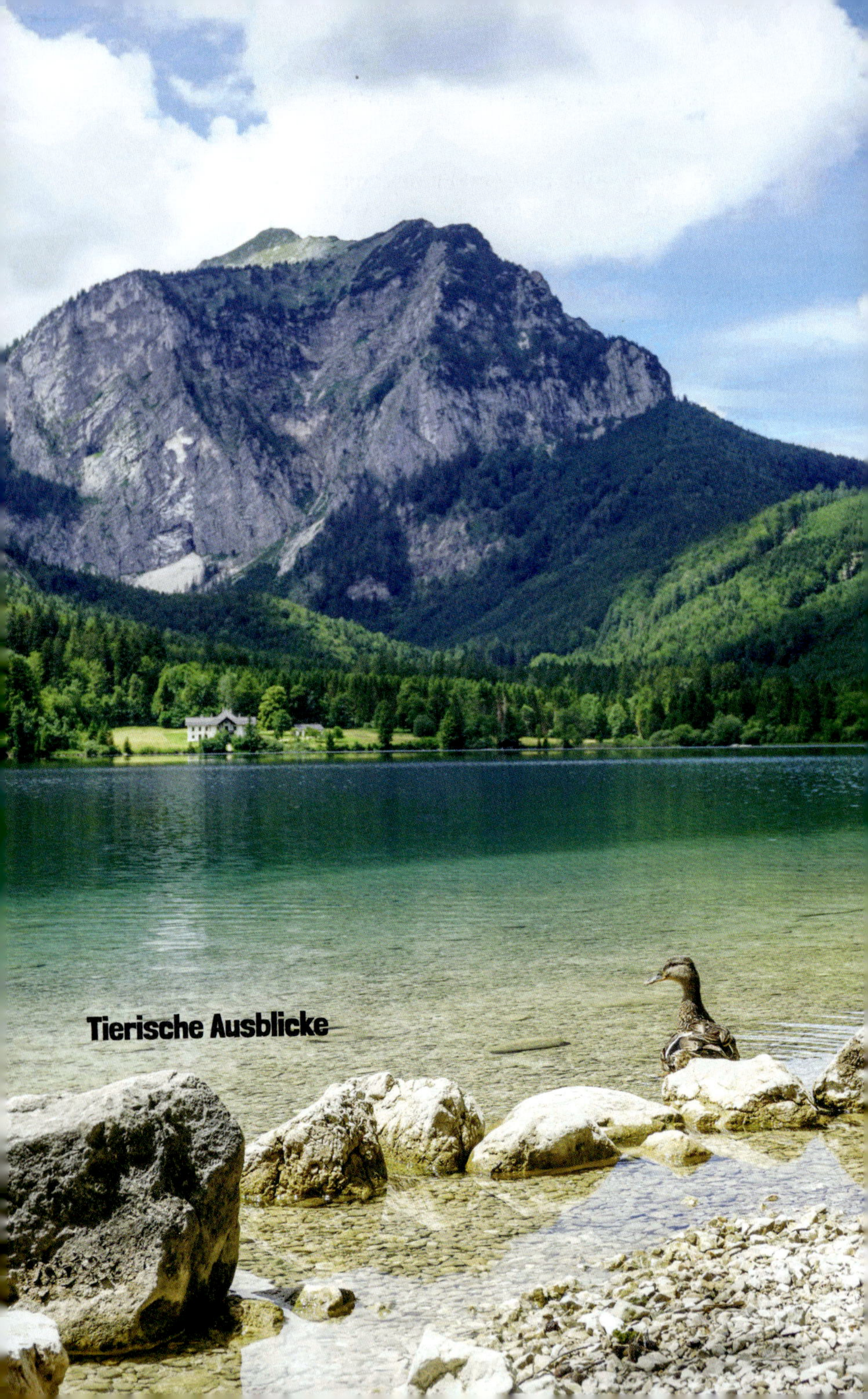
Tierische Ausblicke

Mehr als 70 Seen zählt das Salzkammergut. Unzählige Berggipfel schrauben sich zwischen diesen erfrischenden Gewässern in den Himmel der Bundesländer Oberösterreich, Salzburg und Steiermark. Die besonderen Naturschauspiele der Region sind die Würze des BergeSeen Trails. Das ausgeprägte Salzvorkommen und die dadurch entstandene historisch geprägte Kulturlandschaft tragen ihr Übriges dazu bei.

Von See zu See, von Berg zu Berg. So könnte ein Motto am BergeSeen Trail im Salzkammergut lauten, der nicht nur die großen

Der BergeSeen Trail

Durch das gesamte Salzkammergut

Seen im Norden berührt, sondern auch durch das UNESCO-Welterbe Hallstatt-Dachstein/Salzkammergut verläuft. Als Startpunkt dient der Rathausplatz in **Gmunden** am Traunsee. Majestätisch erhebt sich der Wächter des Salzkammerguts, der **Traunstein**, über dem tiefsten See Österreichs. Während man noch dabei ist, in aller Ruhe die Schwäne am See zu beobachten, lauscht man dem „Keramischen Glockenspiel“, welches vom Rathaus zu ausgewählten Zeiten über den Platz schallt. Die ersten Meter führen an der Esplanade mit Blick zum Seeschloss Orth entlang, ehe man sich erstmals von einem See abwendet und über Altmünster und Neukirchen ins Langbathtal wandert. Der **Vordere und Hintere Langbathsee** sind zwei besondere Highlights der Region und beliebte Ausflugsziele, welche man am BergeSeen Trail auch direkt erreicht.

Mit dem Taferlklaussee steht gleich der nächste See auf dem Streckenplan. Der kleine Bergsee besteht erst seit dem Jahr 1716 und wurde von Menschenhand ursprünglich **für die Holztrift** eigens angelegt. Am weiterführenden Valerieweg wandert man hinab ins Bergsteigerdorf Steinbach am Ostufer des Attersees und erfreut sich dabei im Sommer an seiner **milchig-türkisen**

Färbung. Der Attersee ist der größte gänzlich in Österreich liegende See und gilt als Tauchparadies. Im Winter verlässt den See die Färbung und eröffnet Sichttiefen bis zu 20 Meter.

Das nächste sehenswerte Gewässer lässt nicht lange auf sich warten. Am Ufer des Schwarzensees legt man bei einer der urigen Gaststätten eine Rast ein und genießt den Blick über das ruhige Naturschutzgebiet. Die Stille nehmen wir zum belebten Nordufer am **Wolfgangsee** mit. Bekanntheit erlangte die Ortschaft St. Wolfgang als Wallfahrtsort und dank dem Heimatfilm „Im weißen Rößl". Im gleichnamigen Hotel wird man von einer Pappfigur des Schauspielers und Sängers **Peter Alexander** empfangen, der in der Verfilmung aus dem Jahr 1960 den singfreudigen Kellner Leopold mimte.

INFO

Im Salzkammergut vereinen sich einzigartige Bräuche und Traditionen, wie das Glöcklern und das Narzissenfest im Ausseerland.

Die weitere Route kreuzt eine Zahnradbahn, die seit dem Jahr 1893 den Gipfel des Schafbergs erklimmt. So hoch kommt man nun zwar nicht, steigt jedoch einige Höhenmeter bergan, um unterhalb der imposanten **Drachenwand** in das Zentrum von

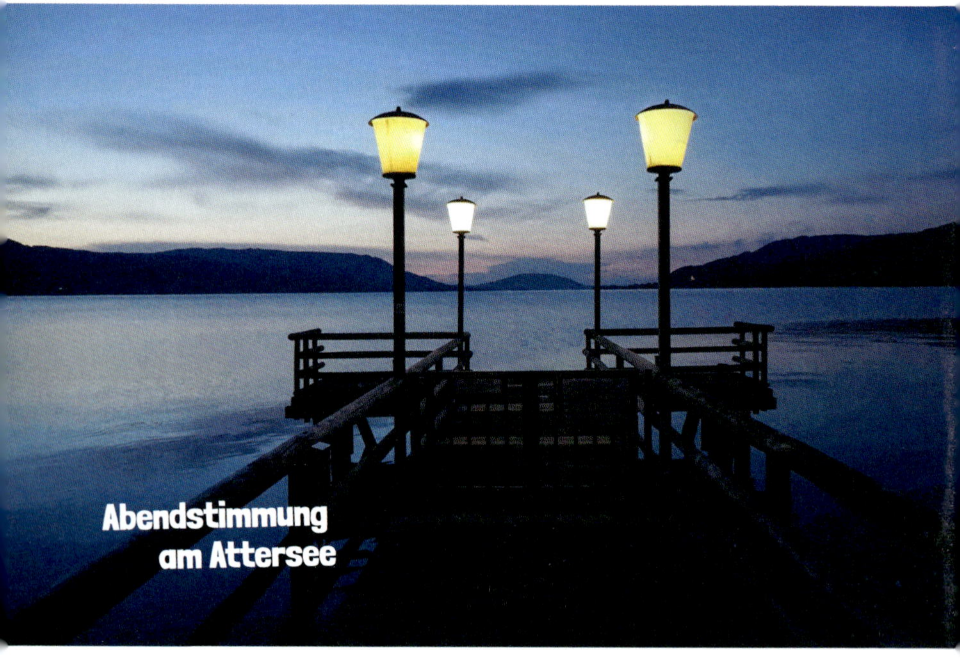

Abendstimmung am Attersee

Mondsee zu gelangen. Der Ort ist von prähistorischer Bedeutung, denn an den Ufern des Sees fand man Reste von **Pfahlbautensiedlungen**, die bis in das Jahr 2800 v. Chr. zurückzuführen sind. Sehenswerte Einblicke ermöglicht das Pfahlbaumuseum im Ortszentrum.

Ein wenig Zeit zum Entspannen bietet die fünfte Etappe nach Fuschl am See. Einfach mal den Rucksack ablegen und die Beine ins erfrischende Nass hängen lassen. Was für eine Wohltat! Am kommenden Hintersee beginnt der Aufstieg auf die **Postalm**, das größte Almengebiet Österreichs. Auf dem Weg dorthin präsentieren sich die mehr als 1700 Meter hohen Gipfel vom Hohen Zinken und vom Osterhorn als **wunderbare Aussichtsberge**. Hier zeigt sich bereits der Dachstein, dem man am BergeSeen Trail noch näherkommen wird. Von der Postalm steigt man nun zum Südufer des bereits bekannten Wolfgangsees ab.

Das macht die Tour einzigartig!

- Ständige Wechsel zwischen Berg und See
- Das größte Almgebiet Österreichs
- Bootsfahrt am Hallstätter See

Auf dem Weg nach Bad Ischl lohnt sich ein Abstecher zum **Nussensee** im kleinen Katergebirge. Dieser wird fast vollständig von **Quellen unterhalb der Wasserfläche** gespeist und ist Pegelschwankungen von mehreren Metern ausgesetzt. Je nach Jahreszeit ergibt sich somit ein anderes Bild des Sees. Unweit davon landen die Wanderer im Kurort Bad Ischl. Die **kaiserliche Sommerresidenz** war auch Domizil vieler populärer Komponisten. Der Ort entwickelte sich so zu einem Künstlertreffpunkt. Das äußere Stadtbild dominiert die **Katrin**. Sie ist zwar nicht der höchste Gipfel, aber die bekannteste Erhebung im Katergebirge. Nun steigt man entweder zu Fuß die knapp 1000 Höhenmeter auf den 1542 Meter hohen Berg empor oder bedient sich der Katrinseilbahn.

Wieder im Tal angekommen, steigen die Wanderer zur gemütlichen **Goiserer Hütte** hoch, um wiederum auf idyllischen Almwegen hinab nach Gosau zu wandern. Abermals geht es bergauf. Nun zur Gablonzer Hütte, von welcher man auf die wilden Felszacken des nahen Gosaukamms und auf den **Vorderen**

Gosausee blickt. Vom Seeufer aus zeigt sich der Dachstein mit dem Gosaugletscher. Eine Infobox am Ufer zeigt, bis wohin der Gletscher vor Hunderten von Jahren noch reichte.

Kurz vor Hallstatt tritt man in die Kernzone der **UNESCO-Weltkulturerberegion** ein. Zuerst passieren die Wanderer das Schaubergwerk am Salzberg, blicken vom Rudolfsturm in die Ferne und steigen abschließend hinab in das Zentrum von **Hallstatt**. Wer es knieschonender haben will, benutzt den Schrägaufzug. Hallstatt selbst bedarf keiner weiteren touristischen Bewerbung. Das Ortszentrum am gleichnamigen See wurde in China an einem künstlich angelegten See nachgebaut. Diese Beliebtheit spiegelt sich auch in den Besucherzahlen des kleinen Ortes wider.

Mit dem **Bootstaxi** überquert man nun den Hallstätter See zum östlichen Seeufer. Von hier aus führt der Weg an der Koppentraun entlang in den Kurort **Bad Aussee** und zweigt zur Kainischtraun ab. In weiterer Folge erreicht man Bad Mitterndorf. Der Wanderweg zieht am Auslauf der bekannten **Skiflugschanze Kulm** vorbei und führt zur Tauplitzalm hoch. Die umliegenden sechs Seen bilden das **größte Seehochplateau** der nördlichen Kalkalpen.

Bei Gößl am Grundlsee lohnt es sich, einen Ruhetag einzulegen und den mythischen Toplitzsee mittels der angebotenen Bootsfahrt zu erkunden. Um den **Toplitzsee** rankt sich die Legende, dass Ende des Zweiten Weltkriegs Gold und Kunstschätze im See versenkt wurden. Bislang kamen jedoch nur Kisten mit Falschgeld an die Wasseroberfläche. Von Gößl steigt man auf das **Karstplateau des Toten Gebirges** hoch und passiert auf dem Weg zum Albert-Appel-Haus mehrere kleine Seen und Lacken.

Vom Offensee wandert man zum unter Naturschutz stehenden **Almsee**, der an heißen Sommertagen gut besucht ist. Hier erforschte der Zoologe Konrad Lorenz das Leben der Graugänse, dessen Verhaltensforschung ihm sogar einen Nobelpreis bescherte. Bei Grünau verlassen die Wanderer das Almtal, bald schließt sich wieder der Kreis. Einen besonderen Blick auf Gmunden und den Traunsee genießt man abschließend vom **Baumwipfelpfad am Grünberg**. Vom Berg steigt man hinab zum See. Wie auch auf der gesamten Runde durch das Salzkammergut.

FAZIT

Der BergeSeen Trail ist einer der wenigen Wege, der Bergschuh und Badekleidung auf der Packliste stehen hat. Denn kaum ein Wanderer wird es die vollen 340 Kilometer schaffen, keinen Sprung in einen der erfrischenden Seen des Salzkammerguts gemacht zu haben.

GUT ZU WISSEN

VON/BIS: Gmunden
LÄNGE: 340 Kilometer
HÖHENMETER: 14.000
ETAPPEN: 20
MARKIERUNG: gelbes S auf schwarzem Grund
HÖCHSTER PUNKT: 1870 Meter, namenloser Punkt im Toten Gebirge

DAS BRAUCHE ICH:
- Festes Schuhwerk
- Badekleidung
- Schlafsack für Hüttennächtigungen

Abenteuer 4/5
Natur 4/5
Schwierigkeit 3/5

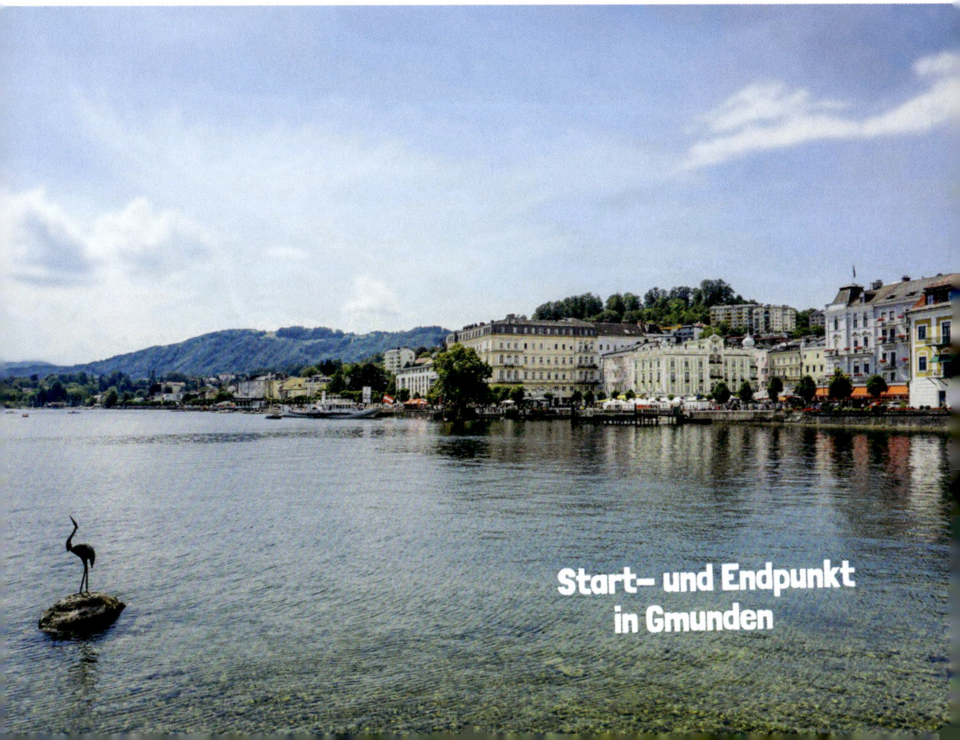

Start- und Endpunkt in Gmunden

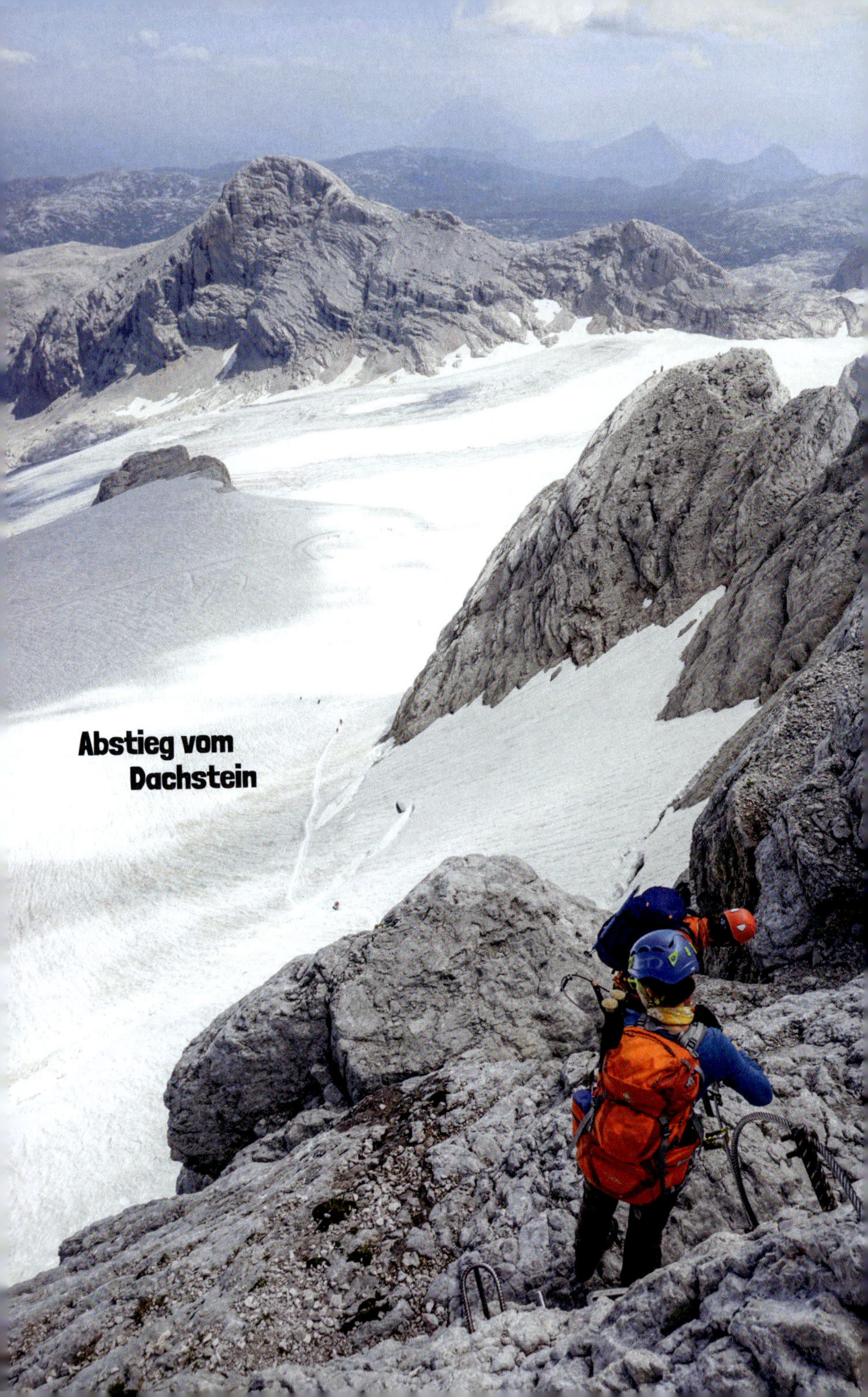
Abstieg vom
Dachstein

Der Dachstein. Mit 2995 Metern ist er zwar gerade kein 3000er, aber dennoch eine wahre Mythosgestalt. Teils schaurige Erzählungen umgeben den Gebirgsstock. So sollen hier die „Bergstutzen“ leben. Schreckliche Tiere mit einem Schlangenkörper, vier Tatzen, einem Katzenkopf und Giftzähnen, die, wenn man ihnen zu nahe kommt, das Herz durchbohren. Puh, harter Tobak. Aber keine Angst, Bergstutzen in dieser Form sind nun wirklich eine Legende.

Die Tour beginnt am **Vorderen Gosausee** in Oberösterreich. Vom Gasthof blickt man bereits in der Ferne auf den legendär-

Der Dachstein-Rundwanderweg

Ein Mythos, viele Legenden

en Dachstein und den darunter liegenden Gosaugletscher. Eine **Sage erzählt**, dass die Mulden der heutigen Gletscher in früheren Zeiten mit Butter aufgefüllt und die ansässigen Bauernhöfe mit Käse gepflastert waren. Die Bauern sollen sogar in Milch gebadet haben. Diese Maßlosigkeit wurde schließlich von Gott gnadenlos bestraft. Lawinen brachen los und begruben alles Leben unter sich. Butter und Käse wird man zumindest in portionierter Form auf den Almen und Schutzhütten in der Region wiederfinden.

Die ersten Meter führen in Serpentinen rund 600 Höhenmeter zur **Gablonzer Hütte** hoch. Will man es etwas gemütlicher angehen, hilft die Gosaukammbahn beim Überbrücken des Aufstiegs. Direkt danach führt der Weg ins Bundesland Salzburg. Zur Linken erheben sich bereits die ersten bizarren Felsformationen des **Gosaukamms**. Am Weg zur Hofpürglhütte bieten sich mit Angerstein und Mandlkogel zwei Gipfelmöglichkeiten an, die aber nur nach leichten Klettereinlagen bestiegen werden können. Man umgeht den Doppelgipfel der Bischofsmütze, deren Name von der Gestalt des Gipfelaufbaus herrührt. Getrennt werden die beiden Gipfel von der Mützenschlucht. Die Bezeichnungen in diesem Landstrich sind gut gewählt.

Der **Austriaweg** führt die Wanderer immer näher an den Dachstein heran. Im Auf und Ab, abschließend jedoch stetig bergan, teils über Geröllfelder zum sogenannten „Tor“, einem natürlichen Einschnitt zwischen Torstein und Raucheck. In der Ferne zeigt sich die **Südwandhütte**. In steilen Kehren steigt man hinab an den Fuß der Südwand. Man blickt in eine imposante Höhe. Kaum zu glauben, dass hier sogar ein Klettersteig hochführt – dieser ist jedoch äußerst schwierig zu begehen.

Die dritte Etappe geleitet hinauf in die Gletscherwelt des Dachsteins. Eine erste Aufstiegsmöglichkeit garantiert die **Seilbahn**. Hierfür steigt man zuerst 200 Höhenmeter zur Talstation ab und lässt sich gemütlich auf 2600 Meter Seehöhe transportieren. Doch Vorsicht: Bereits im Vorfeld, rund eine Woche vor Fahrt, sollte man online bei der Dachstein-Gletscherbahn einen Platz für die **Bergfahrt reservieren**. Ansonsten können bereits alle Plätze in der Gondel belegt sein.

INFO

Friedrich Simony errichtete im Jahr 1843 mit dem Randkluftsteig am Dachstein den ersten Klettersteig der Welt. Nach dem Geographen ist eine Hütte am Ende des Hallstätter Gletschers benannt.

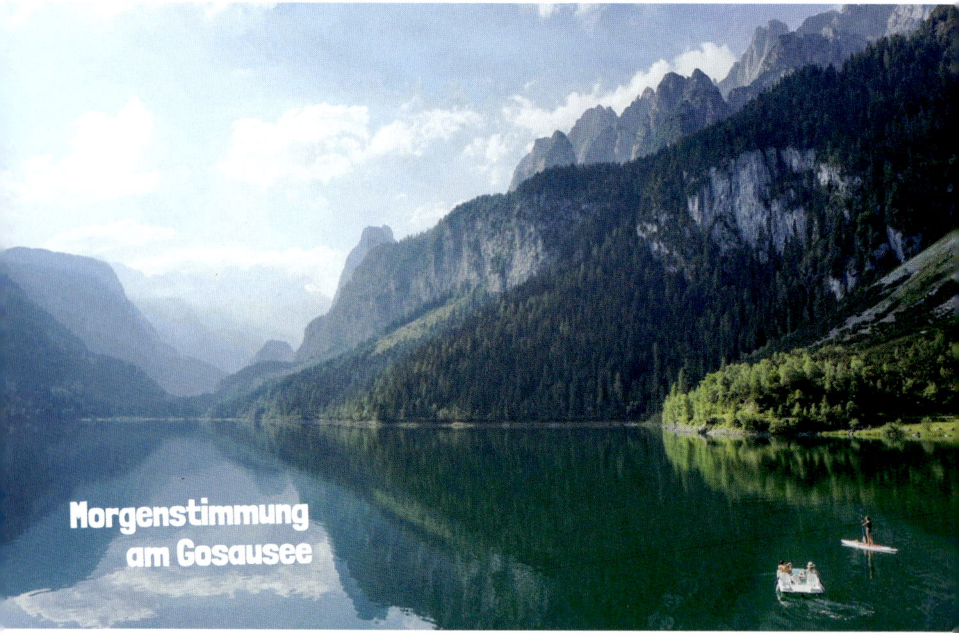

Morgenstimmung am Gosausee

Wer einen 180 Meter langen Klettersteig der Schwierigkeitsstufe B nicht scheut (Helm und Sicherheitsset trotzdem empfehlenswert), steigt von der Südwandhütte einen steilen Serpentinenweg bergwärts und bezwingt den **Hunerschartenklettersteig** direkt an den Rand des Schladminger Gletschers. Aufpassen, dass man auch wirklich auf diesem Steig bleibt und nicht auf den abzweigenden Sky-Walk-Klettersteig gelangt, der äußerst schwierig durch die im Westen gelegene Wand führt. Von der Hunerscharte steigt man zur **Bergstation** hoch und genießt entweder am Sky-Walk oder auf der „Treppe ins Nichts" das fabelhafte Bergpanorama. Steht der **Dachstein-Gipfel** noch auf der To-do-Liste, wird man um eine Gletscherbegehung nicht herumkommen. Die entsprechende Gletscher- und Klettersteig-Ausrüstung für den Gipfelsieg sollte man also im Rucksack haben. Man begeht den Schneeweg zur neu errichteten Seethalerhütte und höchstgelegenen Schutzhütte Oberösterreichs. Der Normalweg auf den Dachstein führt über den Randkluftsteig (Spaltengefahr, Übergang vom Gletscher zum Fels kann problematisch sein, Klettersteig B) oder den Schulteranstieg (vergleichsweise geringe Spaltengefahr, Klettersteig B). Am Gipfel heißt es einfach nur die Aussicht genießen.

Das macht die Tour einzigartig!

- Der schroffe Gosaukamm
- Gletscherwelt am Dachstein
- Die Notgasse mit Felsbildern

Lässt man den Gipfel aus, wird nur ein sehr einfacher **Schneeweg** begangen. Ab dem Gjaidsteinsattel lässt man die Gletscherwelt wieder hinter sich. Der Übergang zum Guttenberghaus ist zwar anspruchsvoll, aber landschaftlich ein Genuss. Wie ein Felsen-Latschen-Meer breitet sich das karstige Hochplateau vor den Wanderern aus. Die Panoramalage des **Guttenberghauses** unterhalb der Feisterscharte ist einzigartig.

Almen und Wälder ersetzen die karge Felslandschaft auf der vierten Etappe, welche am Steinerhaus in der **Berghaussiedlung Stoder** endet. Hat man noch nicht genug Bergfeeling genossen, lohnt sich ein Abstecher zum Friedenskircherl in der Südflanke des Stoderzinkens. Weiter führt die Strecke durch einen schönen

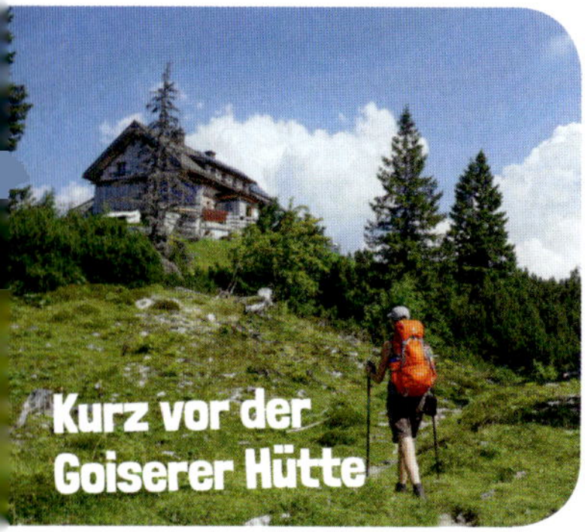

Kurz vor der Goiserer Hütte

Lärchenwald in die **Notgasse**. Das ist eine 500 Meter lange und enge Klamm mit **Felsritzzeichnungen**. Eine genaue Datierung dieser unter Denkmalschutz stehenden Felsbilder war bislang nicht möglich. Manche könnten bis zu 2000 Jahre alt sein. Eine lange Etappe endet schlussendlich im **Kurort Bad Mitterndorf**.

Man wandert anfänglich ungewohnt flach zu den Strumern, einer **romantischen Karstquelle** mitten im Wald. Zur Schneeschmelze, und somit nur im Frühling, sprudelt das Wasser scheinbar willkürlich aus dem Waldboden. Ohne Höhenunterschiede geht es weiter zum Ödensee, der zur Rast einlädt. Doch zu lange sollte man nicht trödeln, denn von Bad Mitterndorf zum Etappenziel Obertraun sind es 32 Kilometer. Abkürzen kann man diese Etappe entweder mit der Bahn, oder man legt noch eine Nacht in **Bad Aussee** ein. Der Rundwanderweg passiert den Bahnhof des Kurortes und verläuft nahezu ständig entlang der Traun durch das Koppental. Das Etappenziel Obertraun liegt bereits am Ostufer des **Hallstätter Sees**.

Die siebte Etappe führt am gesamten Seeufer entlang nach **Bad Goisern**. Will man dem berühmten Ort Hallstatt einen Besuch abstatten, nimmt man am Bahnhof Hallstatt das Bootstaxi über den See. Ist neues Schuhwerk notwendig, findet man mit dem „Goiserer" die idealen Bergschuhe. Die **Tradition** dieses speziellen Schuhs, den bereits Kaiser Franz Joseph getragen hat, wird noch heute hochgehalten. Doch man muss mit etwas Wartezeit rechnen, die Schuhe werden individuell an den Fuß angepasst. Dafür hat man den robusten „Goiserer" ein Leben lang.

Es geht wieder bergwärts zur **Goiserer Hütte** am Fuß des Hohen Kalmbergs, dessen markanter Felsaufbau an einen „Indianer-Kopf" erinnert. Davor befindet sich die **Kalmooskirche** in einer Höhle. Hier hielten die Protestanten in der Reformationszeit heimlich ihre Gottesdienste ab. Idyllische Almwege führen hinab in den Ort Gosau. Auf den letzten gemütlichen Kilometern zum **Gosausee** blickt man zurück auf eine Tour voller Erlebnisse, um am See wieder, die Augen nach vorne gerichtet, den Dachstein zu bestaunen.

FAZIT

Der Rundwanderweg um den Dachstein ist als mittelschwer zu bezeichnen, wenn man die Seilbahn in Anspruch nimmt. Wandert man zu Fuß von der Südwandhütte zur Gletscherwelt hoch, steigt der Schwierigkeitsgrad just in die Höhe.

GUT ZU WISSEN

16

VON/BIS: Vorderer Gosausee
LÄNGE: 123 Kilometer
HÖHENMETER: 6250
ETAPPEN: 8
MARKIERUNG: Silhouette dreier Gipfel über einem Kreis mit der Bezeichnung „Dachstein Rundweg"
HÖCHSTER PUNKT: 2687 Meter, Hunerkogel

DAS BRAUCHE ICH:
- Ticket für die Gletscherbahn
- Klettersteig-Set, sofern man nicht mit der Bahn auf den Dachstein fährt
- Gletscher-Ausrüstung, wenn man den Dachstein besteigen will

Abenteuer
Natur
Schwierigkeit

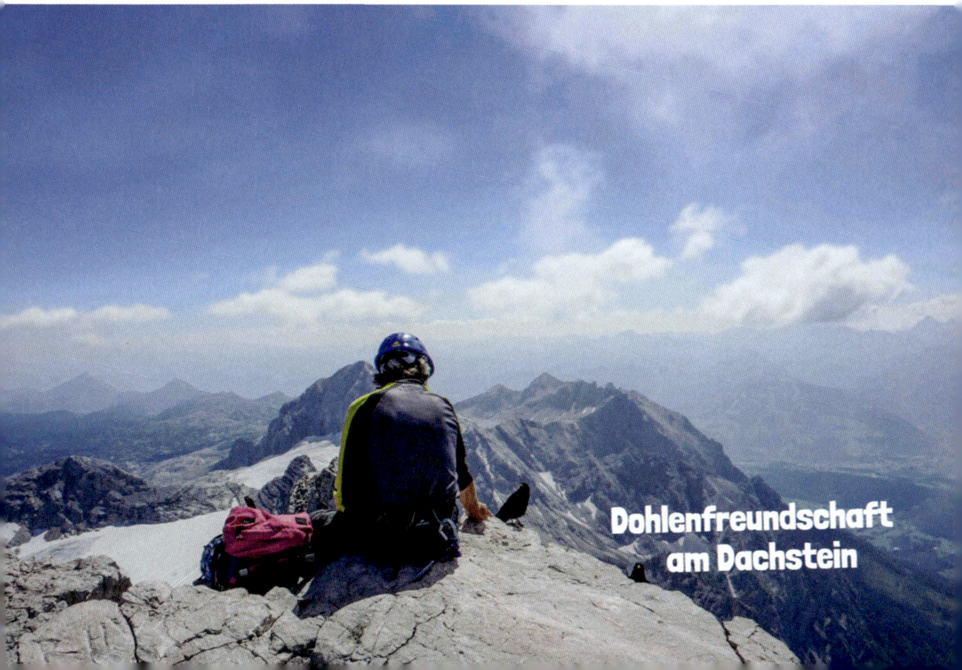

Dohlenfreundschaft am Dachstein

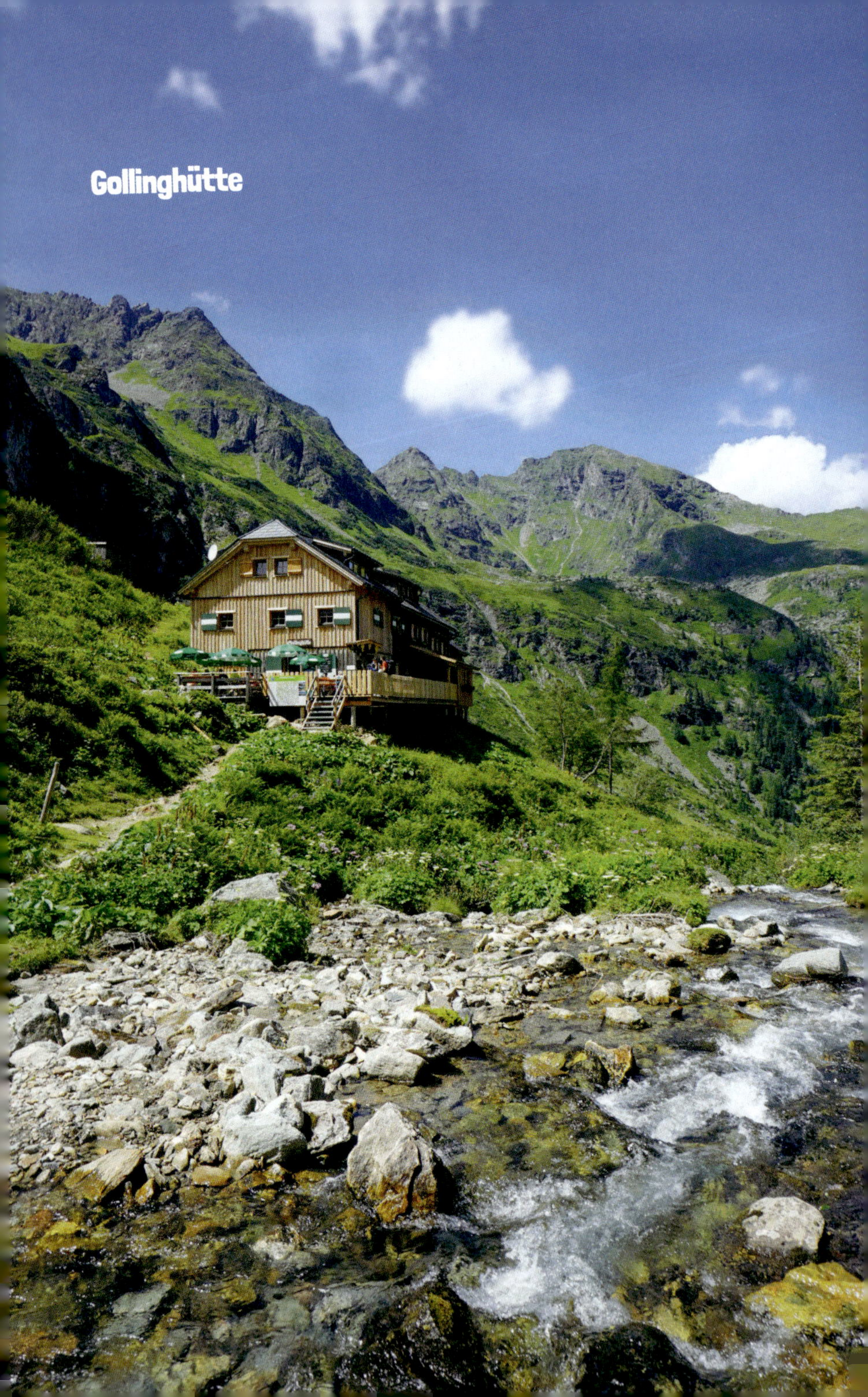
Gollinghütte

Südlich vom Ennstal erheben sich die Schladminger Tauern, mittendrin der Klafferkessel. Diese hochgelegene und faszinierende Seenplatte durchquert niemand im Eiltempo. Der Höhenweg kommt aber nicht nur hier vorbei, sondern passiert fabelhaft gelegene Hütten und geizt nicht mit prächtigen Fernblicken. Und noch was Gutes: Start- und Endpunkt sind mit der Seilbahn erreichbar, man bewegt sich somit ständig auf über 1600 Metern Seehöhe.

Bevor man sich auf den Weg macht, holt man sich eine Stärkung bei der Hochwurzenhütte. Die ersten Meter führen bergab, ehe

Der Schladminger Tauern Höhenweg

Im Land der Bergseen

man rund 150 Höhenmeter auf das Rossfeld hochsteigt. Begleitet wird man dabei von **Schautafeln** zur hiesigen Flora und Fauna. Vom sanften Gipfel des 1919 Meter hohen Rossfeldes führt der aussichtsreiche Höhenweg weiter zum beliebten Aussichtsgipfel der **Guschen** auf 1982 Metern und durch Latschengassen auf den ersten 2000er-Punkt. Immer wieder blickt man eindrucksvoll ins Preuneggtal hinab und bewundert die Ausläufer der Nördlichen Kalkalpen, Steirische und Lungauer Kalkspitze, in der Ferne. Als Einstimmung auf die vielen Seen und Lacken, die in den kommenden Etappen noch folgen werden, dient der ruhige Brettersee. Die nahe liegende Kampspitze wirkt dagegen, aus dem richtigen Standpunkt betrachtet, ausgesprochen imposant.

An der **Ignaz-Mattis-Hütte** endet die erste Etappe. Sie befindet sich rund 60 Höhenmeter oberhalb des Unteren Giglachsees. Mit dem **Oberen Giglachsee** bildet diese Hochfläche ein prächtiges Paradies, vor allem der untere See gleicht einem Fjord. Im Gegensatz zu den weitläufigen Wegen um die Seen kann man die Innenräume der Ignaz-Mattis-Hütte eher als kuschelig bezeichnen. Der steile und schmale Aufgang zum Matratzenlager sollte jedenfalls nicht zu schlaftrunken begangen werden.

DER SCHLADMINGER TAUERN HÖHENWEG

Bergbau prägte die Landschaft in diesem Gebiet. Bei den Knappenseen im Vetternkar, das man am zweiten Tag durchquert, wurde viele Jahrhunderte lang nach Silber, Kobalt und weiteren Rohstoffen geschürft. Relativ kurz ist im Vergleich zu den restlichen Tagen diese Etappe über die Rotmandlspitze. Am Aufstieg zum 2453 Meter hohen Gipfel trifft man auf die **Ruinen früherer Knappenhäuser** und auf eine kurze Steilstufe mit Seilversicherung. Nach der Kruckeckscharte ist der Abstieg in Serpentinen ins Neualmkar und zur Keinprechthütte schnell geschafft. Hier erweckt ein Wegweiser zum **Zinkwandstollen** das Interesse. Keine zwei Stunden Gehzeit von der Hütte entfernt, befindet sich eine Tunnelanlage, die auf die frühe Bergbautätigkeit hinweist. Dabei durchquert ein mit Leitern ausgestatteter Stollen die Zinkwand. Der Stollen wird gerne als „erster Tauerntunnel“ bezeichnet. Sogar eine Rast in einer **rekonstruierten**

INFO

Der Großteil der rund 300 Bergseen und 150 Wasserfälle der Niederen Tauern befindet sich in der Region der Schladminger Tauern.

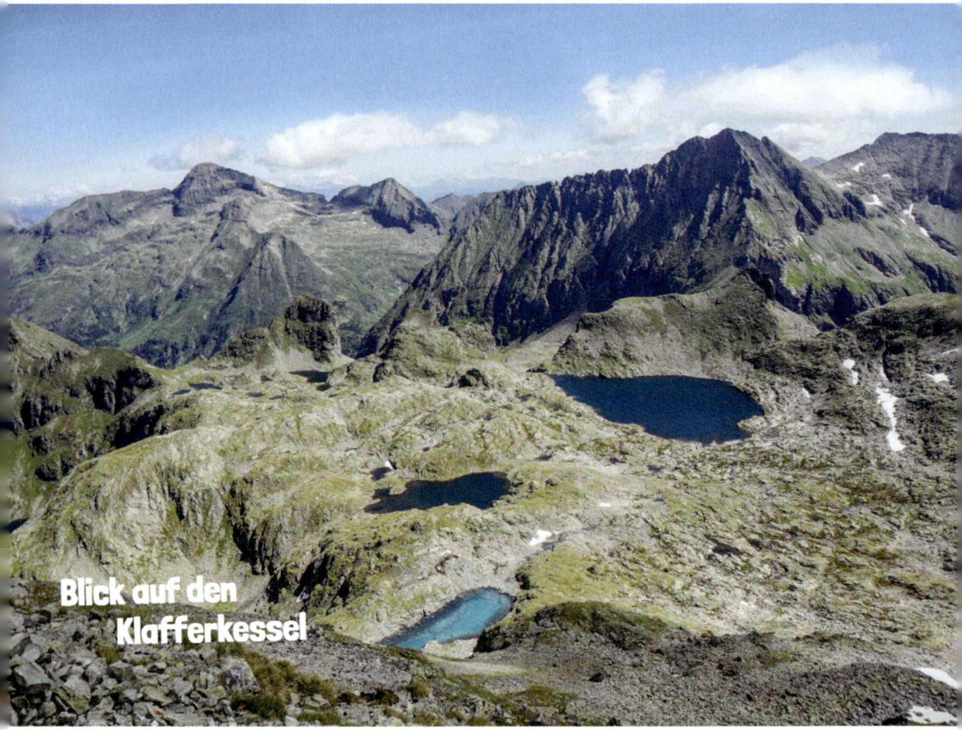

Blick auf den Klafferkessel

Knappenstube ist möglich. Wanderer, die sich durch die Stollenanlage wagen, sollten dies nur mit Stirnlampe in Angriff nehmen, gegebenenfalls auch mit Helm. Im Tunnel selbst sind sogar Orientierungsschilder montiert.

Von der Keinprechthütte wandert man in einem weiten Bogen zur **Trockenbrotscharte** empor. Ab hier folgt der Übergang zur Gollinger Scharte im Bundesland Salzburg. Ein alpiner Steig mit Versicherungen kürzt den Weg Richtung Hochgolling ab. Etwas gemütlicher, aber mit mehr Höhenmetern ist der Weg über die **Landawirseehütte**. Die beiden Seen befinden sich einige Gehminuten von der Hütte entfernt und fügen sich wunderbar in das Kar unterhalb des Scharnocks ein. Nach erfolgter Rast mit **frischer Buttermilch** wandert man auf der Schotterstraße etwas abwärts, ehe der markierte Steig zur Gollingscharte hochführt. Der Aufstieg zum 2862 Meter hohen Hochgolling ist nur für Geübte geeignet. Wer genug alpine Erfahrung besitzt, wird auf der Nordwestflanke und am parallel verlaufenden Grat aber seine Freude haben.

Das macht die Tour einzigartig!

- **Der wasserreiche Klafferkessel**
- **Die vielen aussichtsreichen Höhenwege**
- **Genussvolle Hüttenschmankerl**

Was man vom Gipfel nicht ausmachen kann, ist die imposante rund 1000 Meter hohe Nordwand des Hochgollings. Diese bewundert man nach dem Abstieg von der Scharte in den **Gollingwinkel**. Von den Einheimischen wird dieser **beeindruckende Talschluss** als „größtes Natur-Amphitheater der Welt" bezeichnet. Zugegeben, dieser Bezeichnung kann man gerne auch zustimmen. Vom beeindruckenden Gollingwinkel ist es nicht mehr weit zur geräumigen Gollinghütte, neben der sich der Steinriesenbach tosend ins Tal wirft.

Mehr als die Hälfte des Höhenweges sind bereits geschafft, das absolute Highlight folgt am vierten Tag zur Preintaler Hütte. Vorbei an Wasserfällen steigt man zum Sattelsee am Greifenbergsattel hoch. Mit 2450 Metern ist dieser der **höchstgelegene See** in den Schladminger Tauern, aber nicht der letzte am heutigen Tag. Es folgt ein einfacher Aufstieg auf den Greifenberg,

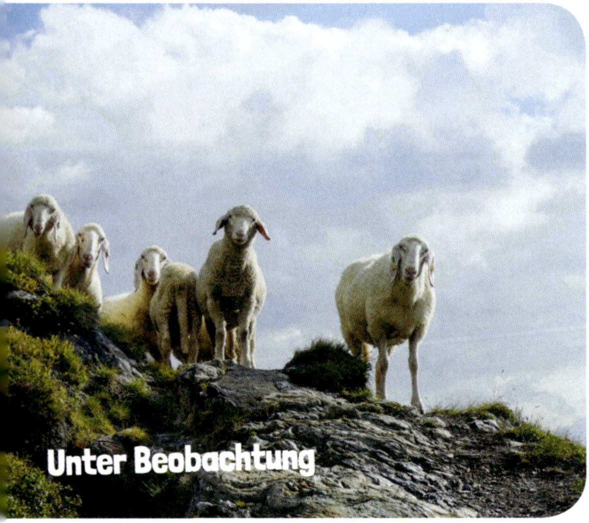

den höchsten Punkt am regulären Schladminger Tauern-Höhenweg. Von hier aus zeigt sich der Dachstein mit seiner imposanten Südwand in der Ferne, im Nahbereich blickt man bereits auf die ersten Seen im berühmten **Klafferkessel**. Den rund 30 Seen und Lacken kommt man am Übergang zur Preintaler Hütte noch besonders nahe. Diese arktische Seenlandschaft ist ein Relikt aus der letzten Eiszeit und beeindruckt nicht nur mit ihrem Wasserreichtum, sondern auch mit einer üppigen Alpenflora. Auf felsigen Pfaden und alpinen Matten wandert man durch das bedeutende Naturschutzgebiet. Die **Preintalerhütte** liegt, ähnlich wie die Gollinghütte zuvor, neben einem ins Tal stürzenden Bach. Etwas talauswärts ist mit dem Riesachfall ein besonderes Naturschauspiel zu beobachten.

Die letzte Etappe führt, ähnlich wie die erste Etappe, auf einem schönen Höhenweg zur Bergstation auf der Planai. Dennoch darf der fünfte Tag nicht unterschätzt werden. Einige **gesicherte Stellen und Steilstufen** stellen sich den Höhenwegs-Wanderern überraschend in den Weg. Weit oberhalb des Riesachsees führt der Weg auf teils schmalen Pfaden in Richtung Krahbergzinken. Hat man den Abzweiger auf diesen Gipfel erreicht, enden die gröbsten Schwierigkeiten. Der beliebte Aussichtsberg wird gerne von Tagestouristen besucht, die von der **Bergstation Planai** herüberwandern. Auf den letzten Kilometern genießt man die Ausblicke links und rechts ins Ennstal. Ob man den Trubel rund um die Schladminger Hütte an der Bergstation nach den ruhigen Tagen am Höhenweg gut verkraftet, muss jeder selbst herausfinden. In guter Erinnerung bleiben eindrucksvolle Tage in einer wasserreichen und idyllischen Berglandschaft.

FAZIT

Ein Höhenweg der Extraklasse! Vielfältige Hütten, tosende Wasserfälle, ruhige Seen, hohe Gipfel, fabelhafte Ausblicke, artenreiche Flora und Fauna sowie eine abwechslungsreiche Landschaft. Wanderherz, was willst du mehr?

GUT ZU WISSEN

VON: Bergstation Hochwurzen
BIS: Bergstation Planai
LÄNGE: 48 Kilometer
HÖHENMETER: 4100
ETAPPEN: 5
MARKIERUNG: Keine eigene Markierung, gelbe Wegweiser und rot-weiß-rote Markierung; an den Hütten sind Infotafeln mit Übersichtskarte und Wegbeschreibung zum Höhenweg positioniert.
HÖCHSTER PUNKT: 2618 Meter, Greifenberg

DAS BRAUCHE ICH:
- Schlafsack für die Nächte auf den Hütten
- Badekleidung für mutige Bergsee-Springer
- Stirnlampe für unerschrockene Stollenerkunder in der Zinkwand

Abenteuer 4/5
Natur 5/5
Schwierigkeit 4/5

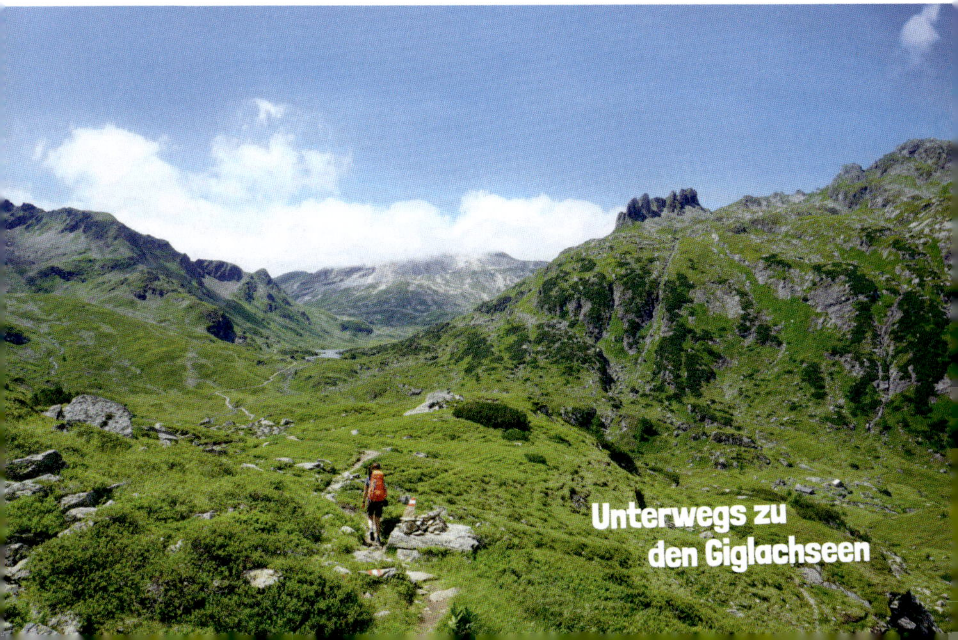

Unterwegs zu den Giglachseen

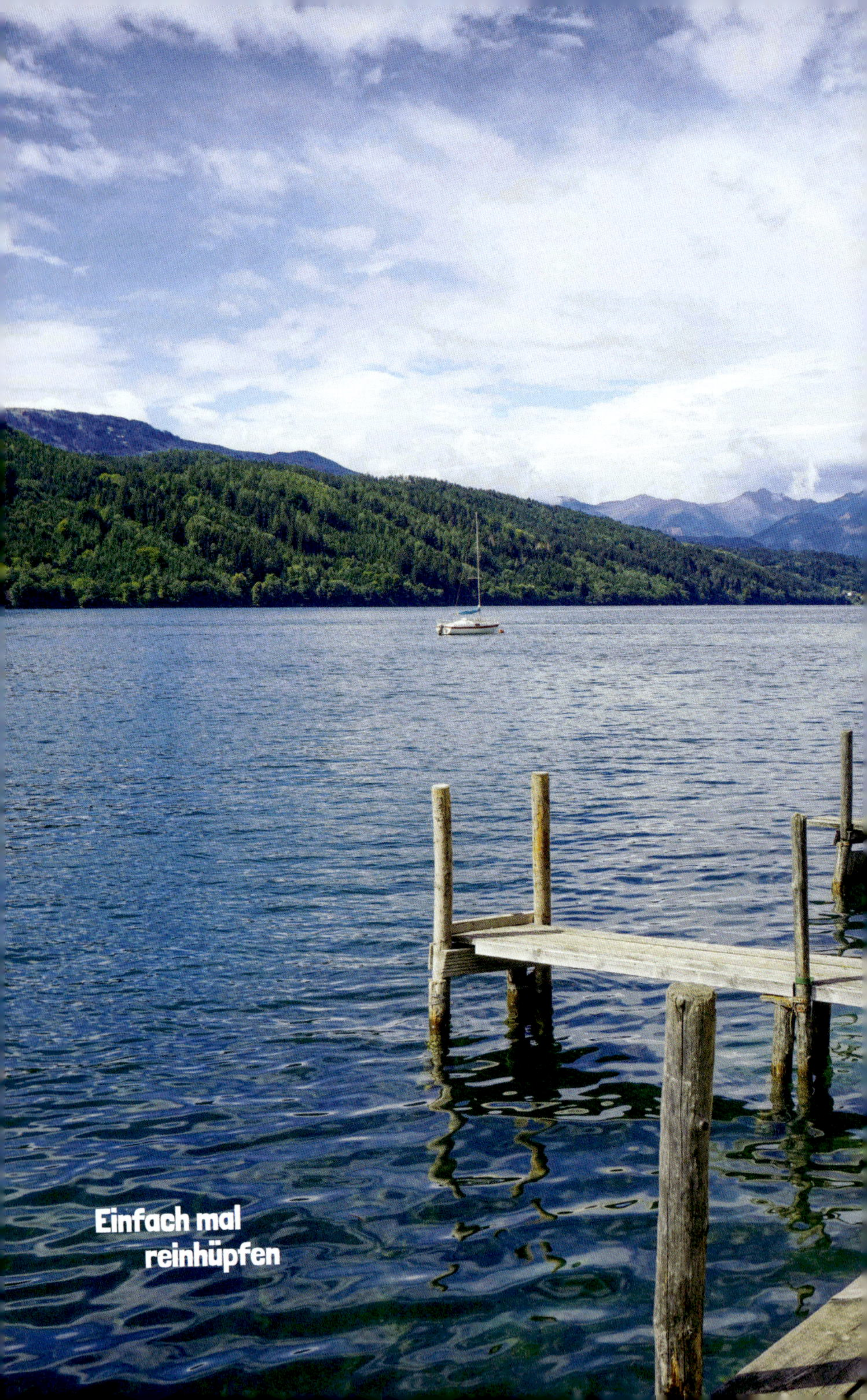
Einfach mal
reinhüpfen

Der „Magie des Wanderns“ hat man sich am Millstätter See hingegeben. Gemeint ist damit auch der „Via Paradiso“, der südlich der Kärntner Nockberge den See umrundet. Vielerlei Ausblicke und die Kulturlandschaft der Region stehen dabei im Vordergrund. Man könnte auch Genusswandern dazu sagen, wenn man die Wanderrast auf einer Hängematte am Seeufer oder den Sonnenuntergang beim Abendpicknick auf der Aussichtsterrasse genießt.

Die Entdeckungstour am „Via Paradiso“ beginnt am Hauptplatz von **Döbriach**, einem kleinen Ort am Ostufer des Millstätter Sees

Der Via Paradiso

Seegenuss und Hochgefühl

mit einer Vielzahl an Campingplätzen. Hier trifft man auch auf den Alpe-Adria-Trail, der am Weg vom Großglockner an die Adria die Region durchquert. Man folgt dem Riegerbach zur Seepromenade. Anschließend führen die ersten 200 Höhenmeter am Domitian-Pilgerweg nach Matzelsdorf. Der **Heilige Domitian** lebte um das Jahr 800 n. Chr. und gilt als Begründer von Millstatt. Einer Legende nach ließ der zum Christentum konvertierte Domitian 1000 heidnische Statuen (Mille Statuae) in den See werfen. Mit dieser Erkenntnis über die Namensherkunft des Sees steigen die Wanderer noch kurzfristig ein Stück höher und erreichen im Abstieg zum See den **Aussichtspunkt Kanzel**. Der Name ist Programm, man blickt prächtig über den östlichen Millstätter See hinweg. Zwei Abstecher im restlichen Abstieg sind es auch noch wert, mitgenommen zu werden. Zum einen der kurze Umweg zum kleinen und idyllischen Zwergsee. Zum anderen zur **Waldbühne auf der Luschanhöhe**, bei welcher man auf einem Plateau in Form eines Schiffsrumpfes den Waldboden verlässt und die Aussicht über den See genießt. Die hier geltende Bezeichnung „Slow Trail“ wird man auch am südlichen Seeufer wiederfinden. Es sind dies speziell beschilderte und einfach zu gehende Wege, auf welchen man die Natur besonders entspannt auf sich wirken lassen kann.

Ein Kreuzweg führt abschließend hinab nach **Millstatt**. Nach der Durchquerung des ehemaligen Klosters, das heute ein Museum und viele Kunsträume beherbergt, erreicht man das Etappenziel am Seepark. Vom Sommerfrische-Ort Millstatt führt die Route nun wieder bergwärts. Man wandert dabei neben dem Riegenbach durch die **schattige Schlucht** hoch, vorbei an Ruinen alter Mühlgebäude, und landet schlussendlich auf fast 1000 Metern Seehöhe in der kleinen Ansiedlung Oettern. In unmittelbarer Nähe lohnt sich ein **kulinarischer Abstecher** zum „nockfranz“, einem kleinen Hofladen, der auf Selbstbedienungsbasis geführt wird.

INFO

Ein Sprung in den See braucht nicht wohlüberlegt sein, bis zu 27 Grad kann der See im Sommer warm werden.

Immer wieder blickt man am Übergang nach Treffling auf den See, durchwandert aber großteils unterschiedliche Kulturlandschaften und kleine Ansiedlungen. Bereits von etwas oberhalb

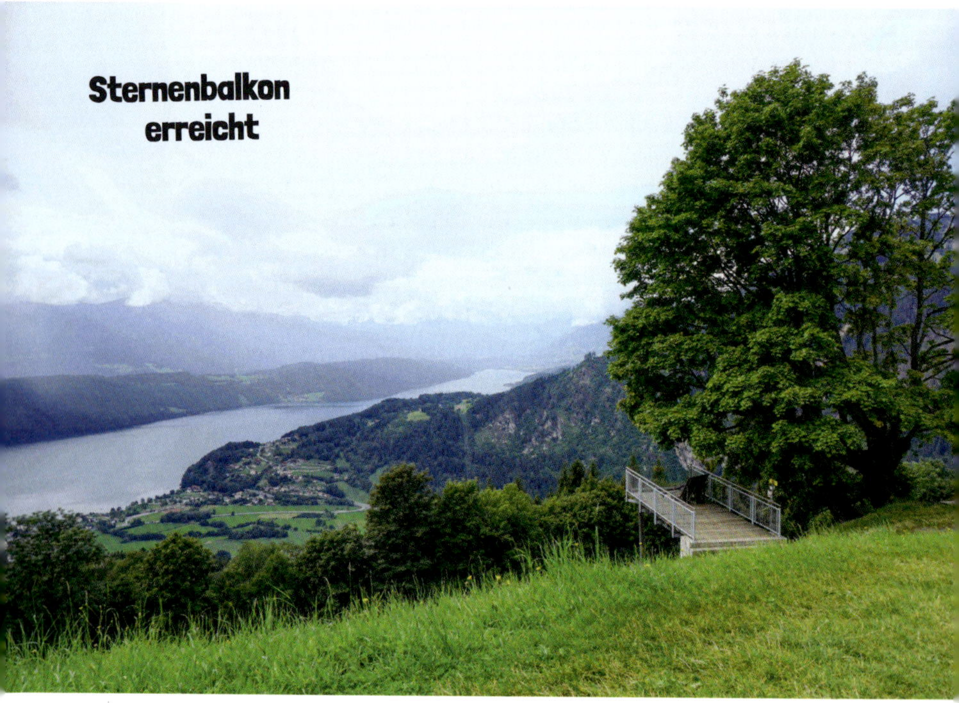

entdeckt man die auf einer Kuppe liegende **Burg Sommeregg**. Die Höhenburg beherbergt heute ein Restaurant und ein Foltermuseum, eines der größten dieser Art in Mitteleuropa. Hier nahm im Jahr 1653 einer der letzten Hexenprozesse in Kärnten seinen Ausgang. Keine Schauergeschichte erwartet die Wanderer in der Ortschaft **Seeboden**, wo man das Westufer des Millstätter Sees erreicht. Einige frei zugängliche Parkanlagen mit Badestellen direkt am See werden von Gästen gerne genutzt. In einer solchen Anlage, dem Blumenpark, endet die zweite Etappe. Einen Seekontakt der anderen Art können sich Interessierte auch mit einer **Schiffsrundfahrt** erfüllen: Von Seeboden nach Döbriach und retour, dazwischen liegen einige Anlegestellen an allen Uferseiten.

Das macht die Tour einzigartig!

- **Rastplätze verschiedenster Art**
- **Ein Moorbad im Egelsee**
- **Mediterranes Flair am Millstätter See**

Die dritte Etappe beginnt äußerst gemütlich. Von Seeboden wandert man am südlichen Seeufer entlang und findet dabei immer wieder **angenehme Rastmöglichkeiten** mit Ausblicken auf das gegenüberliegende Seeufer nach Millstatt vor. Etwa 200 Höhenmeter müssen danach im Aufstieg bewältigt werden. Der Weg wendet sich vom Ufer ab und führt hinauf zu einem anderen, weniger kristallklaren Gewässer: den **Egelsee**. Das Westufer des dunklen Moorsees ist nur auf Holzstegen erreichbar, auch um die botanischen Besonderheiten in diesem geschützten Gebiet nicht zu zertrampeln. Dennoch geht es über Leitern und Stege in den Moorsee. Das Baden darin ist nämlich erlaubt und soll gesundheitsfördernd für Haut und Knochen sein. Vom Egelsee ist das Ende der dritten Etappe, der **Gasthof Lug ins Land**, schnell erreicht. Davor lohnt sich noch ein Abstecher auf den gleichnamigen markierten Aussichtspunkt, von dem man ins Drautal und auf die östlichen Gailtaler Alpen „lugt".

Am Beginn des vierten Tages sind die Ausblicke auf den See noch etwas rar. Erst nach der Ansiedlung Großegg sieht man kurzzeitig etwas hinab, überwiegend in den Horizont rücken dafür die Nockberge und wiederum das Drautal. Der Weg führt

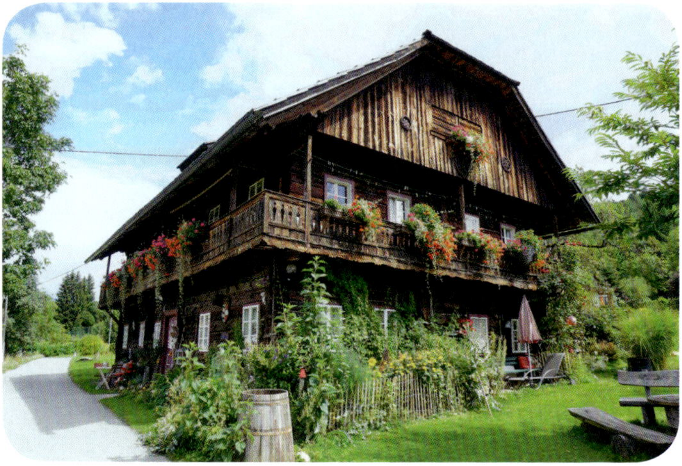

FAZIT

Die Bezeichnungen „Slow Trail" und „Magie des Wanderns" zeigen bereits, dass es auf der Strecke um den Millstätter See vor allem um den Genuss geht. Nicht nur aus landschaftlicher und kultureller Sicht, sondern auch, was die Kulinarik betrifft. Einen einzigen Höhepunkt herauszupicken, ist eigentlich nicht möglich – die Vielzahl an Sehenswertem sorgt für entsprechende Abwechslung.

hier mehrheitlich auf Waldwegen im stetigen Auf und Ab um den Geißriegel herum Richtung Glanz. Im Abstieg stoßen die Wanderer am **Seilbahnweg** auf alte Stützen einer früheren Materialseilbahn, die das Magnesitwerk Radenthein mit der Verladestelle Ferndorf im Drautal verband. Auf 9,5 Kilometern, über Döbriach und Glanz hinweg, wurden in die eine Richtung die im Volksmund genannten „Radex-Steine" transportiert, in die Gegenrichtung Kohle und andere Rohstoffe. Erst 1994 verstummte die Seilbahn, das Rütteln und Klappern der rund 250 Seilbahnwagen war Vergangenheit. In der Gegenwart trifft man noch auf Relikte dieser Zeit.

Ab Glanz beherrscht wieder der Ausblick auf den Millstätter See das Geschehen. Vorbei an **urigen Bauernhöfen** und einem Rastplatz führt der Weg nun stetig bergwärts auf über 1000 Meter Seehöhe. Der Wanderweg mündet in die Zufahrtsstraße zum **Gasthof Bergfried**. Hier endet der „Via Paradiso". Ein Shuttledienst bringt die Wanderer wieder hinab zum See, alternativ wandern konditionsstarke Geher auf 500 Höhenmetern steil hinab nach Döbriach. Etwas unterhalb des Gasthofes blickt man vom **Sternenbalkon** über den See hinweg. Wer vor der Abreise noch im Bergfried nächtigt, kann die viertägige Wandertour mit einem romantischen Picknick am aussichtsreichen Sternenbalkon beschließen.

GUT ZU WISSEN

18

VON/BIS: Döbriach
LÄNGE: 55 Kilometer
HÖHENMETER: 2300
ETAPPEN: 4
MARKIERUNG: gelbe Wegweiser mit eigener Bezeichnung
HÖCHSTER PUNKT: 1158 Meter, am Weg zum Gasthof Bergfried

DAS BRAUCHE ICH:

- Badekleidung
- Schönes Wetter, um die Rast in der Hängematte zu genießen
- Platz im Rucksack für die Schmankerl der Bauernläden

Abenteuer
Natur
Schwierigkeit

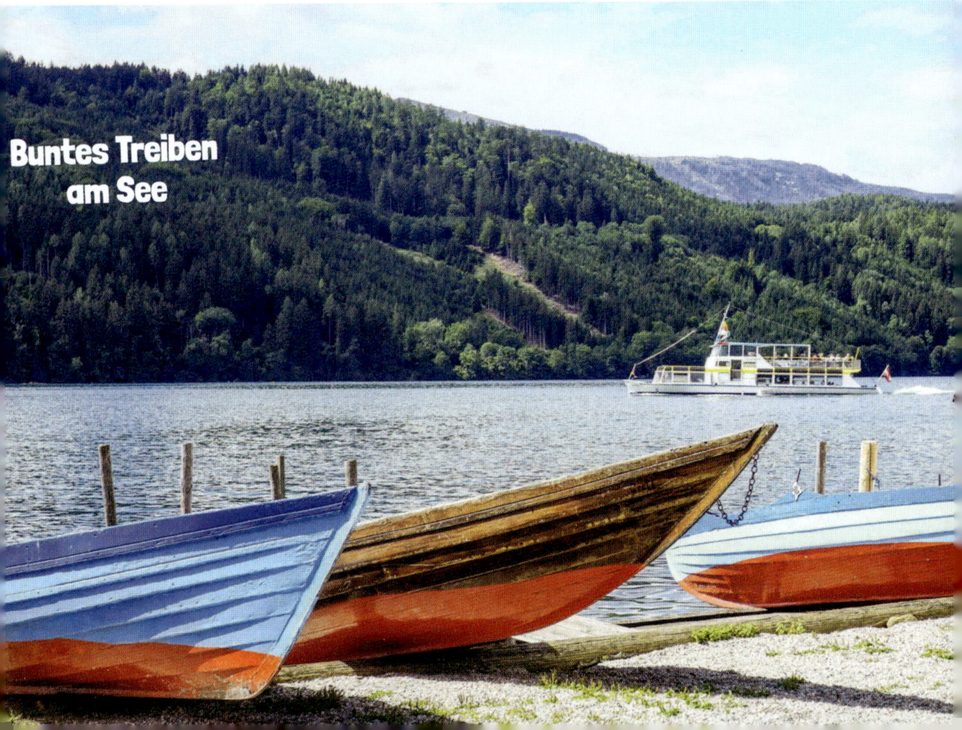

Buntes Treiben am See

**Bergwelten,
so weit das Auge reicht**

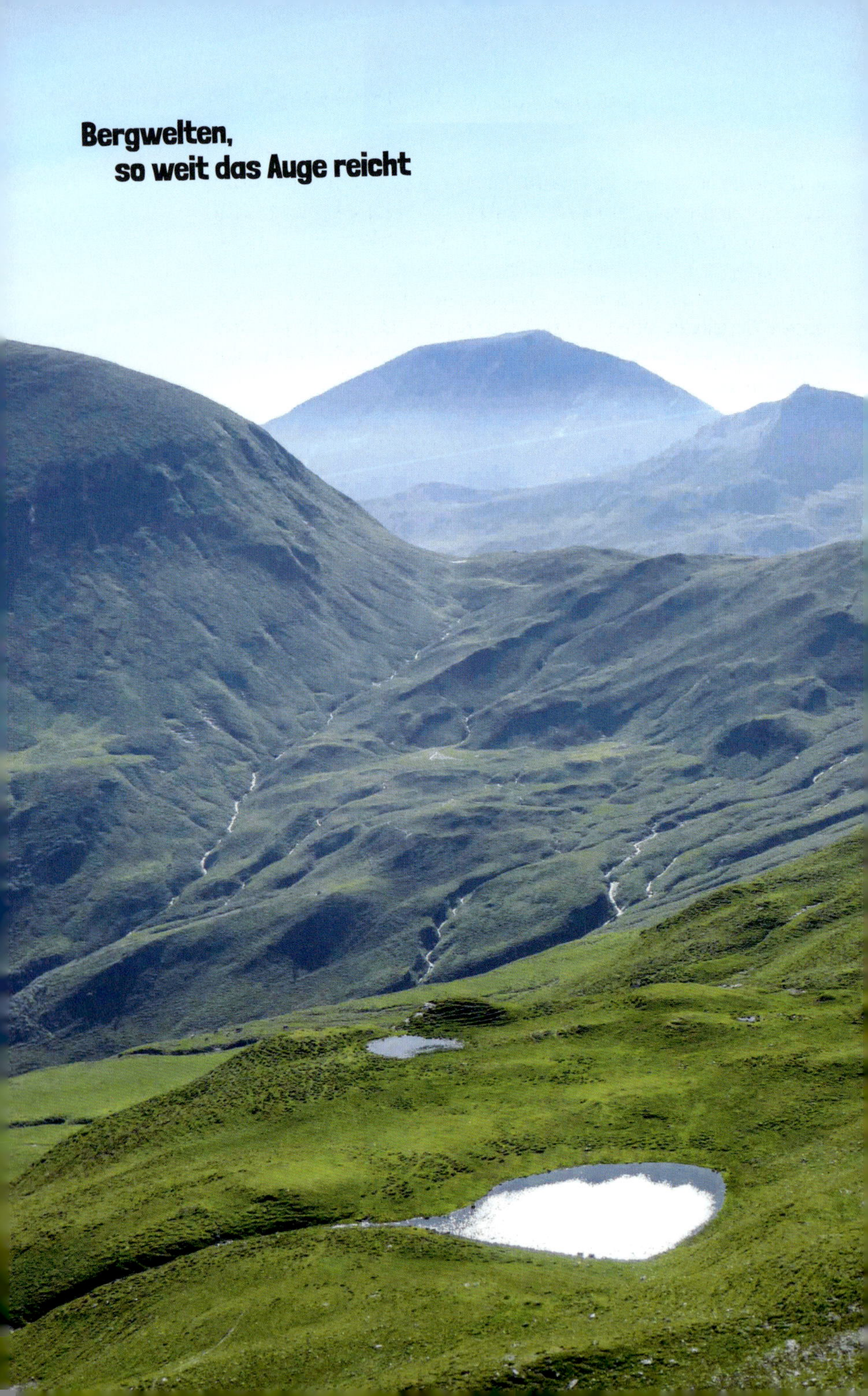

Auf dieser Wanderung erkundet man den Pongau im Salzburger Land von Alm zu Alm. Salzburg weist mit rund 1800 Almhütten die höchste Almdichte Österreichs auf, davon verköstigen etwa 550 Hütten vorbeiziehende Wanderer. Das ist eine ganze Menge, auch wenn man im Pongau nur einen Bruchteil dieser Hütten passiert. Dennoch: Möchte man beim Weitwandern abnehmen, ist dies hier nicht die richtige Strecke.

Wer den Salzburger Almenweg begehen will, muss sich mit zwei Fragen beschäftigen. Wie lange möchte man unterwegs sein?

Der Salzburger Almenweg

Auf der Alm, gibt's da Sünden?

Die 31 vorgeschlagenen Etappen sind teilweise sehr kurz, sodass gut und gerne Tage zusammengefasst werden können. Es gibt einerseits Abschnitte, die besonders **für Familien mit Kindern geeignet** sind, andere Etappen führen hingegen über hohe Gipfel wie den 2467 Meter hohen Gamskarkogel zwischen Bad Gastein und Hüttschlag. Und die zweite Frage: Gibt's auf der Alm wirklich keine Sünden? Die Antwort darauf müssen Wanderer aber selbst herausfinden.

Der **blaue Enzian** weist den Almwanderern den Weg. Vom Bahnhof Pfarrwerfen folgt man parallel anderen Weitwanderwegen zur Mitterfeldalm, der ersten Einkehrmöglichkeit. Nach mehr als 1100 Höhenmetern tut eine Erfrischung auch richtig gut. Der Abstieg zum **Arthurhaus**, dem ersten Etappenziel, ist reine Formsache. Vor den Wanderern breiten sich die steilen Südwände des Hochkönigs aus. Die Anstiege auf den Gipfel sind entweder schwierig, lang, oder beides. Das schmälert die Beliebtheit aber nicht, das Matras-Haus auf dem Gipfel ist oft über Wochen oder Monate hin ausgebucht.

Das wiederum berührt die Almwanderer weniger, sie bewegen sich am **Fuße des Hochkönigs** entlang. Mehrere bewirtschaftete Hütten befinden sich hier, das Vorankommen kann also etwas dauern. In Lend trifft man wieder auf den Talboden und überschreitet die Salzach, die man bereits am Beginn der ersten Etappe überquert hat. Der Weg steigt südseitig hoch und verläuft in den kommenden Tagen oberhalb des gesamten Gasteinertals entlang. Besonders sehenswert sind Naturschauplätze wie die **Hochmoore und Teiche** rund um das Rauchkögerl sowie der steile Gipfelaufbau des Bernkogels. Am südlichen Talende befindet sich ein Stausee, um den herum bis in die Mitte des 20. Jahrhunderts Gold abgebaut wurde. Dass dieses Edelmetall hier eine besondere Bedeutung hat, erfährt man im Montanmuseum von Böckstein. Mit der entsprechenden Ausrüstung kann man sich auch im **Goldwaschen** versuchen. Vielleicht landet ja etwas „Tauerngold" in der Goldwaschschüssel.

INFO

Auch wenn sie harmlos aussehen: Bitte auf der Alm Abstand von den Kühen halten und keinesfalls stören. Das kann sonst ziemlich ins Auge gehen.

Obwohl sich die Region im Goldrausch befand, ziert das Wappen von Bad Gastein ein Silberkrug. Wasser ist in **Bad Gastein**

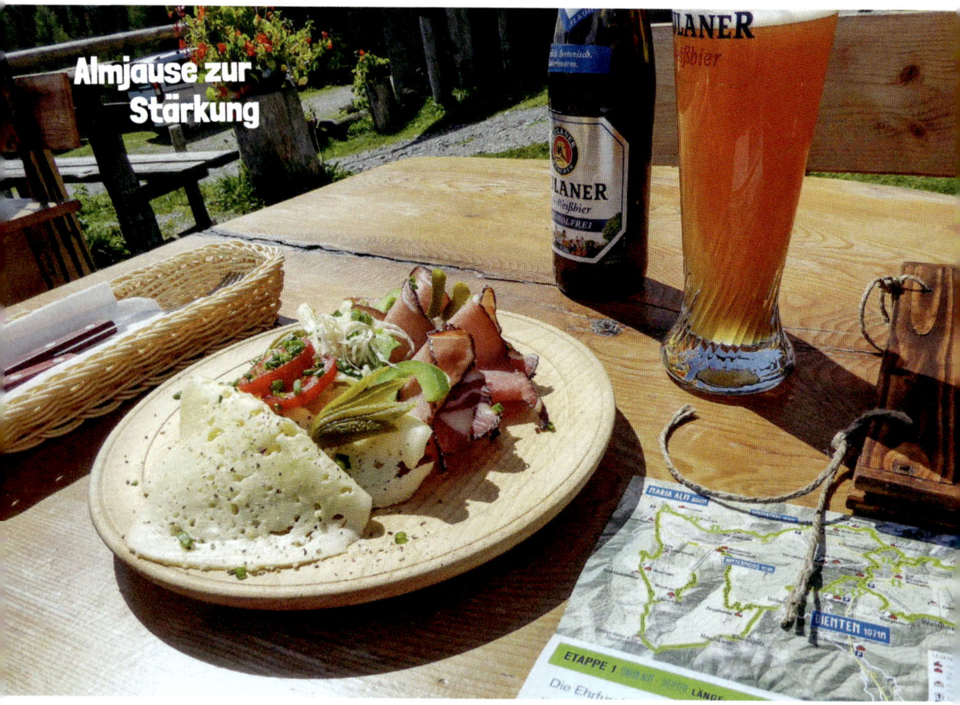

Almjause zur Stärkung

aber eines der bestimmenden Elemente. Der schon zur Kaiserzeit beliebte Kurort beherbergt in den steilen Hängen etliche Prachtbauten aus der Zeit der Sommerfrische. Mitten im Ort hinterlässt der **Gasteiner Wasserfall** eine bleibende Geräuschkulisse, ein Spaziergang durch das „Wolkenkratzerdorf" zahlt sich in jedem Fall aus.

Mit der 14. Etappe lässt man das Gasteinertal hinter sich. Steil geht's zur Toferscharte hoch, den Gamskarkogel muss man nicht, kann man aber mitnehmen. Konditionsstarke Wanderer legen die restlichen 400 Höhenmeter auf den höchsten Punkt am Salzburger Almenweg gerne noch zurück. Am Gipfel lädt die **Gamskarkogelhütte** zur Einkehr oder Nächtigung. Sie wurde bereits 1828 im Auftrag von Erzherzog Johann errichtet und ist somit eine der ältesten Hütten in den Ostalpen. Der Gamskarkogel wird hier auch als „höchster Grasberg Europas" bezeichnet. Damit steht er in direktem Konflikt mit dem Geißstein in den Kitzbüheler Alpen, siehe die Tour am Hohe Tauern Panorama Trail. Ob dieser Berg nun als „höchster Grasberg" durchgeht, ist, wie so vieles im Leben, wohl eine Frage der Definition.

Das macht die Tour einzigartig!

- Die urigen Almhütten
- Die vielfältige Landschaft des Pongaus
- Goldwaschen im Gasteinertal

Den fast angrenzenden Nationalpark Hohe Tauern betritt man am Almenweg zwar nicht, durchwandert aber andere Landschaftsschutzgebiete wie die sehenswerte Region um den **Tappenkarsee**. Wie eine Perlenkette reihen sich im Anschluss die Almhütten am Weg nach Kleinarl aneinander. Aussichtsreich verlaufen die kommenden Etappen über den Höhenrücken nach Flachau. Es lohnt sich, eine Rast in der gemütlichen Stube der Weißenhofalm bei offenem Feuer im Kaminofen einzulegen. Wie so oft lässt man sich auch hier köstliche Almschmankerl kredenzen.

Richtung Zauchensee ähnelt der Weg den Etappen zuvor: Aufstieg zu einem **Höhenweg**, sich kaum satt sehen an den Aussichten und wieder in einen Talort absteigen. Von der Südwiener Hütte ausgehend, kommt man am Weg ins Forstautal der Steiermark recht nahe, zugleich wandert man davor von der Seekaralm zum Oberhüttensee durch eine **prächtige Karlandschaft**.

Mittlerweile ist man die Höhenmeter gewohnt. Von Radstadt geht es rund 900 Meter bergwärts, dafür entlohnt wie so oft eine formidable Aussicht für die Mühen. Diesmal von der **Radstädter Hütte** am Gipfel des Rossbrands. Vorbei an kleinen Hochmooren führt der Almenweg hinab nach Filzmoos. Man umgeht den prächtigen Rötelstein und befindet sich bereits im Dachsteinmassiv. Ein aussichtsreicher Höhenweg endet für die Wanderer an der **Hofpürglhütte** am Fuße der Großen Bischofsmütze. Der markante Doppelgipfel, dessen Form dem Berg auch den Namen gab, ist nur einer von vielen wild gezackten Gipfeln des Gosaukamms. Etwas nachgelassen hat in dieser Region die Almendichte, nimmt ab St. Martin aber wieder gewohnte Züge an. Bei der Buttermilchalm ist der Name Programm, von der Hackel-Hütte genießt man auf der Sonnenterrasse den Ausblick nach Werfenweng sowie eine deftige **Kaspressknödelsuppe**.

Die letzte Etappe ist so etwas wie die Zusammenfassung der gesamten Tour. Zunächst steigt man 500 Höhenmeter in den Wengerwinkl ab, um danach wieder 500 Höhenmeter zur **Elmaualm** hochzusteigen. Hier wechseln zur Saison oft wöchentlich die Hüttenwirte. Wer Lust und Laune verspürt, kann den Salzburger Bergsportclub kontaktieren und sich mal selbst eine Woche lang als Wirt probieren. Für kulinarische Abwechslung ist jedenfalls gesorgt. Eine weitere Besonderheit findet sich danach am Abzweiger zur Werfener Hütte. Die unter chronischem Wassermangel leidende Einkehrstätte bedient sich zweier Lamas, die **Wasserkanister bergwärts transportieren**. Am Weg selbst sind weitere Wasserkanister stationiert, die von Wanderern – natürlich vollgefüllt – nach oben getragen werden. Als Belohnung gibt es nicht selten ein Stamperl Schnaps. Zum Abschluss wartet noch ein schmaler Weg durch den Wengergraben, ehe man den Bahnhof von Pfarrwerfen nach 31 abwechslungsreichen Etappen erreicht. Nach diesem Erlebnis kann wohl jeder für sich die Frage beantworten, ob es auf der Alm wirklich keine Sünde gibt.

FAZIT

Der Salzburger Almenweg ist eine wahre Genussroute! Nicht nur was die kulinarischen Schmankerl auf der Strecke betrifft, sondern auch in landschaftlicher und kultureller Hinsicht. Außerdem ist die Route technisch nicht besonders schwierig und äußerst abwechslungsreich.

GUT ZU WISSEN

VON/BIS: Pfarrwerfen
LÄNGE: 335 Kilometer
HÖHENMETER: 22.000
ETAPPEN: 31
MARKIERUNG: blauer Enzian auf Wegweisern und Tafeln
HÖCHSTER PUNKT: 2467 Meter, Gamskarkogel

DAS BRAUCHE ICH:
- Hunger für die Almschmankerl
- Schlafsack für die Hütten
- Sommersaison, da die meisten Almhütten sonst geschlossen haben

Abenteuer 4/5
Natur 4/5
Schwierigkeit 3/5

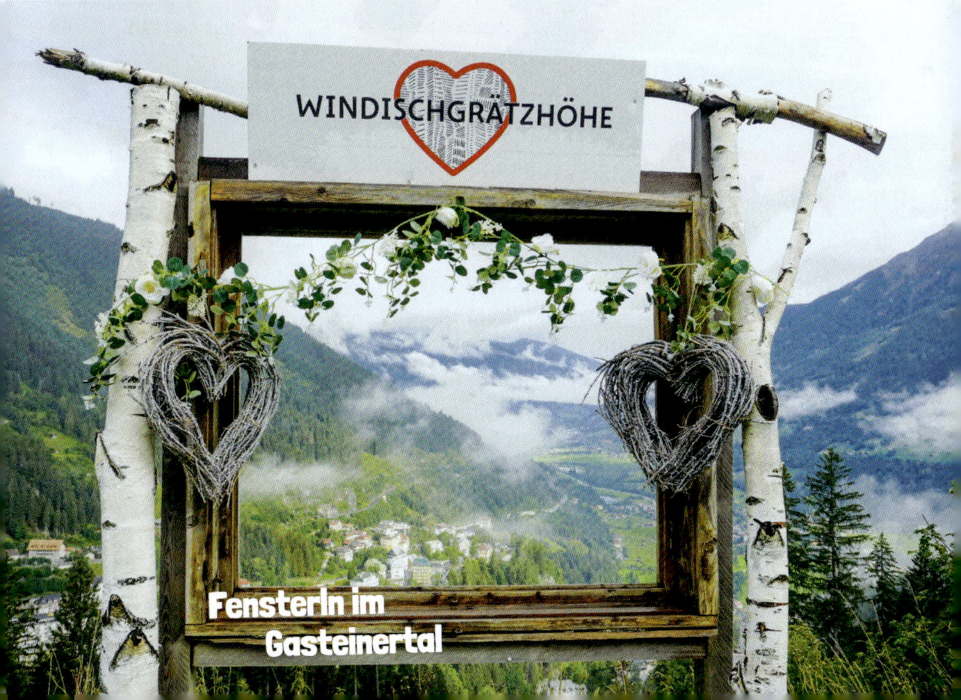

Fensterln im Gasteinertal

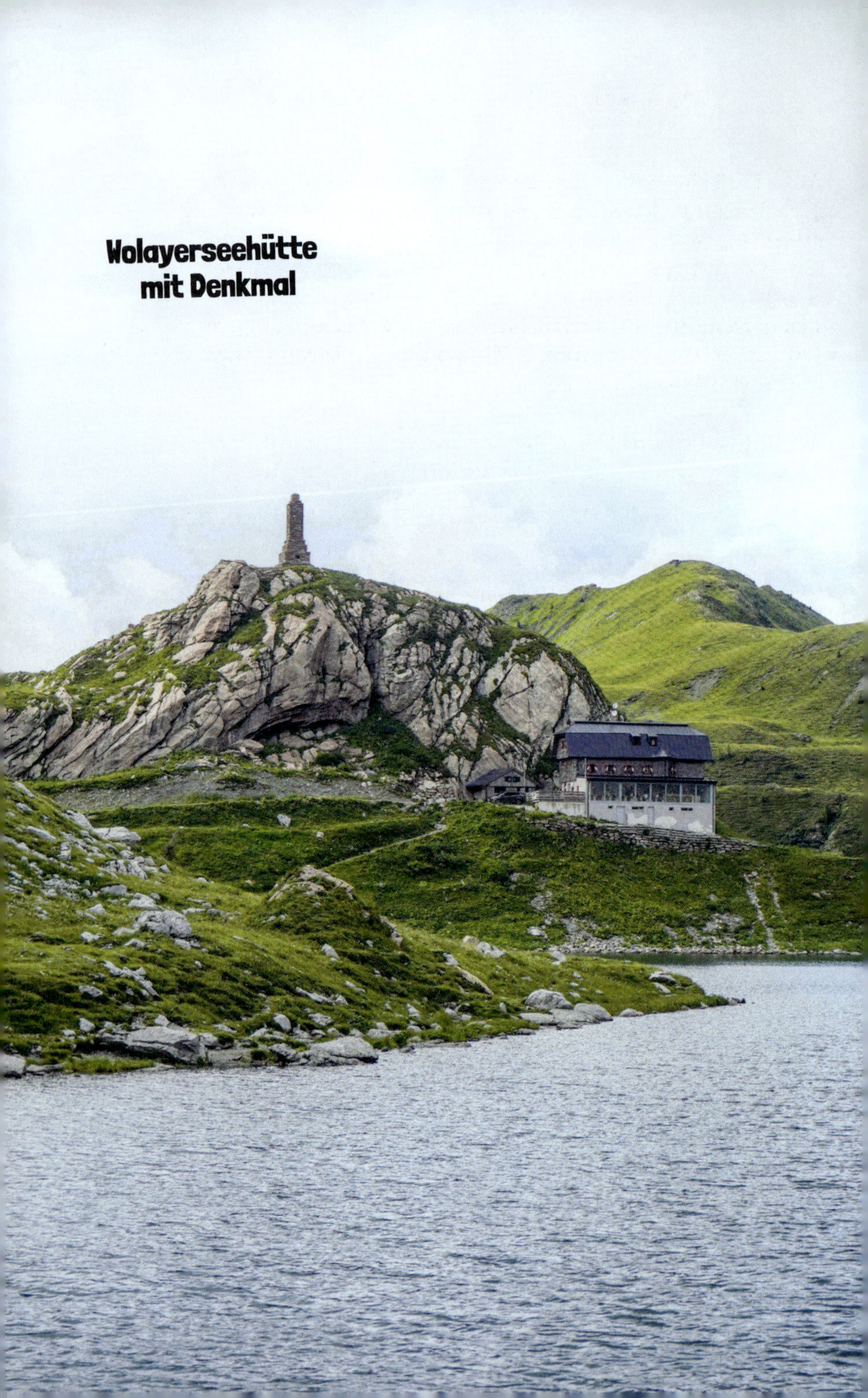

Wolayerseehütte mit Denkmal

Der Karnische Höhenweg, abgekürzt KHW, wird auch als „Friedensweg“ bezeichnet und führt am Kamm der Karnischen Alpen entlang durch ein landschaftlich abwechslungsreiches Gebiet. Dabei zeigt er zwei Gesichter. Der westliche Teil zum Bergsteigerdorf Mauthen präsentiert sich hochalpin mit schroffen Ausblicken, der etwas längere Teil östlich vom Plöckenpass führt auf einfacheren Wegen über weite Almböden.

Ein Weg mit Geschichte, in dessen Umgebung im Ersten Weltkrieg alles andere als Frieden herrschte. Jahrelang lieferten sich

Der Karnische Höhenweg

Die Aussichtsterrasse der Südalpen

Truppen von Österreich-Ungarn gegen italienische Soldaten einen erbitterten Stellungskrieg. Tausende Menschen kamen durch Feindeshand oder Lawinen ums Leben. Wanderer passieren etliche **Zeitzeugnisse** dieses dunklen Kapitels. Doch zuvor muss der Karnische Höhenweg mal erreicht werden.

Die **Leckfeldalm-Hütte**, oberhalb von Sillian in Osttirol, dient den meisten Wanderern als Ausgangspunkt am Karnischen Höhenweg. Sie ist mit dem Auto erreichbar, ein eigenes Hüttentaxi bringt selbst Wandergruppen auf das hochgelegene Ziel. Natürlich ist sie, von Sillian ausgehend, auch zu Fuß erreichbar. Doch die ersten Schritte wollen auch nach der motorisierten Anreise getan werden, nach wenigen Kilometern Fußmarsch ist die **Sillianer Hütte** am Leckfeldsattel erreicht. Sie wurde erst 1986 errichtet, allerdings als Ersatz für die bereits baufällige Hinterberger Hütte. Von hier ist der Sprung zur **italienischen Grenze** nur ein kurzer. Wie so oft am Karnischen Höhenweg fungiert man als Grenzgänger. Prächtig präsentiert sich der Höhenweg über mehrere Erhebungen hinweg zur **Obstansersee-Hütte**. Am gleichnamigen Bergsee gelegen, wird sie von mehreren Gipfeln umrahmt. Will man den See etwas

INFO

Das aus mehreren Sektoren bestehende Freilichtmuseum am Plöckenpass dient als Mahnmal gegen kriegerische Auseinandersetzungen.

näher kennenlernen, gelingt dies entweder mit einem Sprung in das maximal zehn Grad Celsius „warme" Wasser oder mit einem Tretboot, das man bei der Bergunterkunft mieten kann. Während man sich also im oder am See bewegt, blickt man auf den Grenzkamm im Süden. Hier verlief im Ersten Weltkrieg die Frontlinie zwischen Österreich-Ungarn und Italien. Denkmäler und Friedhöfe des sogenannten Gebirgskrieges wird man am Karnischen Höhenweg in unregelmäßigen Abständen immer wieder treffen. Südlich der Obstansersee-Hütte erinnern beispielsweise ein **Soldatenfriedhof** und die Überreste zahlreicher Stellungsbauten an der Kammlinie an diese blutigen Jahre.

Hat man die 2678 Meter hohe **Pfannspitze** überschritten und den Filmoorsattel hinter sich gelassen, erreicht man die kleine, wegen des Karnischen Höhenwegs errichtete Filmoor-Standschützenhütte. Eingeweiht wurde sie im Jahr 1977, als Angehörige des Bundesheers und der Verein der Dolomiten-

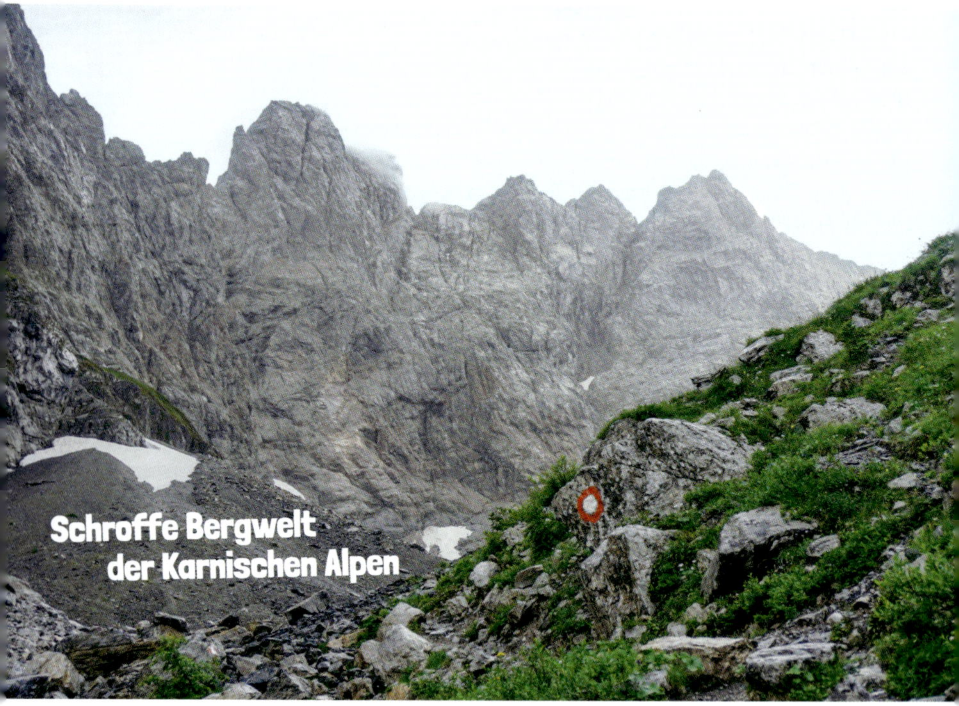

Schroffe Bergwelt der Karnischen Alpen

freunde für die Errichtung zuständig waren. Fast 30 Jahre lang geschah die Holzversorgung der Gaststube mit eigentümlich aussehenden „Geländefahrzeugen", den sogenannten **Haflingern** des Bundesheers.

Der Höhenweg führt am **Oberen Stuckensee** vorbei und quert das breite Rosskar zur Neuen Porzehütte. Ein wunderbares Bergpanorama dominiert die 2599 Meter hohe Porze, deren Gipfel direkt am Grenzverlauf liegt. Die kommende lange Etappe über die Berggipfel des Hauptkamms zum Hochweißsteinhaus lässt die Wanderer zum Grenzgänger werden. Nicht nur zwischen Österreich und Italien, sondern auch von Osttirol nach Kärnten. Ein früher Aufbruch an der Porzehütte schadet nicht. Fühlt man sich der anspruchsvollen Etappe weniger gewappnet, umgeht man den Hauptkamm auf der italienischen Seite über einen gemütlichen Almweg. Das **Hochweißsteinhaus** zwischen Frohntal und Raudenspitze wurde an der Wegkreuzung zweier **ehemaliger Saumpfade** gebaut, die hier über den Hauptkamm nach Süden ins Piavetal führten. Über diese Pfade wurde Holz aus dem Lesachtal zum Teil sogar nach Venedig transportiert. Vom Öfner Joch wandert man nun auf italienischer Seite rund 500 Höhenmeter in das Fleonstal hinab, passiert einige Alm- und Unterstandshütten und erreicht über die Obere Wolayer Alm den **Wolayer See** und die gleichnamige Hütte. Man befindet sich mittlerweile wieder in Österreich und blickt über den größten See in den Karnischen Alpen hinweg. Die windexponierte Lage des Wolayer Passes, der sich nur wenig oberhalb der Seefläche befindet, kann einen Sprung in den See noch einmal eine Spur kälter gestalten. Dass auch dieses Gebiet Kriegsschauplatz war, daran erinnern **Stellungsreste**, ein Kriegerdenkmal und mehr als 100 Jahre alte Stacheldrahtzäune.

Das macht die Tour einzigartig!

- Relikte aus einer dunklen Vergangenheit
- Der ständige Grenzwechsel zu Italien
- Bis zu 500 Millionen Jahre alte Fossilien

Vom idyllischen Wolayer See führt der Höhenweg, teils noch mit Schneefeldern bis in den Spätsommer hinein, über

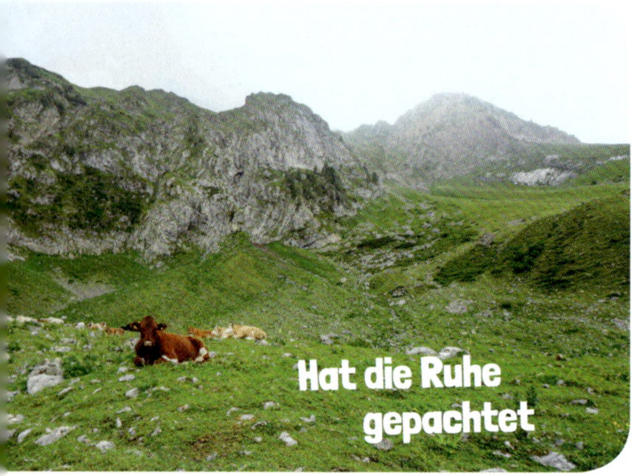

das Valentintörl und steinig hinab zur Unteren Valentinalm. Zum **Plöckenpass** ist es nun nicht mehr weit, an dieser Stelle könnte der Karnische Höhenweg auch unterbrochen werden. Busse fahren von hier aus hinab in das Bergsteigerdorf Mauthen. Ab dem Pass folgt wieder ein längerer Übergang zur Zollnersee Hütte, dieser führt hinein in den **GeoPark Karnische Alpen**. Geschmackskaiser erfreuen sich am **Blaubeerschmarrn** auf der Hütte, Gesteinsinteressierte erkunden am Geotrail die Gesteine und Fossilien, die in den Karnischen Alpen bis zu 500 Millionen Jahre alt sein können. Es ist daher nicht verwunderlich, wenn man nicht nur Weitwanderer antrifft, sondern auch Geologen aus aller Welt.

Der **Zollnersee** liegt zwar etwas abseits der Hütte, wird aber in der kommenden Etappe am Weg zur Straniger Alm passiert. Kühe und Ziegen sorgen für das Ausgangsprodukt des Gailtaler Almkäses, der hier hergestellt wird. Generell hat sich seit dem Plöckenpass das Bild der Karnischen Alpen gewandelt. Man hantelt sich nun fast schon **von Alm zu Alm**. Das beweist auch der „Käseweg“ bei der Rattendorfer Alm, die Bezeichnung Grenzgänger bleibt aber weiterhin erhalten.

Vorbei am Trogkofel berührt der Höhenweg das **Nassfeld**, das größte Skigebiet Kärntens. Danach stoßen botanisch interessierte Wanderer rund um den 2195 Meter hohen Gartnerkofel auf die **Wulfenia**, auch als Kuhtritt bekannt. Die blau blühende Pflanze ist streng geschützt und wächst in dieser Art nur in diesem Gebiet, Blütezeit ist von Juni bis Juli. Die 2000-Meter-Marke wird man auf den restlichen Etappen nach Thörl-Maglern nur noch einmal erreichen, sofern man von der Feistritzer Alm aus den östlichsten 2000er der Karnischen Alpen, den **Oisternig**, besteigt. Alm- und Waldgebiete dominieren den weiteren Abstieg im Grenzgebiet. Die Tour am Karnischen Höhenweg endet am Grenzbahnhof von **Thörl-Maglern**.

FAZIT

Der Karnische Höhenweg kann in zwei Abschnitte unterteilt werden. Einen Westteil mit schroffen Gebirgsformationen und klaren Bergseen bis zum Plöckenpass sowie einen Abschnitt mit einer weitläufigen Alm- und Gebirgswaldlandschaft in östlicher Richtung. Botanische, geologische und historische Besonderheiten ergänzen den Höhenweg auf der gesamten Strecke.

GUT ZU WISSEN

20

VON: Sillian
BIS: Thörl-Maglern
LÄNGE: 146 Kilometer
HÖHENMETER: 8150
ETAPPEN: 8
MARKIERUNG: gelbe Wegweiser mit Routenname, Abkürzung KHW auf Felsen oder Tafeln; parallel auch Südalpenweg (rot-weiß-rot, Wegnummer 03)
HÖCHSTER PUNKT: 2678 Meter, Pfannspitze

DAS BRAUCHE ICH:

- Festes Schuhwerk
- Schlafsack für die Hüttennächtigungen
- Bestimmungsbuch für Alpenblumen

Abenteuer
Natur
Schwierigkeit

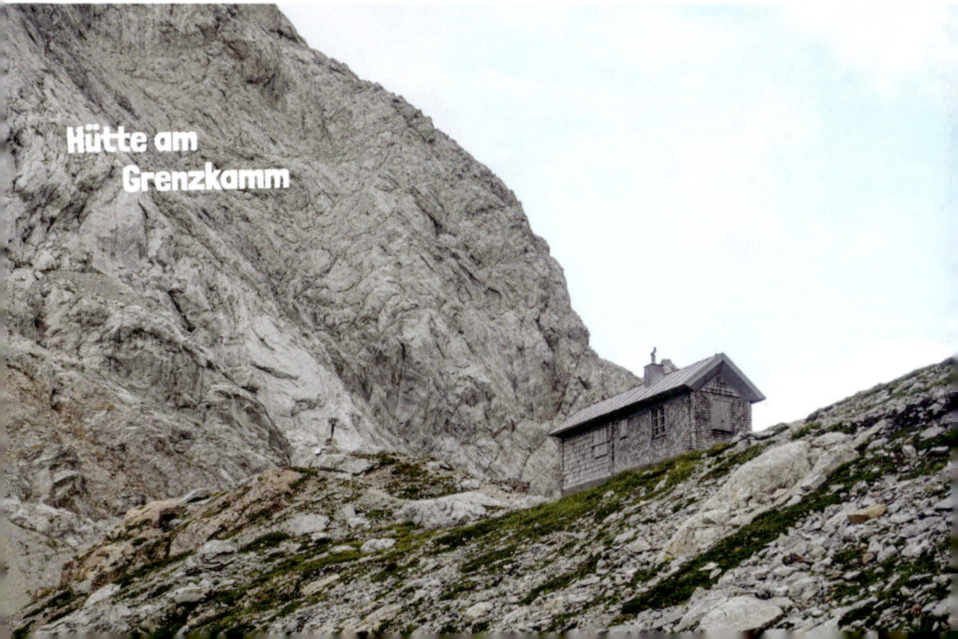
Hütte am Grenzkamm

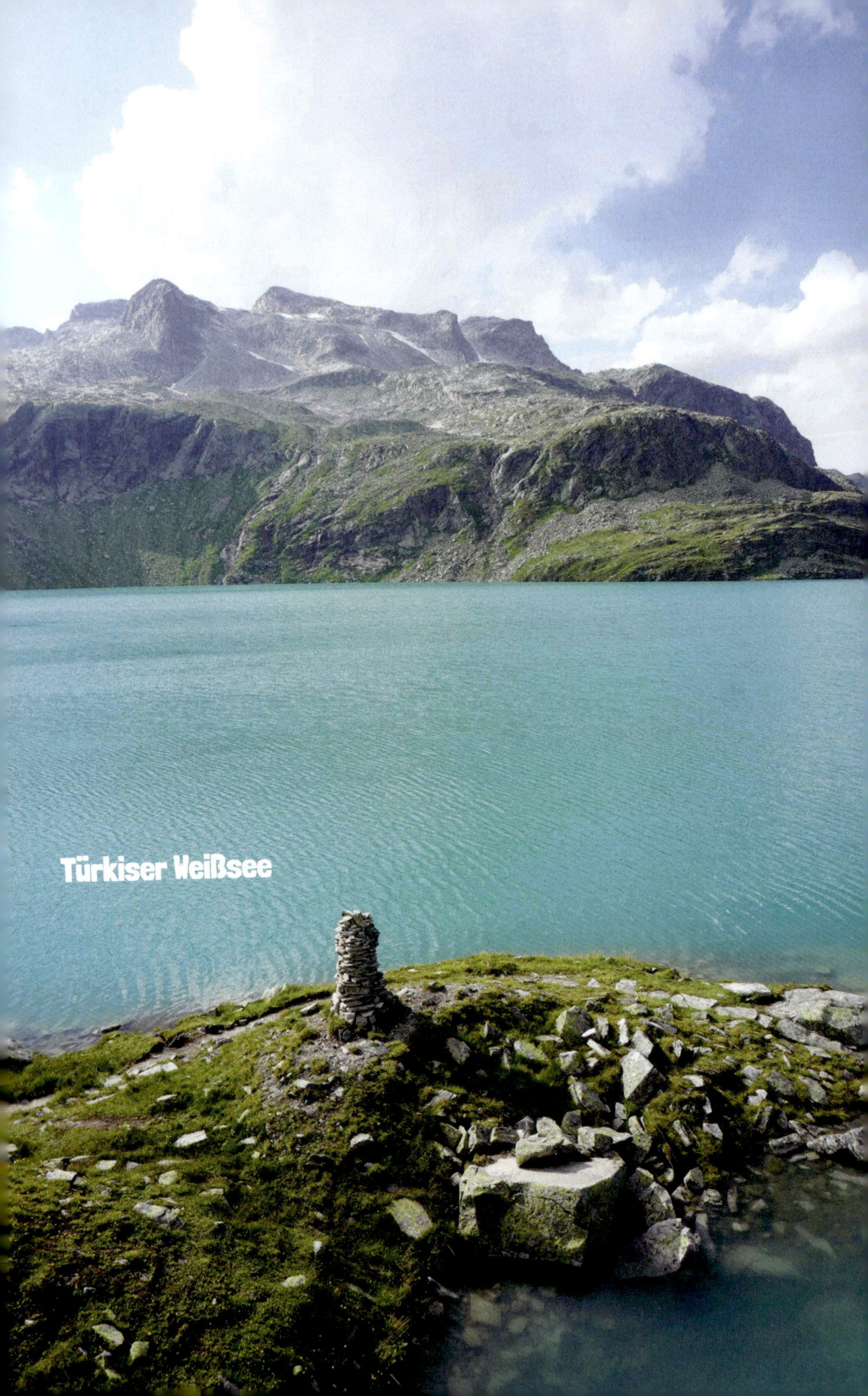

Türkiser Weißsee

Die Umrundung des majestätischen Großglockners gehört zu den schönsten Wandertouren Österreichs. Dieser Umstand ist zu großen Teilen dem 1981 gegründeten Nationalpark Hohe Tauern zu verdanken. Selten gewordene Tier- und Pflanzenarten finden hier eine Heimat. Unterschlupf finden aber auch die Wanderer in den Hütten und Talorten der Glockner- und Granatspitzgruppe. Wenn sie sich von Gletscherblicken losreißen können.

Bereits die Anreise zum Mooserboden ist ein Erlebnis für sich. Zuerst noch mit dem Linienbus zum Parkplatz Kesselfall. Dann

Die Glocknerrunde

Um den höchsten Berg Österreichs

mit einem eigenen Transferbus zur Talstation vom **Lärchwand-Schrägaufzug**, Europas größter offener Standseilbahn. Nach kurzer Fahrt mit dem Schrägaufzug, bringt ein Bus die Wanderer durch enge Tunnelanlagen zur Staumauer am **Mooserboden**. Und natürlich gibt es vom Kesselfall auch einen Fußweg zum Ausgangspunkt.

Über dem Mooserboden erhebt sich das 3564 Meter hohe Große Wiesbachhorn, in der Ferne blickt man auf das Karlingerkees. Als Kees werden vor allem in den Hohen Tauern und im Zillertal Gletscher bezeichnet. Die ersten Meter der Glocknerrunde führen über die Dammkrone des Stausees hinweg zum Talschluss. Dabei sind einige Bäche zu queren, wie so oft in den wasserreichen Hohen Tauern. Über das **Kapruner Törl** wandert man hinab ins Übelkar, dessen landschaftliche Schönheit aber gar nicht so übel ist. Bitte ein wenig mehr Selbstbewusstsein, liebes Kar. Steil hinab führt der Weg zum eiskalten Gletscherbach des Ödenwinkelkees, ein prächtiger Weg folgt danach. Der Aufstieg über die „Steinerne Stiege" ist mit Seilen und einer Eisenleiter gesichert und führt schlussendlich zum **Weißsee** und zum mächtigen **Berghotel Rudolfshütte** auf 2315 Metern. Hier schlafen die Wanderer entweder wirklich wie in einem Hotel oder – wenn gewünscht – etwas uriger im Matratzenlager. Streiken die Beine noch nicht, empfiehlt sich die Begehung des **Gletscherlehrpfades** um den Weißsee. Besser ist es, den See dabei gegen den Uhrzeigersinn zu umwandern, um gesicherte Stellen und einige Leitern bergauf zu bewältigen. Wer diesen Lehrpfad noch ins Tagesprogramm einbaut, entdeckt außerdem frühere Standorte des Sonnblickkees und Hinweise auf die Geschichte eines Außenlagers des KZ Dachau, das hier über dem Ufer am Weißsee erbaut wurde.

INFO

Der Nationalpark Hohe Tauern ist nicht nur der älteste und größte Nationalpark Österreichs, sondern auch das größte Schutzgebiet der gesamten Alpen.

Ein Markenzeichen der Glocknerrunde ist: Es geht ständig auf und ab. In südlicher Richtung führt der Aufstieg zum Kalser Tauern, gefolgt von einem steilen Abstieg ins obere Dorfertal. Der versicherte **Silesia-Höhenweg** bestimmt die weitere Wegstrecke, Altschneefelder können sich hier bis weit in den Sommer halten. Sehenswert ist der Gipfel des Spinevitrolkopfs.

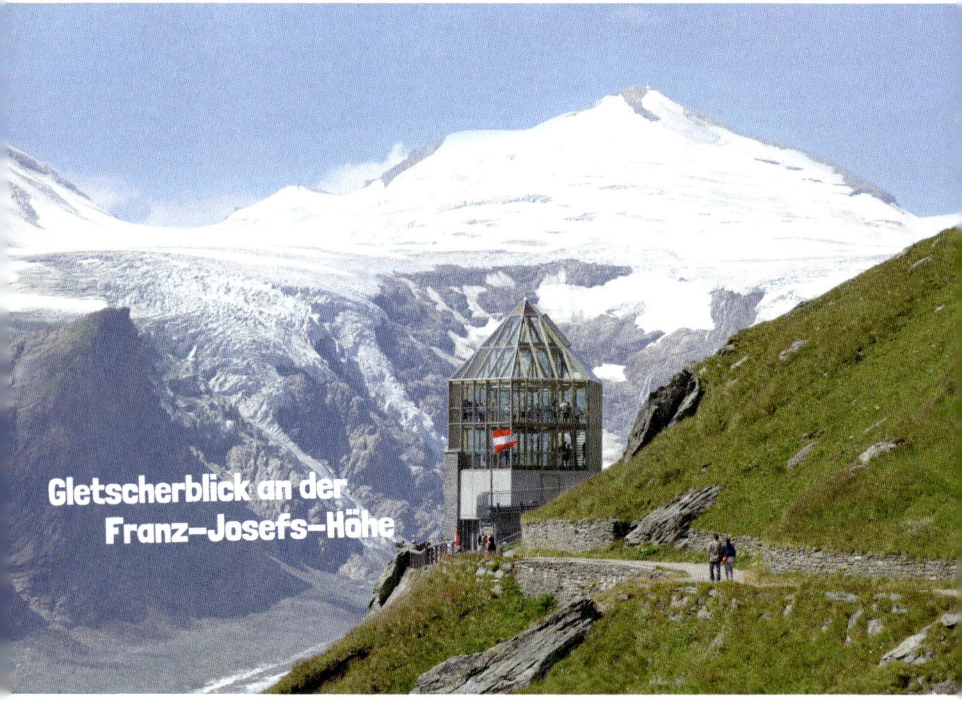

Gletscherblick an der Franz-Josefs-Höhe

Das Gedenkkreuz am höchsten Punkt ist von einem großen Ring umrahmt. Wunderbare Fernsicht begleitet die Wanderer beim Aufstieg über Felsstufen hinweg auf den **Gradetzsattel**. Mit einer Höhe von 2826 Metern markiert dieser den höchsten Punkt der Glocknerrunde. Hat man das ehemalige Gletscherbecken des Gradetzkees durchwandert, ist nach kurzem Anstieg die Sudetendeutsche Hütte an einem kleinen See erreicht.

Nach den vielen Höhenmetern im Aufstieg der vorherigen Etappe weist der dritte Tag eher abwärts. Von der Sudetendeutschen Hütte führt die Glocknerrunde über einen **gesicherten Felsweg** auf die Dürrenfeldscharte hoch und windet sich anschließend hinab in das Dürrenfeld, einen weiten Kessel. Ein Blumen- und Kräuterlehrweg begleitet den steilen Nadelwald. Teils über Skipisten steigt man hinab nach Kals-Großdorf, das Ortszentrum von **Kals am Großglockner** ist nicht mehr weit entfernt. Wegen des Übergangs am Kalser Tauern ins benachbarte Pinzgau war dieser Ort zur Römerzeit von verkehrstechnischer Bedeutung. Auch für die Wanderer der Glocknerrunde, denn hier endet die dritte Etappe.

Das macht die Tour einzigartig!

- Anreise zum Mooserboden
- Die Nähe zum Großglockner
- Vielfältige Gletscherblicke

Nach einer Nacht im Tal geht's wieder in die Bergwelt. Von der Glorer Hütte führt die Runde weiter zur Abzweigung ins Glatzbachtal. Der 3798 Meter hohe **Großglockner** zeigt sich den Bergwanderern nun immer öfter. Aber nur wenn das Wetter mitspielt, im Hochgebirge weiß man ja nie. Nach einer kurzen Schlüsselstelle mit Versicherung erreicht man die **Salmhütte**. Deren erster Vorgängerbau wurde bereits 1799 errichtet und gilt somit als die erste alpine Schutzhütte der Ostalpen.

Blühende Wiesen erwarten die Wanderer am Wiener Höhenweg zur Stockerscharte. Ins Auge stechen die Bergformationen von Schwerteck und Schwertkopf, wer dabei noch links und rechts an den Wegesrand blickt, entdeckt **Enzian und Edelweiß**. Generell bleibt man hier öfter stehen, vor allem um die Aussicht zu genießen. Es zeigt sich auch die **Pasterze** am Fuße des Groß-

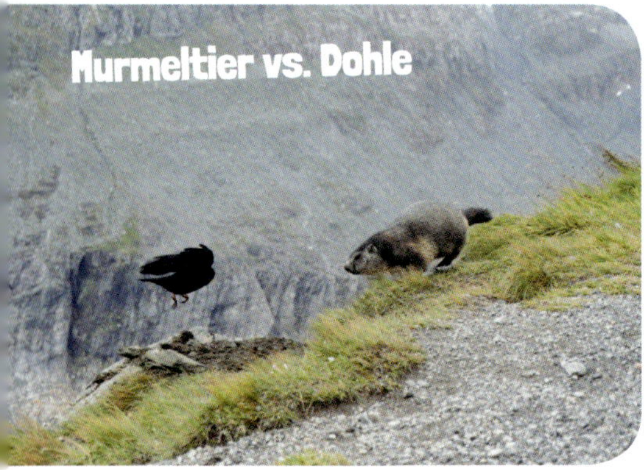

Murmeltier vs. Dohle

glockners. Der größte Gletscher Österreichs ist jedoch – wie die meisten Gletscher in den Alpen – rückläufig. Oberhalb des Margaritzenstausees befindet sich das Glocknerhaus an der Hochalpenstraße. Vorher zweigt ein Abstecher zum Gletscher ab, der jedoch Jahr für Jahr länger wird. Von der **Franz-Josefs-Höhe**, einem beliebten Ausflugsziel, das über die Hochalpenstraße mit Bus und Auto erreicht werden kann, führt eine Standseilbahn zum Gletscher hinab. Im Jahr der Inbetriebnahme 1963 stoppte die Bahn am Gletscherrand. Davon ist man nun weit entfernt. Besonders nahe kommen jedoch die **Murmeltiere**, die rund um die Franz-Josefs-Höhe beinahe keine Scheu mehr zeigen.

Vom Glocknerhaus folgt der steile Übergang zur Trauneralm. Etwas gemächlicher wird die Strecke im Talboden des Ferleitentals, Zeit zum Genießen entlang der Fuscherache. Das Tauernhaus Fusch-Ferleiten bietet sich bald als Nächtigungsmöglichkeit an. **Tauernhäuser** waren die Vorreiter der alpinen Schutzhütten. Sie lagen oft an Handelsrouten und gewährten Reisenden und Händlern Unterschlupf. Für die „Eroberung der Alpen" waren diese jedoch selten geeignet, da sie meist niedriger gelegen und somit als Ausgangspunkt für große Gipfelsiege weniger geeignet waren.

Die letzte Etappe punktet nochmal mit einer ordentlichen Anzahl an Höhenmetern: Von Talort zu Talort über eine fast 2400 Meter hohe Scharte. Wer es etwas gemütlicher haben will, nächtigt in der **Gleiwitzer Hütte** auf halbem Wege. Der Vorteil einer eingeschobenen Nächtigung ist die stressfreie Aufstiegsmöglichkeit auf das „nur" 2470 Meter hohe Imbachhorn. Dafür belohnt der Gipfel mit prächtigen Ausblicken. Von der Hütte führt der Weg über Bergwiesen und auf Waldwegen hinab zum Parkplatz sowie zur Bushaltestelle an der Talstation der Gletscherbahnen Kaprun. Nach einigen erlebnisreichen Tagen rund um den Großglockner beginnt hier die Heimreise.

FAZIT

Abwechslungsreiche Wege, Blumenwiesen und Gletscherbäche, urige Hütten und Berghotels, Almen und Touristen-Hotspots. Die Glocknerrunde ist eine besonders bunte Hochgebirgswanderung, die aber eine gewisse Bergerfahrung voraussetzt.

GUT ZU WISSEN

21

VON: Stausee Mooserboden
BIS: Kaprun Talstation Gletscherbahn
LÄNGE: 95 Kilometer
HÖHENMETER: 7100
ETAPPEN: 7
MARKIERUNG: Durchgehend rot markierte Wege, unterschiedliche Wegnummern; an Wegweisern ist das Symbol der Glocknerrunde (schwarze Bergsilhouette) zu finden.
HÖCHSTER PUNKT: 2826 Meter, Gradetzsattel

DAS BRAUCHE ICH:
- Festes Schuhwerk
- Schlafsack für die Nächte auf den Schutzhütten
- Sommersaison und eventuell Grödel für die Querung von Schneefeldern

Abenteuer
Natur
Schwierigkeit

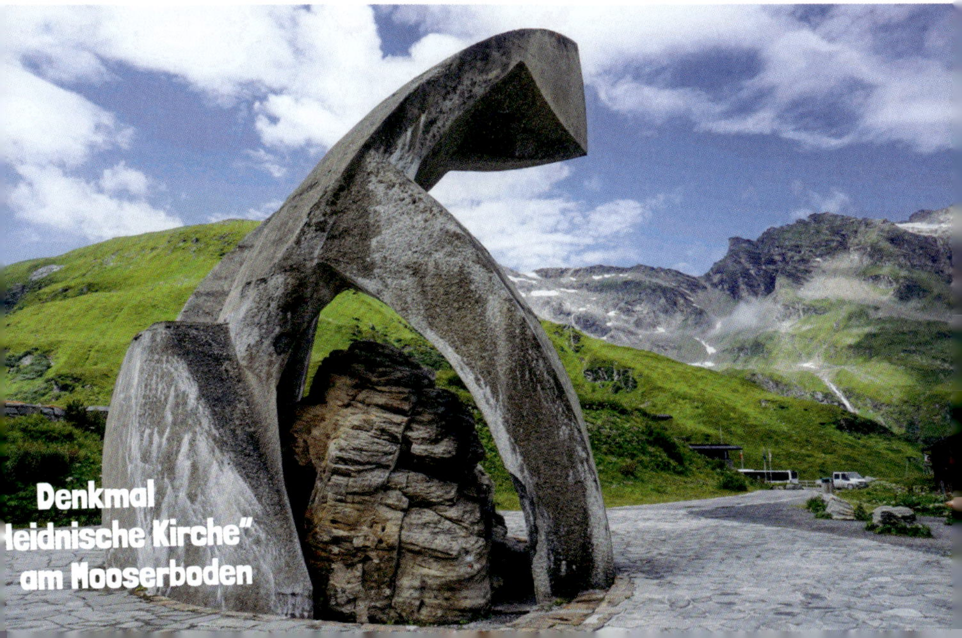

Denkmal „Heidnische Kirche" am Mooserboden

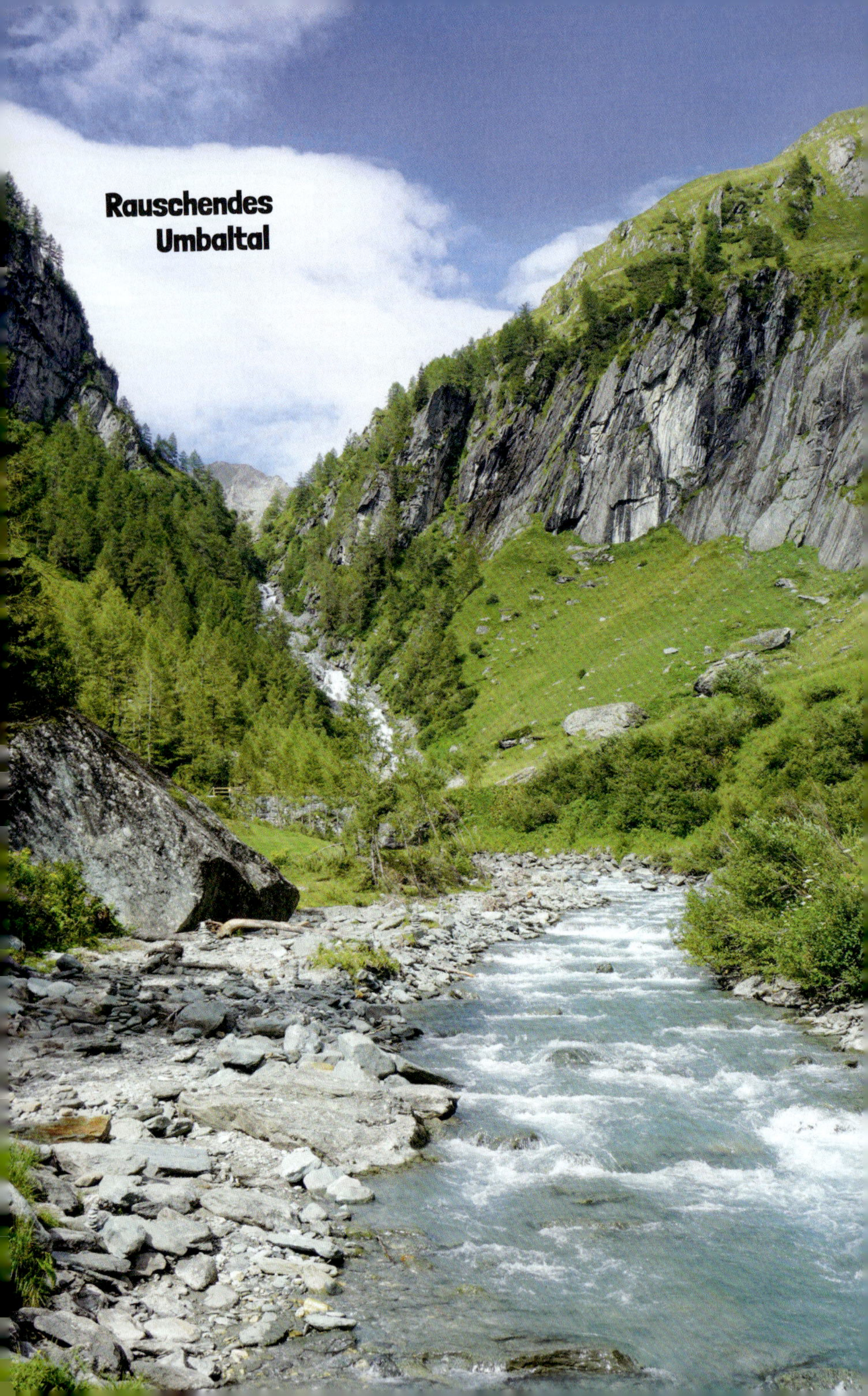
Rauschendes
Umbaltal

Die Isel ist der am längsten frei fließende Gletscherfluss der Alpen. Ihr Name leitet sich vermutlich vom keltischen „Ys“ ab, was so was wie reißend oder hoch und tief bedeutet. Beides wäre zutreffend. Wanderer passieren am Iseltrail Plätze, die ein frei fließendes Gewässer ausmachen: Schotterbänke, Auen, Schluchten, Wasserfälle und Stromschnellen. Die gesamte Tour steht unter dem Motto „Folge deinem Fluss“.

Im Nationalpark Hohe Tauern beginnt sich die Isel einen Weg durch Osttirol zu suchen. Sie sprudelt aus dem Gletschertor des

Der Iseltrail

Entlang der wilden Isel

Umbalkees in der Venedigergruppe hervor und mündet nach 57 Kilometern Flusslänge in die Drau. Der Iseltrail selbst beginnt aber nicht an der Quelle, sondern in **Lienz**. Während südländisches Flair den Hauptplatz und die Gassen der Hauptstadt Osttirol durchströmt, ist es im Bereich der **Iselmündung** außergewöhnlich ruhig. Am Startpunkt informiert eine erste Übersichtskarte über den gesamten Flussverlauf. Dabei muss man den Zusammenfluss etwas genauer betrachten. Ja, die breite Isel mündet hier in die schmale Drau. Diese entspringt übrigens in Südtirol und ist somit einer der wenigen Flüsse Italiens, die nicht ins Mittelmeer entwässern.

Der Iseltrail führt zur belebten Tiroler Straße und quert erstmals den wilden Fluss. Der nächste Seitenwechsel lässt nicht lange auf sich warten, dabei blickt man auf das **Schloss Bruck** mit dem 37 Meter hohen Bergfried. Es beherbergt ein Museum über die Osttiroler Geschichte mit wechselnden Ausstellungen. Vom hohen Turm genießt man eine prächtige Sicht auf Lienz und die umliegenden Berge. An der Isel laden immer wieder **Sandstrände und Schotterbänke** zur Rast ein. Hält man die Augen neugierig geöffnet, lässt sich die **Deutsche Tamariske** entdecken.

INFO

Das Umbalkees ist jener Gletscher, der sich in Osttirol am stärksten zurückzieht. Welche Auswirkungen sich dadurch für die Isel ergeben, ist noch schwer vorherzusagen.

Dieser Strauch kann bis zu zwei Meter hoch werden und gilt als Pionierpflanze. Das bedeutet, sie siedelt sich auf neu gebildeten Schotterflächen als erste Pflanze an. Wird das Flussmaterial bei naturnahen Flüssen also laufend umgeschichtet, fühlt sie sich besonders wohl. Da sie sehr lichtbedürftig ist, kommt sie an regulierten Flüssen kaum mehr vor, da ihr andere Pflanzen oder Bäume das Licht rauben. So ist sie in ihrem Lebensraum bereits stark eingeschränkt, an der Isel findet sie aber **ideale Bedingungen** vor.

Ein ständiges Rauschen haben die Wanderer am Iseltrail im Ohr. Die Strecke verläuft stets im Nahbereich des Flusses auf unterschiedlichen Weguntergründen. Teilweise folgt die Wanderroute dem Iselradweg, doch auch abseits der Wegstrecke gibt es natürliche Besonderheiten. Wie ein kurzer Abstecher zum **Daberer Wasserfall** durch eine schattige Waldschlucht beweist.

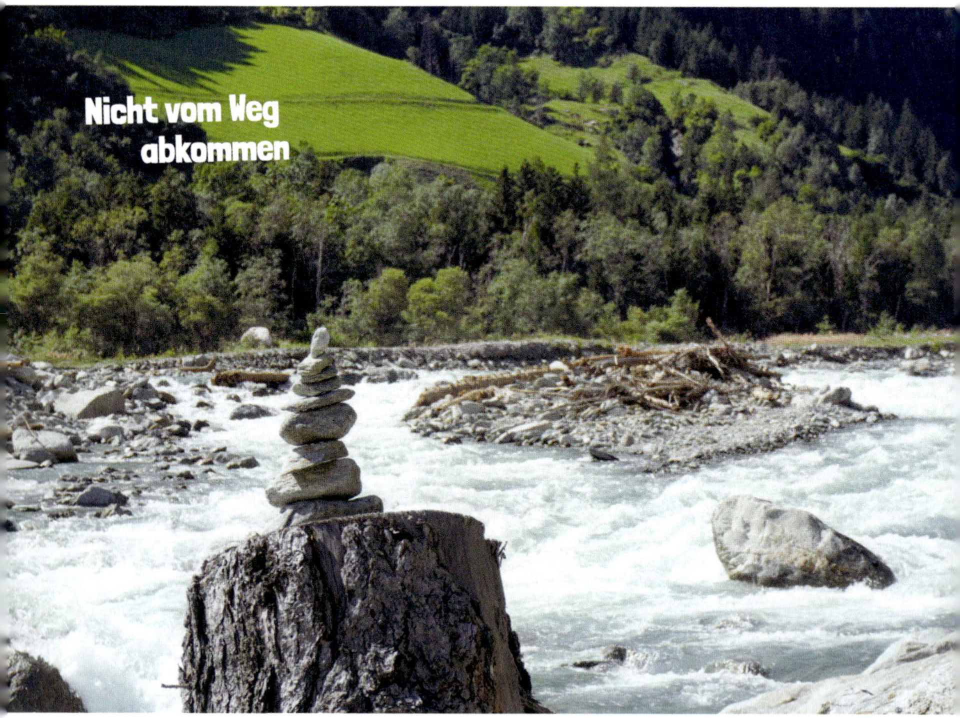

Nicht vom Weg abkommen

Vom Etappenende St. Johann im Walde führt der Trail auf der linken Seite des Flusses nach Huben. Immer wieder bilden sich **kleine Inseln** in der Isel, die aber aufgrund der starken Strömung für das Fußvolk nicht zu erreichen sind. Diese rasanten Wasserbewegungen erfreuen aber Raftinggruppen, die auf der Isel zu sehen sind. Bei Huben zweigt die Kalser Glocknerstraße ab, die sich viele Höhenmeter nach Kals am Großglockner hochwindet. Auch wechselt man hier wieder die Uferseite und trifft kurz vor der kleinen Ansiedlung Feld die ersten **Katarakte**. Diese Steilstufen sorgen für ein enormes Getöse, man versteht kaum sein eigenes Wort. Doch oftmals schadet es nicht, auch mal nichts zu sagen und faszinierende Naturschauspiele einfach zu beobachten.

Das macht die Tour einzigartig!

- Die frei fließende Isel
- Die vielfältige Flora und Fauna am Ufer
- Ursprung am Umbalkees

Zum Etappenende in **Matrei** müssen sich die Wanderer von der Isel verabschieden, um das Ortszentrum mit Unterkünften zu erreichen. Die flächenmäßig größte Gemeinde Osttirols liegt an der Schnittstelle des Virgen- und Tauerntals. Nordseitig durchsticht der Felbertauerntunnel die Hohen Tauern und ermöglicht eine Verkehrsverbindung ins Salzburger Pinzgau. Der höchste Punkt im Gemeindegebiet von Matrei ist der bekannte **Großvenediger** mit 3657 Metern, der jedoch aufgrund des Klimawandels immer kleiner wird. In den 1980er-Jahren war er noch rund 17 Meter höher. Dass man von seinem Gipfel nach Venedig sieht, ist mehr Legende als Realität.

Man nähert sich immer rasanter den hohen Bergen Osttirols. Das tief eingeschnittene **Virgental** gibt einen ersten Einblick darauf, die Isel zeigt sich zunehmender von ihrer wilden Seite. Der Trail verläuft auf der Schattenseite des Tals an den **Virgener Katarakten** vorbei und sucht sich zwischen den Ortsteilen Welzelach und Bobojach einen Weg durch die etwa einen Kilometer lange **Schlucht**. Diese betrachtet man aus sicherer Höhe, wieder etwas ruhiger fließt die Isel bei Prägraten. Die ersten Gletscherblicke bereiten die Wanderer auf das noch Kommende vor.

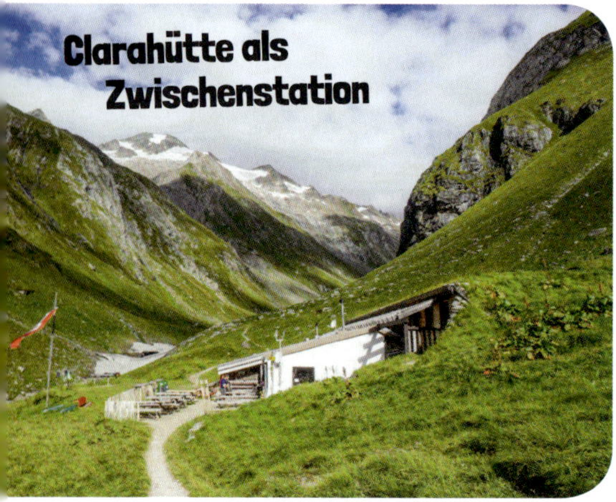

Am weiteren Weg zur Clarahütte auf über 2000 Metern sind nun so viele Höhenmeter zu bewältigen, wie es bislang nach **Prägraten** zu überwinden galt. Ab hier nimmt die Isel etwas Fahrt auf. Anfänglich wirkt das noch eher gemütlich, doch ab der letzten Talansiedlung Ströden geht's rasant dahin. Vor einer Kapelle befindet sich auch die letzte Bushaltestelle und eine Parkmöglichkeit, bevor die Strecke ins Umbaltal weiterführt. Von einer Felskanzel blickt man auf die bereits imposante Glo-Schlucht hinab, ehe die Isel an der **Islitzeralm** wieder etwas ruhiger fließt. Die Wanderer kommen nun den spektakulären Umbalfällen besonders nahe. Einige Plattformen ragen über das Wasser, teilweise spürt man die erfrischende Gischt der tosenden Isel. Die **Umbalfälle** sind auch das Tor in den Nationalpark Hohe Tauern. Ein prächtiger Wanderweg führt, mit Blick auf die Gletscher unterhalb der Rötspitze, zur **Clarahütte**. Ihr Aussehen überrascht und erinnert nicht an klassische Schutzhütten in den Alpen. Sie ist direkt in den Hang gebaut und schützt sich auf diese Art vor Lawinen und Steinschlag. Will man hier nächtigen, ist eine vorherige Anmeldung unbedingt erforderlich.

Die letzte Etappe beginnt an der Clarahütte, führt zum Umbalkees und endet wieder im Tal im bereits bekannten Ströden. Man dringt in die hochalpine Wildnis des Umbaltals ein. Blumenreiche Wiesenmatten führen über eine **Geländestufe** hinweg. Bis hierhin ragte einmal das **Umbalkees**. Die Gletscherzunge erreicht man auf rund 2500 Metern Seehöhe und somit auch den Ursprung der Isel. Eine **spitze Pyramide aus Stahl** dient dabei als gut sichtbares Merkmal. Darüber thront die Dreiherrenspitze und repräsentiert das Dreiländereck zwischen Italien, Salzburg und Osttirol. Das Ende der Wandertour ist erreicht. Für die Isel ist hier aber erst der Anfang.

FAZIT

Der Iseltrail in Osttirol ist ein beeindruckendes Naturschauspiel, wenngleich auf drei von fünf Etappen die Bautätigkeit des Menschen ständige Begleiterin ist. Dass man aber hier einen frei fließenden Gletscherfluss zu Fuß und mit eigenen Augen erkundet, hat (leider) absoluten Seltenheitswert.

GUT ZU WISSEN

22

VON: Iselmündung in Lienz
BIS: Ursprung der Isel am Umbalkees
LÄNGE: 74 Kilometer
HÖHENMETER: 2170
ETAPPEN: 5
MARKIERUNG: gelbe Beschilderung mit Logo des Iseltrails
HÖCHSTER PUNKT: 2500 Meter, am Umbalkees

DAS BRAUCHE ICH:

- Vorsicht beim Betreten von Uferflächen
- Schlafsack bei Nächtigung in der Clarahütte
- Festes Schuhwerk am Weg zum Umbalkees

Abenteuer 3/5
Natur 4/5
Schwierigkeit 3/5

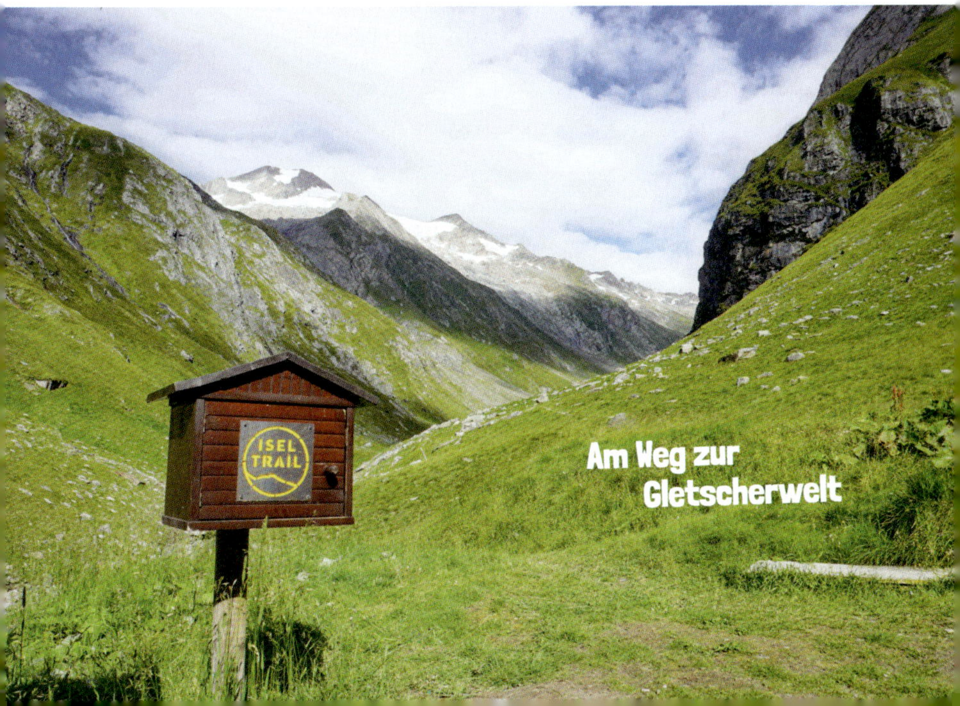

Am Weg zur Gletscherwelt

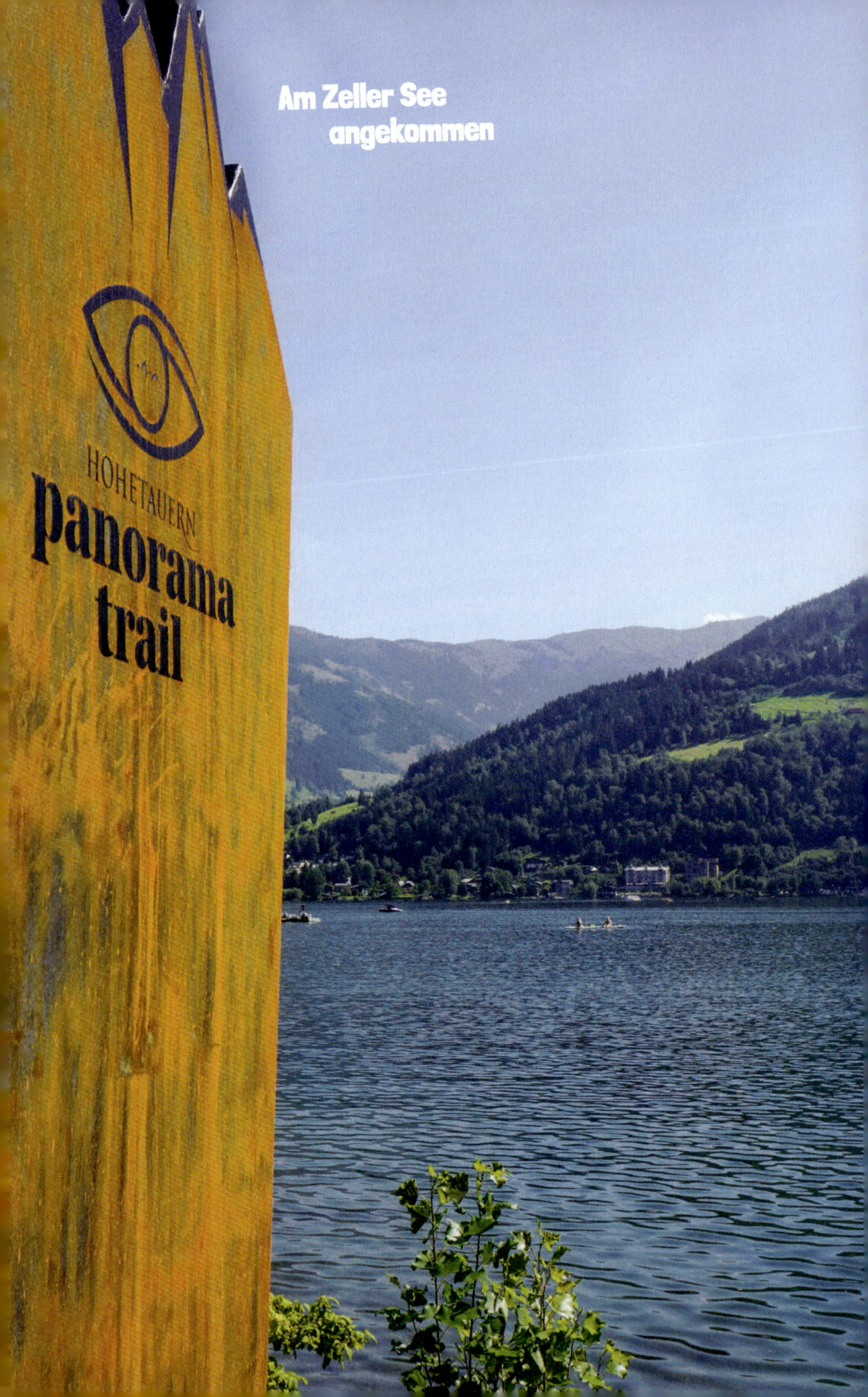

Am Zeller See angekommen

Im Herzen der Ostalpen befindet sich die hochalpine Landschaft der Hohen Tauern, diesen hohen Bergen kommt die Strecke aber nur am Beginn nahe. Den Großteil der Wanderzeit blickt man vom Sonnenbalkon der Kitzbüheler Alpen auf die höchsten Gipfel der österreichischen Alpen. Der Panoramaweg führt von den Krimmler Wasserfällen zum Zeller See, dazwischen liegen aussichtsreiche und sonnenfreudige Wandertage.

Der Hohe Tauern Panorama Trail

Von Krimml nach Zell am See

Rund 1,5 Stunden dauert die Fahrt mit der schmalspurigen **Pinzgauer Lokalbahn** von Zell am See nach Krimml. Setzt man sich dabei an die rechte Zugseite, überblickt man beinahe die gesamte Wanderstrecke im Schnellverfahren. Der Hohe Tauern Panorama Trail startet an der Tourismusinformation in Krimml und führt zugleich ohne Umwege zu den beeindruckenden **Krimmler Wasserfällen**. Mit einer Gesamthöhe von 385 Metern sind sie die höchsten Wasserfälle Österreichs. Vor allem im Abstieg nähert man sich dem erfrischenden Erlebnis. Hier befinden sich die Wanderer auch kurzzeitig im Nationalpark Hohe Tauern.

Wieder im Tal angekommen, führt die Route nun abermals in die Höhe. Nach 600 Höhenmetern landet man, wie es der Ortsname treffend formuliert, in Hochkrimml. In diesem Höhenort endet die erste erlebnisreiche Etappe. Unweit davon befindet sich mit dem „Sieben Möser“ ein seltenes **subalpines Ringhochmoor**, das man auch vom 2039 Meter hohen Plattenkogel überblickt. Am Leitenkammersteig in das Wildgerlostal sind Trittsicherheit und eine gewisse Schwindelfreiheit erforderlich. Hat man den Talboden erreicht, ist zumindest der schwierigste Wegabschnitt der gesamten Strecke gemeistert. Der Trail führt anschließend vom Gerlospass in das **Almdorf Königsleiten**. Die restlichen acht Etappen führen ab hier besonders aussichtsreich entlang der südlichen Kitzbüheler Alpen ostwärts.

INFO

Der Zeller See entstand nach der letzten Eiszeit aus den Ausschürfungen von Eismassen der Glocknergruppe.

Die Salzach mündet nach vielen Flusskilometern im Nachbarbundesland Oberösterreich in den Inn. Am Panorama Trail kommen die Wanderer den Ursprüngen des Flusses aber sehr nahe. Die Strecke führt im **Salzachtal** bergwärts, zweigt jedoch vor den Ursprungsquellen ab. Diese liegen weiter hinten im Talschluss unterhalb des Gipfels des Salzachgeiers. Vom Salzachjoch ist es nicht mehr weit zum Doppelgipfel des **Kröndlhorns**. Der mit 2444 Metern höchste Punkt am Hohe Tauern Panorama Trail überrascht mit einer hölzernen Gipfelkapelle. Der felsige Gipfelaufbau und die Fernsichten auf die Gletscher der Hohen Tauern sorgen für eine ganz besondere Ruhestimmung.

Almen weisen den Weg in die Ortschaft **Neukirchen am Großvenediger** im Oberpinzgau. Südlich des Tals betrachtet man das Ober- und Untersulzbachtal. Beide Täler sind außergewöhnlich schöne Wandergebiete im Nationalpark Hohe Tauern und, vor

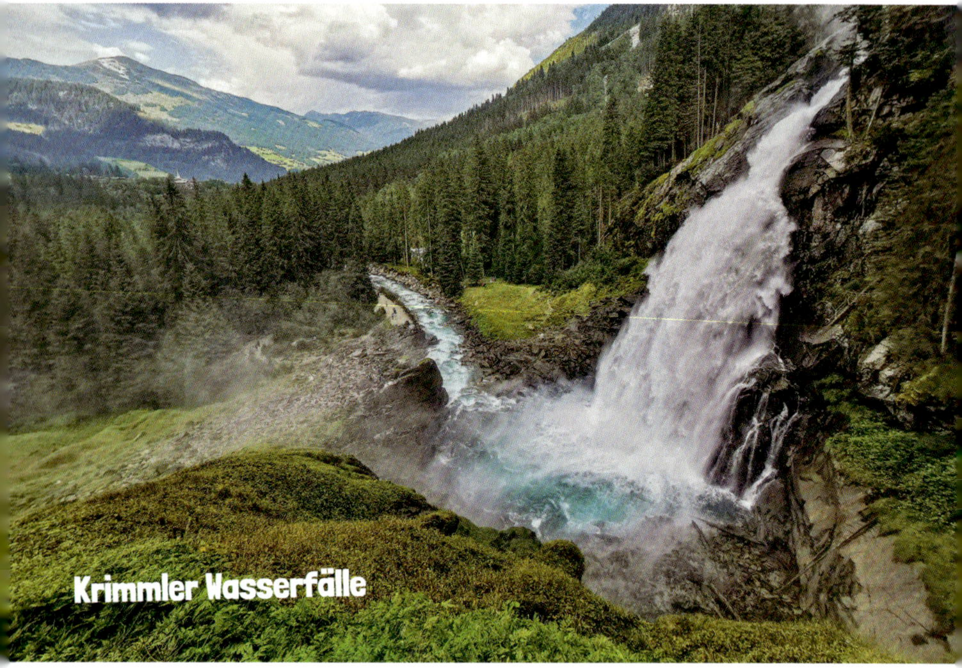

Krimmler Wasserfälle

allem das Obersulzbachtal, als Zugang für die Großvenedigerbesteigung beliebt. Von Neukirchen führt die Strecke wieder bergwärts in Richtung **Wildkogel**. Mit dem Frühmesser liegt ein weiterer Gipfel direkt am Weg, andere 2000er sind zum Greifen nahe. Wie auch der Wildkogel. Bereits im 19. Jahrhundert wurde der Rundblick von diesem Gipfel in der Literatur beschrieben. Die faszinierenden Panoramen haben sich seither nur wenig verändert.

Vom benachbarten Wildkogelhaus führt ein prächtiger Kammweg zum weithin sichtbaren Großen Rettenstein. Dieser **markante Berg** sticht aus der eher sanften Landschaft der Kitzbüheler Alpen hervor. Ein markierter Abstecher führt zum Gipfelkreuz auf fast 2366 Metern. Dieses steht aber nicht am Hauptgipfel, der wäre nur kletternd zu erreichen. Nahe dem Grenzverlauf zu Tirol führt der Trail über Grasberge zur **Panoramaalm**. Nomen est omen, so viel sei gesagt. Durch ein Skigebiet steigen die Wanderer hinab zum Pass Thurn, passieren das Naturschutzgebiet Wasenmoos und landen im Salzachtal. Das sehenswerte **Nationalparkzentrum von Mittersill** liegt etwas außerhalb des Ortskerns. In diesem modernen Gebäude lernen Wanderer die alpine Lebenswelt der Hohen Tauern kennen. Die Route führt nun von Mittersill hinauf zur unbewirtschafteten Liendlalm. Rückseitig blickt man wieder hinab auf Mittersill, etwas weiter im Süden streckt sich das Felbertal in die Hohen Tauern. Deren Straße durch den Felbertauerntunnel durchsticht hier das Gebirge nach Osttirol. Oberirdisch unterbricht auch der Nationalpark Hohe Tauern sein Schutzgebiet auf diesem Verkehrsstreifen.

Das macht die Tour einzigartig!

- Krimmler Wasserfälle
- Die Ausblicke in die Hohen Tauern
- Ankunft am Zeller See

Über Almböden und zwei Scharten wandert man zur bewirtschafteten urigen **Bürglhütte**. Sie liegt am Fuße des Geißsteins. Gemolken wird hier jeden Tag, die Erzeugnisse landen früher oder später auf dem Tisch und füllen die Energiespeicher vorbeiziehender Wanderer auf. Der Geißstein wird

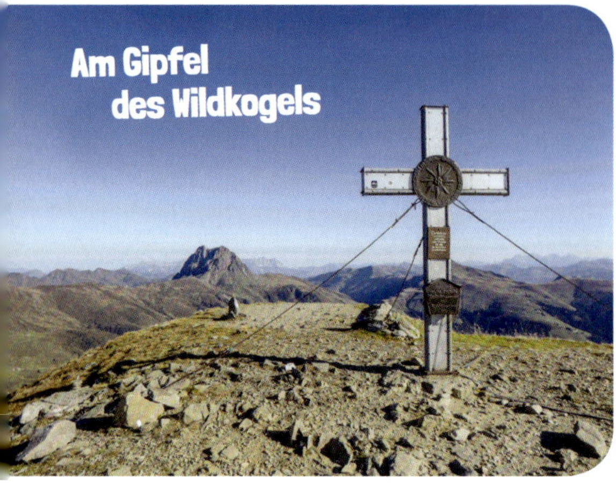

Am Gipfel des Wildkogels

von den Einheimischen als „höchster Grasberg Europas" bezeichnet. Dieser Titel ist jedoch nicht eindeutig, siehe Gamskarkogel am Salzburger Almenweg. Am berühmten **Pinzgauer Spaziergang** wandert man weiter Richtung Osten, zweigt jedoch zur Manlitzkarhütte ab. Denn diese Einkehrmöglichkeit ist die einzige Raststation am Weg zum Ziel der Etappe 8. Auf der Sonnenterrasse genießen Wanderer Ruhe und Erholung, aussichtsreich gestaltet sich der Fernblick wie eh und je.

Von der **Uttendorfer Hochsonnbergalm** ist jedoch ein Shuttletaxi nach Piesendorf oder Walchen notwendig. Konditionsstarke Wanderer hängen die folgende Etappe zur **Pinzgauer Hütte** aber auch einfach an. Diese führt weiterhin am Pinzgauer Spaziergang entlang, der hier auch vom **Arnoweg** begleitet wird. Dieser Weitwanderweg führt gänzlich rund um das Bundesland Salzburg. Von der Sonnenterrasse der Pinzgauer Hütte blickt man Richtung Kitzsteinhorn, und bei guter Sicht zeigt sich auch der Großglockner. Nur: Das ist eigentlich keine Seltenheit. Der Hohe Tauern Panorama Trail hält, was er verspricht.

Von der Hütte ist es nicht mehr weit zur **Schmittenhöhe** oberhalb von Zell am See. Im Winter ein beliebtes Skigebiet, im Sommer tummeln sich hier Wanderer und Sonnenanbeter. Das Panorama verschiebt sich allmählich auf den Zeller See, das Steinerne Meer und den Hochkönig. Ein untrügerisches Zeichen dafür, dass die Wanderung ihrem Ende zugeht. Hat man bereits genug Kilometer in den Beinen, nimmt man die Seilbahn als Abstiegshilfe gerne an. Zu Fuß aber führt ein prächtiger Höhenweg am Sonnkogel vorbei, ehe der Abstieg in die international beliebte Urlaubsdestination Zell am See beginnt. An der **Seepromenade**, direkt am Hinterausgang des Bahnhofs, endet der Hohe Tauern Panorama Trail.

FAZIT

Eine durchaus gemütliche, aber nicht zu unterschätzende Wandertour in den Kitzbüheler Alpen. Die Aussichten sind grandios, und dies nicht nur in die Hohen Tauern. Tagelang hat man das Gefühl, eine hochgelegene Sonnenterrasse entlangzuwandern, deren Verlauf nur von urigen Hütten und markanten Gipfeln unterbrochen wird.

GUT ZU WISSEN

VON: Krimml
BIS: Zell am See
LÄNGE: 153 Kilometer
HÖHENMETER: 9000
ETAPPEN: 10
MARKIERUNG: Routenname mit weißem Auge und Bergsilhouette auf grünem Untergrund
HÖCHSTER PUNKT: 2444 Meter, Kröndlhorn

DAS BRAUCHE ICH:

- Festes Schuhwerk und Schlafsack
- Ticket für die Krimmler Wasserfälle (löst man beim Zurückgehen)
- Sonnenschutz, da der Weg oft nach Süden hin offen ist

Abenteuer 4/5
Natur 4/5
Schwierigkeit 3/5

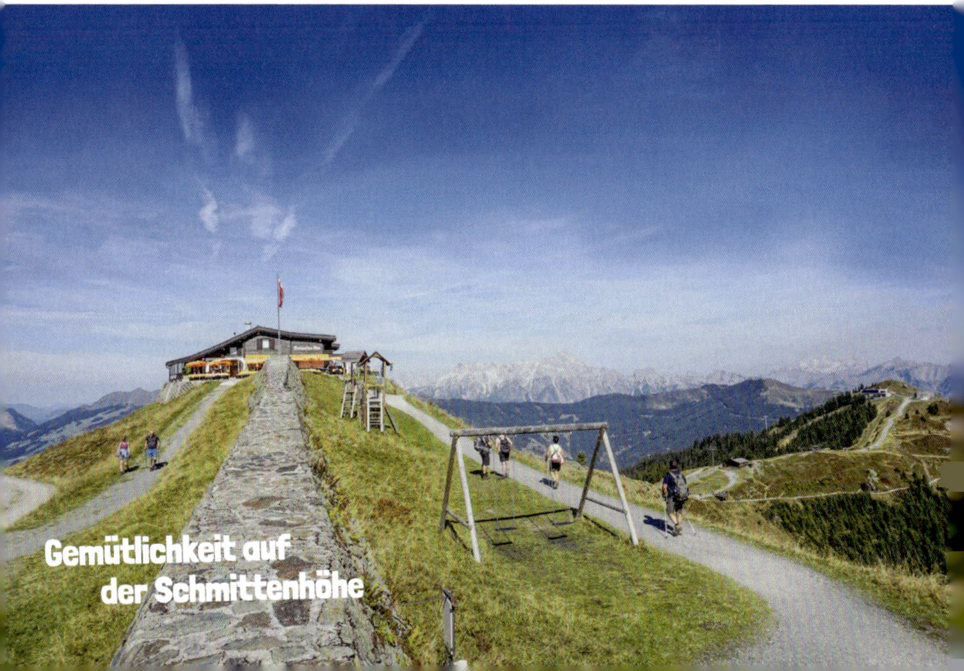

Gemütlichkeit auf der Schmittenhöhe

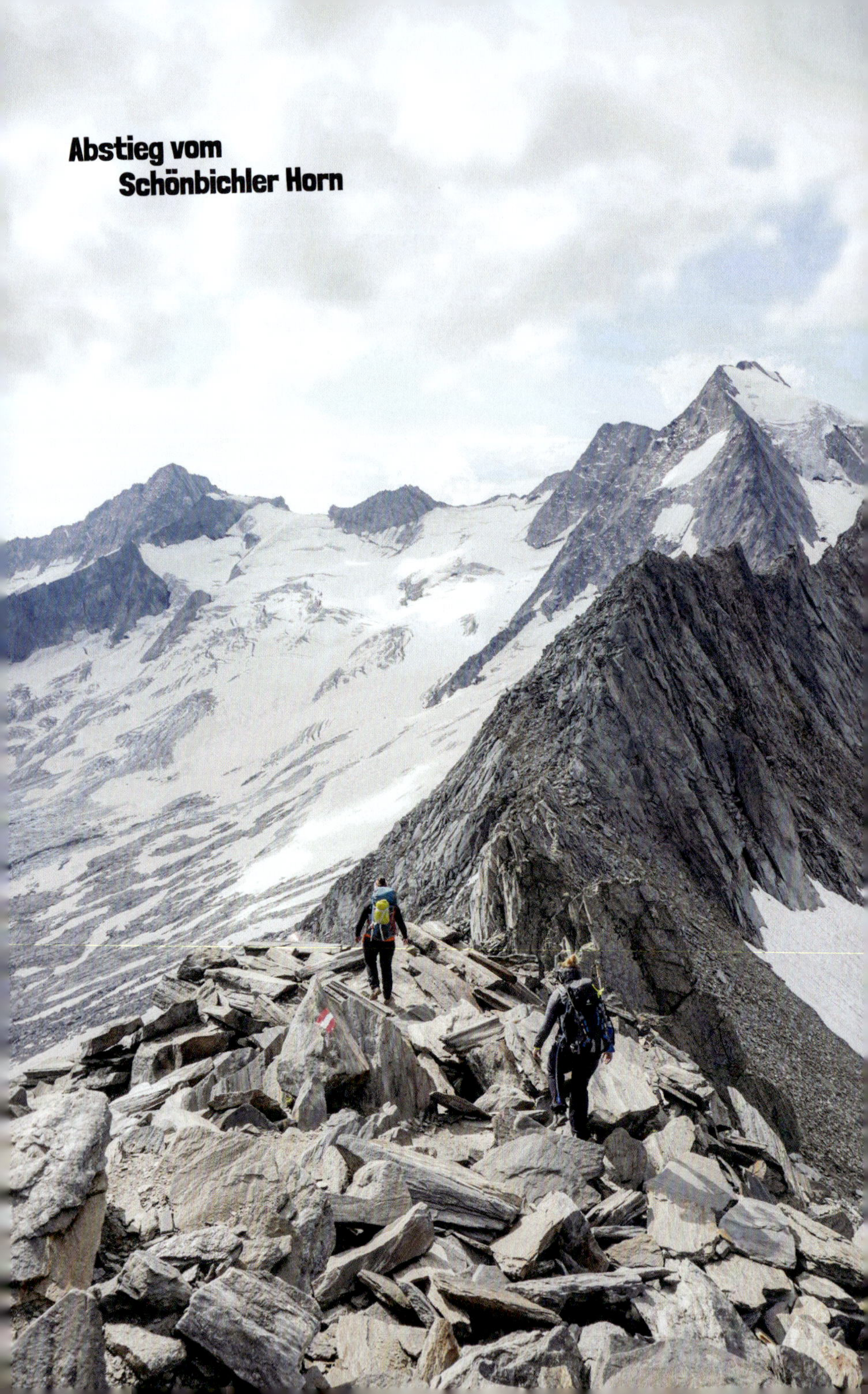

Abstieg vom Schönbichler Horn

Im 19. Jahrhundert war es die Sektion Berlin des Alpenvereins, die sich in dieser Bergregion aktiv zeigte und 1879 die Berliner Hütte errichtete. Zehn Jahre später entstand ein hochalpiner Steig über das 3134 Meter hohe Schönbichler Horn zum neu errichteten Furtschaglhaus. Dieser Übergang bildet heute das Herz des Berliner Höhenwegs und diente damals als Vorbild für viele weitere Hüttentouren im gesamten Alpenraum.

Der Zustieg zur Gamshütte startet im Ortszentrum von Finkenberg im Zillertal. In Kehren führt der Hermann-Hecht-Weg

Der Berliner Höhenweg

3000er zum Mitnehmen

zum ersten Etappenziel. Rund vier bis fünf Stunden sind für die ersten 1000 Höhenmeter einzuplanen. Und der Höhenweg endet gleich mal auf einer **urigen Hütte**. Am nördlichen Ausläufer des Tuxer Kamms befinden sich in der Gamshütte 38 kuschlige Lagerplätze, davon manche auch in einem Nebenhaus. Ein gemeinsamer Waschraum und eine **charmante Außendusche** ergänzen das Angebot. Duschen werden allerdings – zumindest auf hochalpinen Höhenwegen – sowieso überbewertet.

Das Frühstück in der Gamshütte nimmt man schon relativ bald zu sich, denn die zweite Etappe zeigt mit rund neun Stunden Gehzeit gleich mal ihre Zähne. Die steilen Grasflanken des Vorderen Grinbergs verlangen Konzentration, die weiteren An- und Abstiege Trittsicherheit. Mit tollem Panorama zum idyllisch gelegenen Wesendlekarsee wandert man in einem Bogen zum **Friesenberghaus** auf fast 2500 Metern. Hier hat sich eine **internationale Begegnungsstätte gegen Intoleranz und Hass** etabliert, dies ist ihrer Entstehungsgeschichte geschuldet. Im Jahr 1921 schaffte es ein „Arierparagraph“ in die Satzung der Alpenverein-Sektion Austria. Aus Protest dagegen gründeten jüdische und auch nichtjüdische Mitglieder die Sektion Donauland, die sich in den Folgejahren zur drittgrößten österreichischen Sektion entwickelte. Ende 1924 wurde jedoch Donauland, angestrebt von den deutschvölkischen Sektionen, aus dem Alpenverein ausgeschlossen. Nur zwölf von mehr als 300 Sektionen versuchten, den Ausschluss zu verhindern. Aus Solidarität gründeten 600 Berliner Bergsteiger den „Deutschen Alpenverein Berlin“, und gemeinsam mit Donauland planten und erbauten sie das Friesenberghaus. Ab 1931 wurde es bewirtschaftet. 1934 wurde der Berliner Verein von den Nationalsozialisten verboten, Donauland folgte 1938 nach dem Anschluss Österreichs. Die wenigen Holocaust-Überlebenden der Sektion Donauland übertrugen 1968 das Haus an die Sektion Berlin. Im Friesenberghaus erinnern **zwölf Holzstühle** an die Widerstandsektionen von 1924.

Nach der langen zweiten Etappe kommt die kurze Etappe zur **Olpererhütte** gerade recht. Kurz vorher wird eine **kleine Hängebrücke** gequert, von welcher sich ein wahrlich prächtiger Blick

INFO

Das Hornkees verlor in nur einem Jahr zwischen 2019 und 2020 mehr als 100 Meter an Länge. Damit setzte es sich auf Platz 1 einer unrühmlichen Rangliste österreichischer Gletscher.

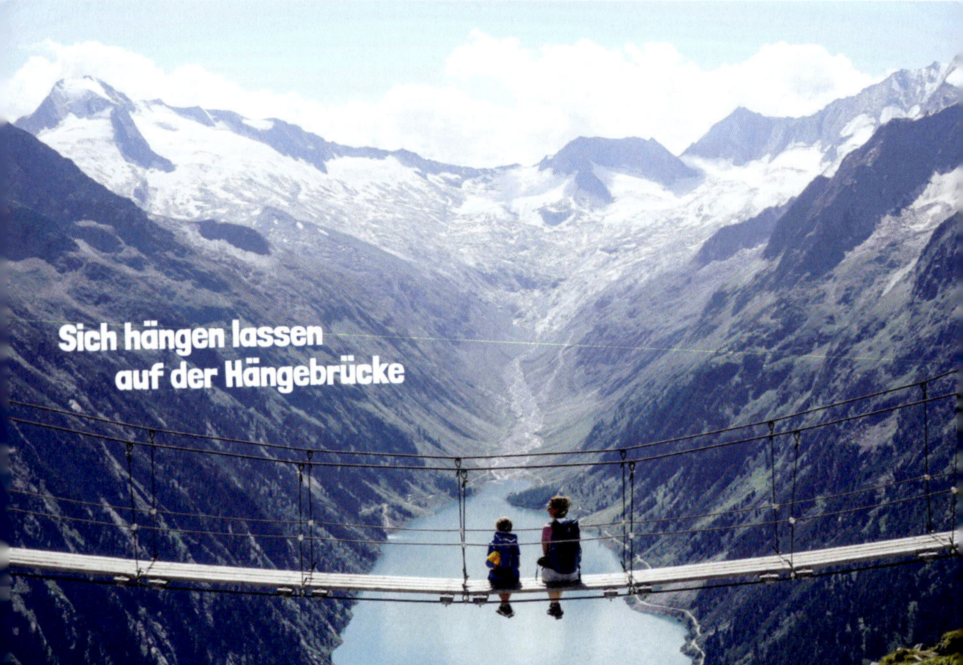

Sich hängen lassen auf der Hängebrücke

über den Schlegeisspeicher hinweg zum Schlegeiskees präsentiert. Dieses Fotomotiv wird aber nicht nur von Höhenwegs-Wanderern ins Visier genommen. Die Aussicht gilt als „instagrammable", also ist es wert, dass davon ein Foto in Social-Media-Kanälen landet. Dementsprechend kann es vorkommen, dass man an schönen Tagen an der Brücke kurz warten muss, weil sich gerade jemand in Pose wirft. Aber was soll man sagen: Der Ausblick ist wirklich fabelhaft! Rund 600 Meter steigt man von der Olpererhütte zum **Schlegeisspeicher** mit Parkplätzen und Bushaltestelle ab. Nach dem Trubel wandert man am Westufer des Speichersees entlang und steigt – wieder auf ruhigen Pfaden – zum **Furtschaglhaus** hoch. Die Gletscherwelten um den Großen Möseler und den Hochfeiler dominieren das Panorama.

Das macht die Tour einzigartig!

- Die sehenswerte Berliner Hütte
- Ein gangbarer Dreitausender
- Die „Widerstandsstühle" im Friesenberghaus

Die fünfte Etappe ist das **Herzstück** des Berliner Höhenwegs. Zuerst wandert man auf mäßig steilen Pfaden über Grashänge bergwärts und steigt durch Schuttflanken zu einer steilen und versicherten Rinne hoch. Diese führt auf den Südgrat, die 3000er-Marke hat man hier bereits überschritten. Es geht luftig in die Höhe zu einer versicherten Weggabelung. Nun führt der Weg hinab Richtung Berliner Hütte, doch kaum jemand wird die wenigen Höhenmeter zum 3134 Meter hohen **Schönbichler Horn** auslassen. Was für ein prachtvolles Panorama!

Im Abstieg heißt es vor allem zu Beginn Konzentration bewahren. Es geht steil versichert hinab zum **Nordostgrat** mit fabelhafter Aussicht, in der Ferne erblickt man bereits die Berliner Hütte. Über die Seitenmoräne des **Waxeggkees** erreicht man einen Gletscherbach, quert diesen zum Gletscherabfluss vom Hornkees und wandert über Gletscherschliffplatten zur **Berliner Hütte**. Vor rund 150 Jahren reichte das Hornkees noch bis zur Hütte. Die Berliner Hütte könnte die jüngste Gletschergeschichte viel ausführlicher erzählen, das Alter hätte sie dafür. 1879 erbaut, mit 180 Übernachtungsplätzen die größte Hütte im Zillertal, 1997 als erste Schutzhütte Österreichs unter **Denkmal-**

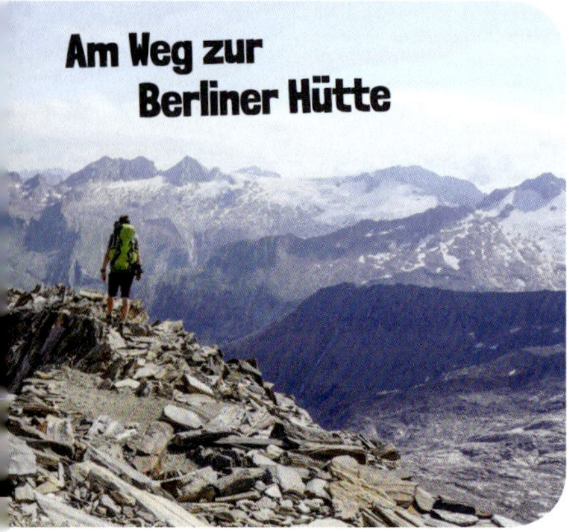

Am Weg zur Berliner Hütte

schutz gestellt. Allein schon der holzgetäfelte und rund fünf Meter hohe Speisesaal mit Lustern ist sehenswert. Das hohe Foyer, Schilder vergangener Tage und alte Einrichtungsgegenstände katapultieren die Nächtigungsgäste zurück in eine andere Zeit.

Nach dem **Frühstück unter Lustern** führt der Berliner Höhenweg zum prächtigen Schwarzsee und von dort in steilen Serpentinen zur Mörchenscharte auf 2872 Metern hoch, dem zweithöchsten Punkt der gesamten Route. Der Weg hinab in den Floitengrund ist mit Seilversicherungen und einer Leiter versehen. Hat man den Floitenbach überquert, warten noch 400 kurvenreiche Höhenmeter zur **Greizer Hütte**. Die siebte Etappe zur Kasseler Hütte ist in diesem hochalpinen Bereich der am wenigsten anspruchsvolle Wegabschnitt, einzig über der Schlucht der Elsenklamm wartet eine **seilversicherte Stelle** auf die Wanderer.

Da glaubt man, alle Schwierigkeiten am Berliner Höhenweg sind gemeistert, kommt der **Aschaffenburger Höhenweg** angerauscht. Früher hieß dieser noch Siebenschneidensteig, weil dabei sieben Grate überquert werden. Bei nasser Witterung ist dieser Weg äußerst anspruchsvoll. Ein Abstieg zwischendurch ist auch nicht möglich, die **Wasserstellen sind rar**, als Notunterkunft dient das Aschaffenburger Biwak. Felsblöcke, steile Grashänge, leichte Klettereien mit Seilversicherung: Dieser Abschnitt bemüht die Beinmuskulatur zwar nicht mit hohen Auf- oder Abstiegen, aber auch Kleinvieh macht bekanntlich Mist. So freut man sich, wenn man die **Karl-von-Edel-Hütte** am Berliner Höhenweg erreicht hat.

Der Abstieg nach Mayrhofen kann nun auf zweierlei Wegen bewältigt werden. Entweder mit der nicht weit entfernten **Ahornbahn** oder über den Fußweg. Hierfür steigt man zum Gasthaus Alpenrose ab und erreicht über einen Waldweg die flächenmäßig viertgrößte Gemeinde Tirols. In Mayrhofen endet der Berliner Höhenweg, doch jedes Ende ist auch ein Anfang. Also, wo geht's jetzt hin?

FAZIT

Der Berliner Höhenweg ist einer der schwierigsten, aber auch spektakulärsten Wanderwege Österreichs. Die Kirsche am Sahnetörtchen ist gewiss die Besteigung des 3134 Meter hohen Schönbichler Horns. Entsprechende Bergerfahrung und stabiles Wetter sind für die gesamte Tour Voraussetzung.

GUT ZU WISSEN

24

VON: Finkenberg
BIS: Mayrhofen im Zillertal
LÄNGE: 81 Kilometer
HÖHENMETER: 8240
ETAPPEN: 8
MARKIERUNG: rot-weiß-rote Markierungen, gelbe Wegweiser mit Wegbezeichnung
HÖCHSTER PUNKT: 3134 Meter, Schönbichler Horn

DAS BRAUCHE ICH:

- Trittsicherheit und Schwindelfreiheit
- Stabiles und schönes Wetter
- Geduld am Fotospot vor der Olpererhütte

Abenteuer
Natur
Schwierigkeit

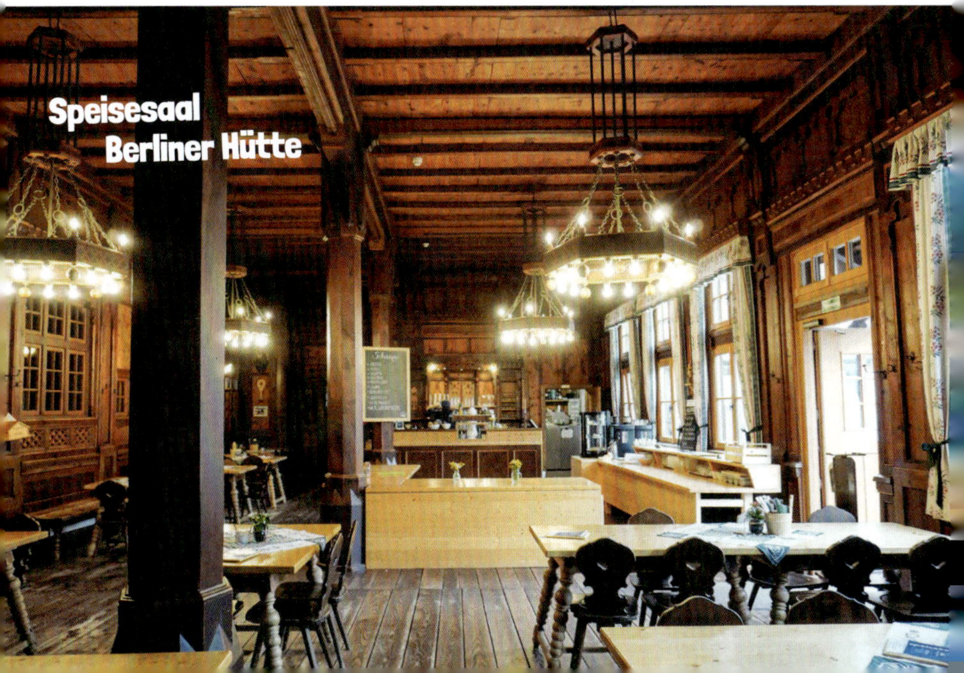

Speisesaal Berliner Hütte

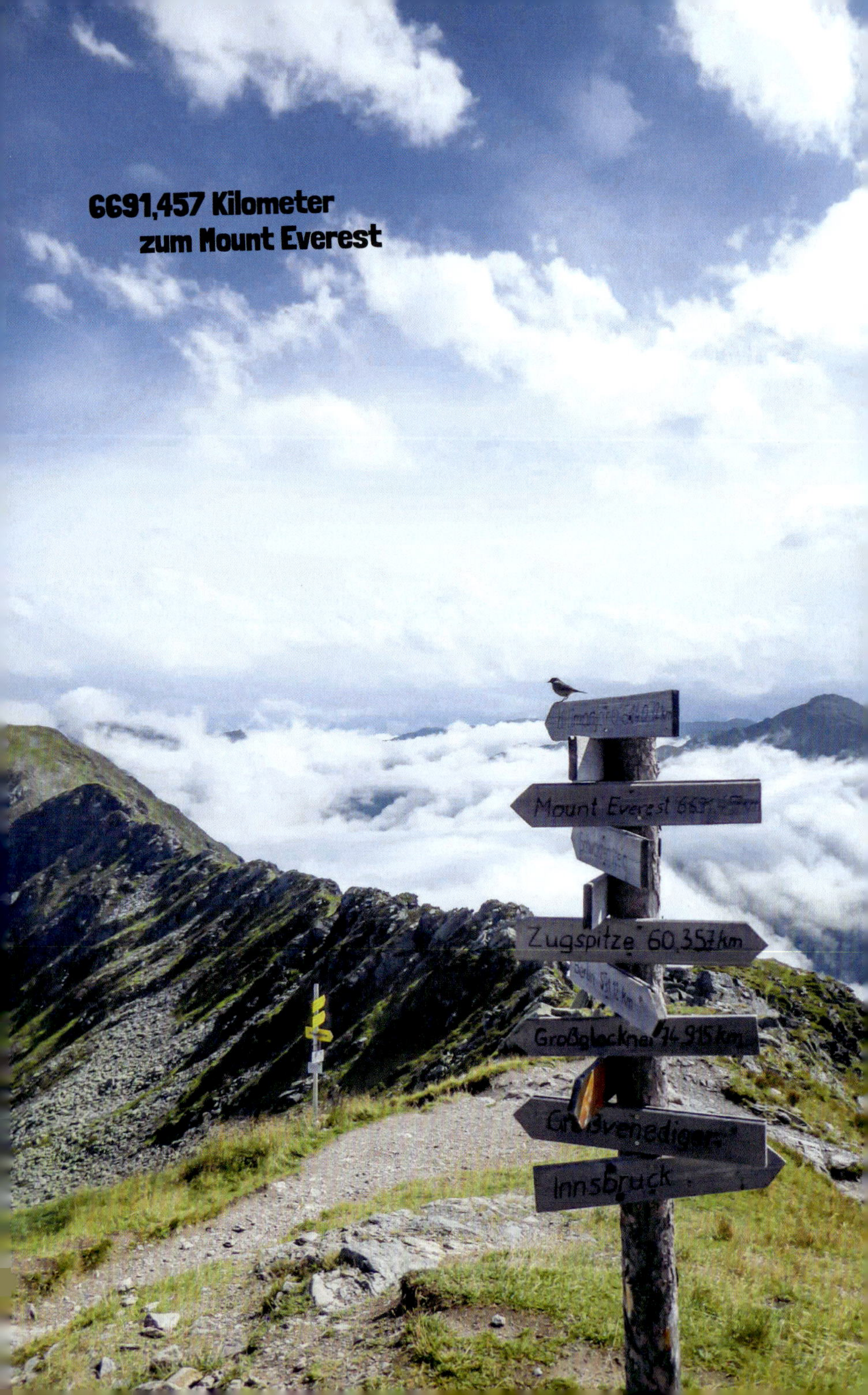

6691,457 Kilometer
zum Mount Everest

Während sich das Inntal in nördlicher Richtung befindet, ergeben sich im Süden fabelhafte Ausblicke auf die Gletscherberge der Stubaier Alpen. Der Höhenweg durch die Tuxer Alpen ist vor allem einer für Gipfelsammler. Besonderes Highlight ist der Gratweg zwischen Glungezer und Lizumer Hütte. Denn die Route über die „seven TuXer summits" überschreitet – man kann es sich bereits denken – sieben Gipfel.

Der Inntaler Höhenweg beginnt in der Stadt Innsbruck, die Wandertour startet aber auf deren Hausberg. Mit mechanischer

Der Inntaler Höhenweg

Quer durch die Tuxer Alpen

Unterstützung erreicht man den **Patscherkofel**. Auf der runden, unbewaldeten Kuppe der 2248 Meter hohen Erhebung werden immer wieder enorme Windgeschwindigkeiten von bis zu 180 km/h gemessen. Im rund 300 Meter unterhalb liegenden Patscherkofel-Schutzhaus ist man etwas vom Wind geschützt. Bevor sich die Wanderer auf den Weg machen, stärken sie sich nochmals im Schutzhaus oder besuchen den höchstgelegenen **botanischen Garten** Österreichs. Dieser liegt nur wenige Minuten von der Bergstation entfernt.

Hat man sich vom Patscherkofel entfernt, erwandert man mit dem **Zirbenweg** das erste natürliche Highlight des Inntaler Höhenwegs. Der große Zirbenbestand zählt zu den ältesten Europas. Vom Almgasthaus Boscheben führt danach die Route auf noch eher einfacheren Wanderwegen gemächlich bergauf, ehe nach mehreren Kehren ein kleiner Sattel überschritten wird. Hier erblickt man bereits die **Glungezer Hütte** am anderen Ende eines kleinen Kessels. Mit ihrem Standort auf 2610 Metern ist sie die höchstgelegene Hütte über dem Inntal und bekannt für einen grandiosen Sonnenaufgang. Am Abend zuvor genießt man bei Kerzenschein „Spaghetti à la Kathmandu" und wird vom Hütten-

INFO

Die Glungerzerhütte wurde im Jahr 1932 als hölzerne Skihütte errichtet, von ihr startete eine legendäre Skiabfahrt. Doch sie wurde rasch zu klein, bereits im Folgejahr baute man eine Hütte aus Stein.

wirt über die Wetterverhältnisse für den folgenden Tag informiert. Denn oft raschelt es hier bereits früh im Matratzenlager. Nicht nur um den bereits erwähnten **Sonnenaufgang** zu bestaunen, sondern auch weil die zweite Etappe am Inntaler Höhenweg die anspruchsvollste und längste der gesamten Tour ist. Rund acht Stunden Gehzeit sind am Weg über die **„seven TuXer summits"** zur Lizumer Hütte einzuplanen. Auch setzt diese Etappe eine gute Tourenplanung voraus. Das Etappenziel befindet sich nämlich mitten in einem **Bundesheer-Truppenübungsplatz**. In Zeiten von Übungen sind die Wege grundsätzlich gesperrt und nur ausnahmsweise nutzbar. Auskünfte über Ausweichrouten und aktuelle Bedingungen gibt der Hüttenwirt der Glungezer Hütte bekannt.

Sind alle Formalitäten geklärt, genug Wasser aufgefüllt und zeigt sich das Wetter von seiner schönen Seite, kann der Glungezer

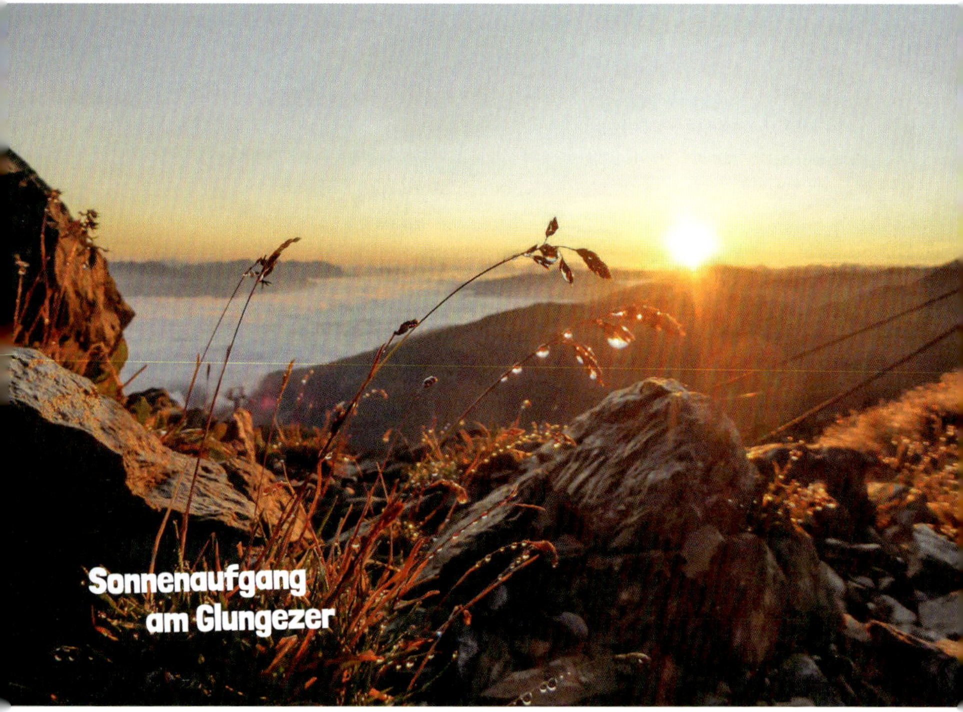

Sonnenaufgang am Glungezer

als erster Gipfelsieg verbucht werden. Trittsicherheit und mancher Handeinsatz sind auf dem meist steiglosen, aber markierten **Grat** notwendig. Das **Rosenjoch** mit 2796 Metern ist der höchste Punkt am gesamten Höhenweg und die goldene Mitte aller sieben Gipfel. Bei Schlechtwetter umgeht man den Grat sicherheitshalber über den markierten Gwannsteig zum **Naviser Jöchl**. Hierher kommt man auch über den regulären Weg und besteigt mit der Naviser Sonnenspitze den letzten der „seven TuXer summits“. Ab dem nachfolgenden Mölsjoch befindet man sich im begehbaren Teil des Truppenübungsplatzes und wandert teils auf einer Schotterstraße hinab zur **Lizumer Hütte**. Diese liegt in einem idyllischen Tal, in welchem ankommende Wanderer von **pfeifenden Murmeltieren** empfangen werden. Als Standort am Traumpfad München-Venedig ist in der Schutzhütte immer viel Betrieb.

Das macht die Tour einzigartig!

- **Sonnenaufgang am Glungezer**
- **Die „seven TuXer summits“**
- **Ausblick vom Kellerjoch ins Inntal**

Oberhalb der Kommandogebäude des Bundesheeres führt der Höhenweg stetig den Berghang zum **Grafennsjoch** auf 2450 Meter hoch. Hier ergeben sich noch zwei Gipfelmöglichkeiten, wobei der Aufstieg zur südlich gelegenen Hippoldspitze über steile Geröllpfade führt. Vom Joch wandert man 700 Höhenmeter hinab zur Grafennsalm, teils auf steilen Serpentinen. Der abschließende Übergang zur **Weidener Hütte** führt ohne große Höhenunterschiede durch einen schönen urtümlichen Zirbenwald. In der Weidener Hütte erwartet die hungrigen Wanderer **Tiroler Hausmannskost** aus regionalen Produkten. Aber auch nepalesische Speisen und kulinarische Angebote mit Wildkräutern finden sich auf der Speisekarte.

Die bereits vierte Etappe führt taleinwärts auf einer Almstraße an der Nafingalm vorbei und wechselt danach auf einen einfachen Wanderweg zum Nurpsenjoch. Etwas steiler und steiniger gestaltet sich der Aufstieg auf den 2762 Meter hohen **Rastkogel**. Und ja, hier lässt sich wunderbar auf halbem Weg zur Rastkogelhütte eine Pause einlegen. Im Abstieg passiert man **idyllische Bergseen** und blickt bereits auf das in der Ferne liegen-

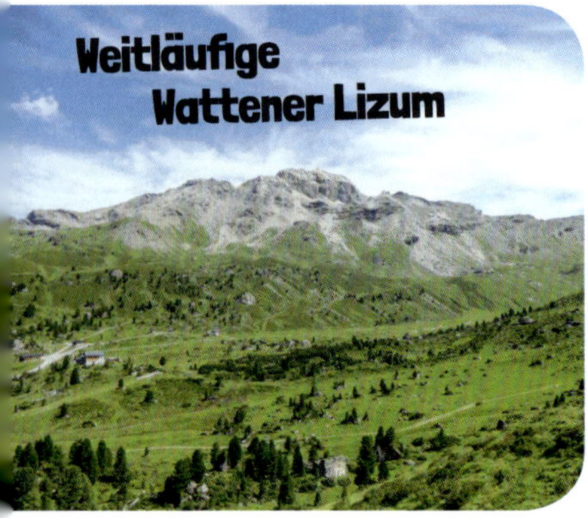

de Etappenziel. Vom Sidanjoch, das man am Folgetag auch wieder betritt, sind es nur noch wenige Minuten mit geringen Höhenunterschieden zur **Rastkogelhütte**. Hier eröffnet sich von der Sonnenterrasse ein prächtiges Panorama auf die Zillertaler Berge. Hat man noch etwas Schmalz in den Beinen übrig, lohnt es sich, die 200 Höhenmeter auf das naheliegende Kreuzjoch zu bewältigen.

Am fünften Tag kommen Wanderer der Zivilisation wieder etwas näher. Vom Sidanjoch geht es hinab zur Pfundsalm und talauswärts zum Pfundsalm-Niederleger. Hier könnte man in die Hotelsiedlung Hochfügen absteigen und etwas komfortabler nächtigen. Der „Inntaler" bleibt jedoch auf höherliegenden Wegen, quert Skipisten, passiert Almen und **Wacholderbüsche**. Im leichten Auf und Ab erreicht man den 1675 Meter hohen Loassattel. In vielen kurzen Serpentinen führt der Weg am Südhang des **Kuhmessers** bergan. Vom Sattel auf den Gipfel sind es rund 600 Höhenmeter. Nimmt man das spätere Kellerjoch nicht mit, ist dieser einer der letzten Gipfel am Höhenweg. Ein wunderbarer Panoramaweg führt zur **Kellerjochhütte** auf 2237 Metern. Das letzte Etappenziel – man kann es nicht anders sagen – thront über dem Inntal. Noch etwas höher befindet sich das Kellerjoch mit der gleichnamigen **Kapelle am Gipfel**. Der halbstündige Weg dorthin darf aber nicht unterschätzt werden. Seilversicherungen helfen über die glatten Felsplatten hinweg, Schwindelfreiheit schadet aber trotzdem nicht.

Nach der letzten Nacht am Inntaler Höhenweg beginnt der Abstieg ins Tal über den Jägersteig zum Hoch- und Niederleger der Naunzalm. Der Alte Kellerjochweg führt hinab nach **Grafenast** auf rund 1300 Metern. Im gleichnamigen Hotel können Interessierte ein **hauseigenes Skimuseum** besichtigen. Dann gibt es zwei Möglichkeiten: entweder mit dem Bus hinab nach **Schwaz** oder teils auf einem Rodelweg zum Schloss Freundsberg und am Lahnbach entlang ins Zentrum der Silberstadt. In einem der Schmankerl-Läden in der Altstadt endet für die Wanderer der Inntaler Höhenweg.

FAZIT

Ein eher wenig bekannter, aber nicht minder spektakulärer Höhenweg im Alpenraum. Die technischen Schwierigkeiten halten sich, abgesehen vom Wegabschnitt über die „seven TuXer summits", in Grenzen. Das macht den Weg besonders für jene attraktiv, die sich die anspruchsvolleren Höhenwege im Ziller- und Stubaital nicht zutrauen.

GUT ZU WISSEN

25

VON: Patscherkofel-Bergstation
BIS: Schwaz in Tirol
LÄNGE: 71 Kilometer
HÖHENMETER: 3760
ETAPPEN: 6
MARKIERUNG: rot-weiß-rote Markierungen, gelbe Wegweiser mit Wegbezeichnung
HÖCHSTER PUNKT: 2796 Meter, Rosenjoch

DAS BRAUCHE ICH:

- Infos über Sperrzeiten des Truppenübungsplatzes
- Stabiles Wetter für den Gratweg
- Platz im Magen für Tiroler Knödel

Abenteuer
Natur
Schwierigkeit

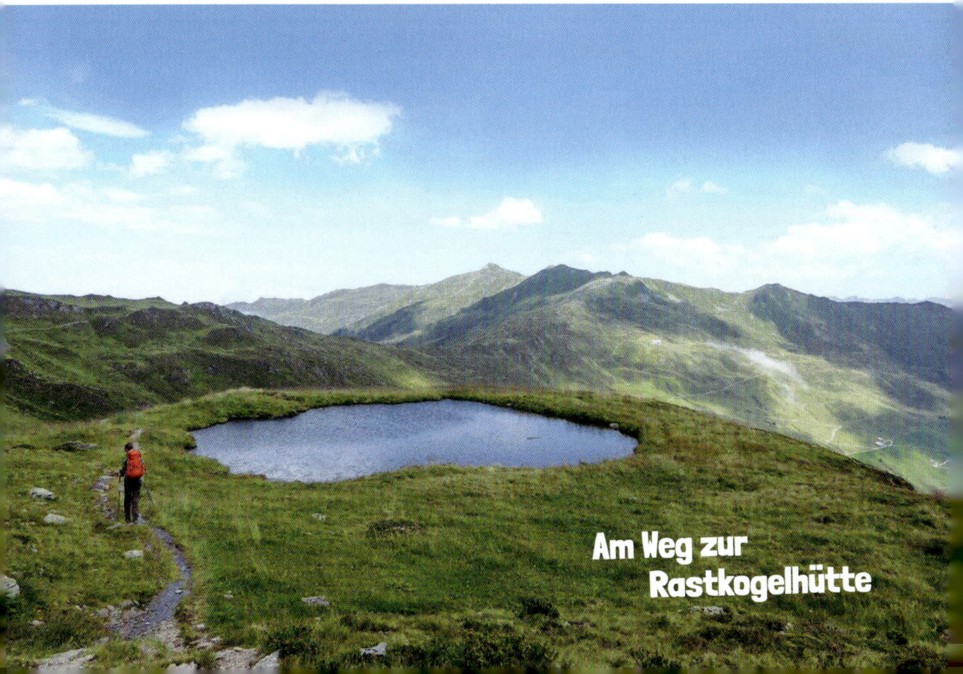

Am Weg zur Rastkogelhütte

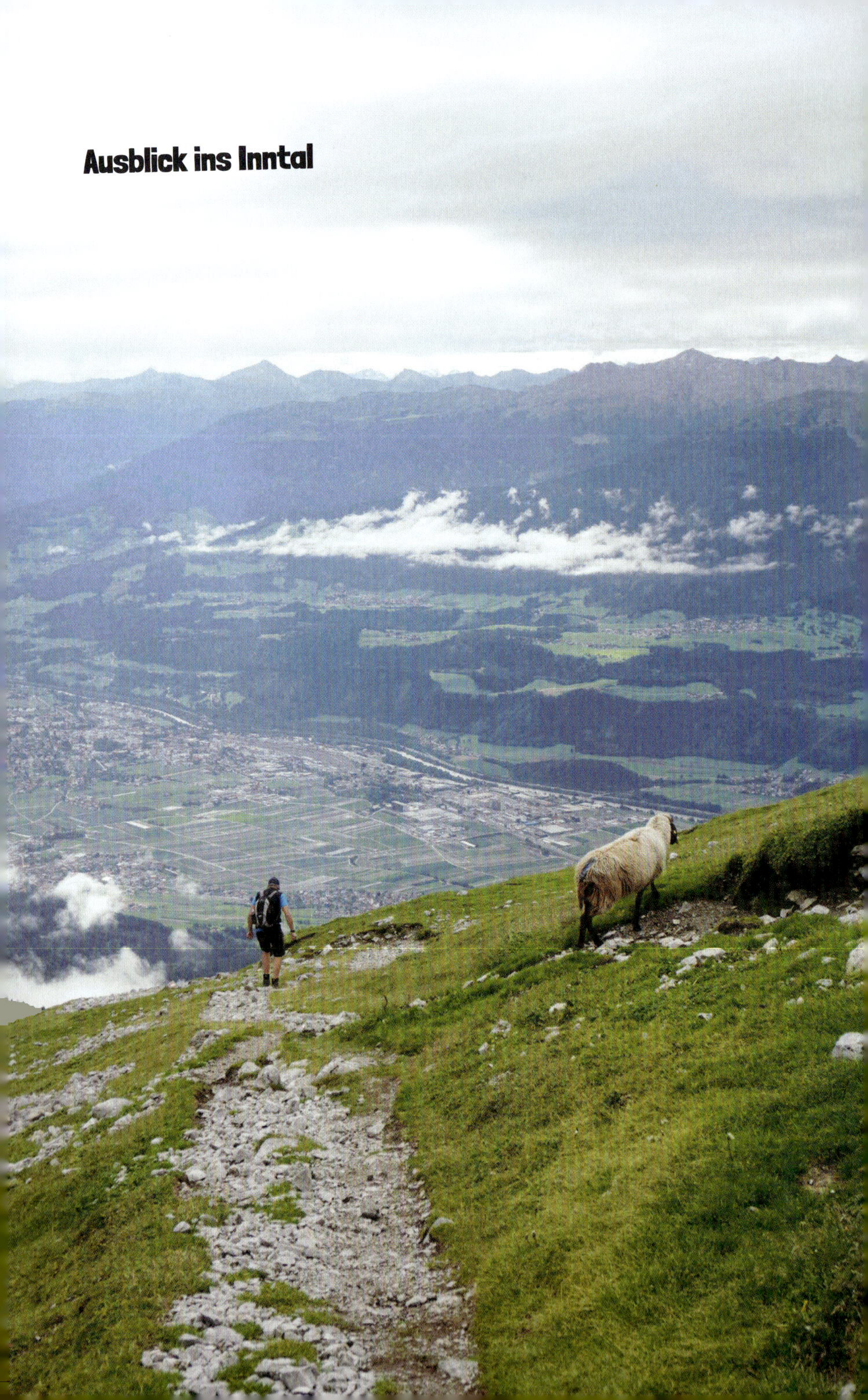

Ausblick ins Inntal

Der Karwendel Höhenweg führt durch den größten Naturpark Österreichs. Schroffe Gipfel sind nicht das eigentliche Ziel des Höhenwegs, jedoch können Gipfelsammler viele Höhepunkte sprichwörtlich mitnehmen. Dazwischen lassen sich Steinböcke und Gämsen beobachten. Will man den schwierigsten Wegabschnitt auslassen, kürzt man die Tour dank der Innsbrucker Nordkettenbahn dementsprechend ab.

Der **Bahnhof in Reith** ist der offizielle Startort des Höhenwegs durch das Karwendel. Wobei es eigentlich zwei Startpunkte gibt. Und somit auch zwei Endpunkte. Denn die Beschilderung lässt

Der Karwendel Höhenweg

Eine Runde zum Staunen

es zu, die Route auch vom nördlich gelegenen Bahnhof Scharnitz in Angriff zu nehmen. Wie man diesen zu einem Bogen geformten Weg auch begeht: Beide Bahnhöfe sind mit dem Zug von Garmisch-Partenkirchen und Innsbruck bequem zu erreichen.

Ausgehend von Reith steigen die Wanderer **in Serpentinen** durch den Wald hinauf zum Schartlehnerhaus. Über einen Latschenrücken, anfänglich wieder in Serpentinen, geht's ohne Umwege weiter hinauf zur **Nördlinger Hütte** auf 2238 Metern. Die exponierte Lage der Hütte verspricht einen traumhaften Ausblick und fabelhafte Sonnenuntergänge. Als Gipfelmöglichkeit bietet sich die Reither Spitze an, die über einen versicherten Steig erreichbar ist.

Am folgenden Tag führt der Höhenweg **an den Ostabbrüchen der Reither Spitze** entlang zum Ursprungsattel. Man steigt in den Breiten Sattel ab, quert ein großes Geröllfeld und wandert wiederum auf eine Scharte hoch. Die Erlspitze zur Linken ist nur über einen mittelschweren Klettersteig zu erreichen. Entsprechende Ausrüstung ist also notwendig. Anschließend wandert man im ständigen Auf und Ab zum Solsteinhaus. **Besonders idyllisch** liegt die Hütte am Fuße des Großen Solsteins auf

INFO

Der Goetheweg hieß von 1977 bis 2002 Hermann-Buhl-Weg, benannt nach dem Tiroler Extrembergsteiger. Da der Weg sich aber eher sanft dahinschlängelt, wurde der dichterische Name wieder angenommen.

grünen Almwiesen. Die im Stile eines Inntaler Bauernhauses errichtete Unterkunft bietet von der Terrasse einen weiten Blick ins Inntal.

Die dritte Etappe entspricht gleichzeitig dem längsten und anspruchsvollsten Wandertag am Höhenweg. Ein frühes Aufbrechen am Solsteinhaus ist empfohlen, denn 1500 Höhenmeter im Aufstieg und rund 17 Kilometer schüttelt man nicht einfach so aus den Beinen. Zunächst geht es hinab Richtung Möslalm und auf den **Gipfelstürmerweg**. Die letzten 200 Höhenmeter vor dem Frau-Hitt-Sattel führen durch eine steile Geröllhalde und über seilversicherte Passagen. **Frau Hitt** nennt sich auch der naheliegende Gipfel auf 2270 Metern und sieht, mit viel Fantasie, einer Frau auf einem Pferd ähnlich. Bei dem Gipfel soll es sich um die versteinerte Frau Hitt handeln. Laut einer Sage war sie eine **Riesenkönigin**, geizig und selbstverliebt. Einer Bettlerin bot sie nur einen Stein zu essen an. Daraufhin verfluchte die Bettle-

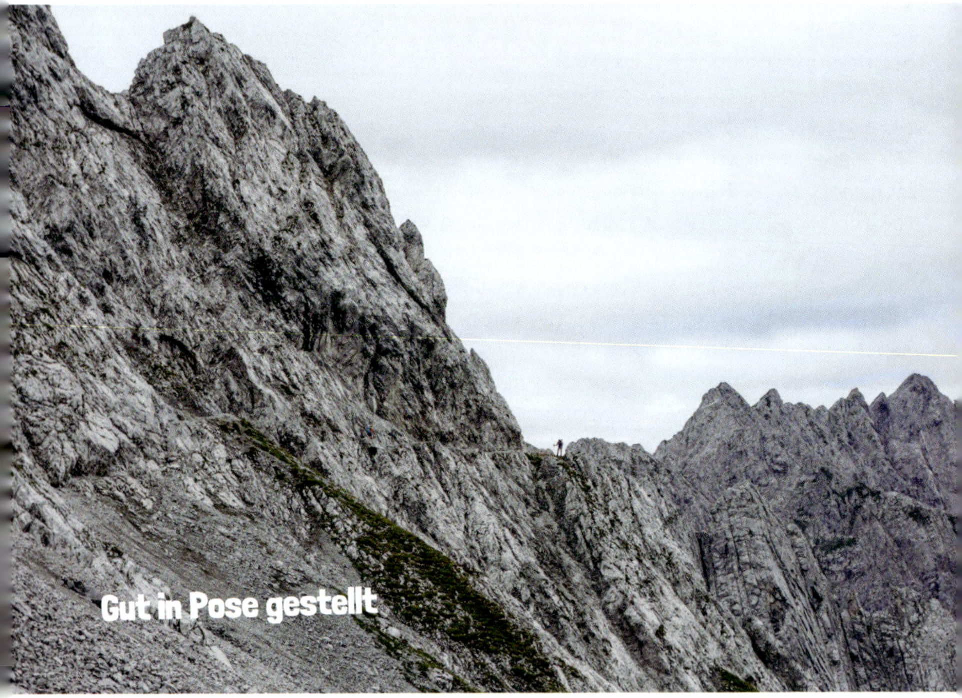

Gut in Pose gestellt

rin die Riesenkönigin samt Pferd. Frau Hitt fristet seither als ewige Strafe ihr Dasein als Felsgipfel im Karwendel.

Von diesen Sagen darf man sich aber nicht in der Konzentration stören lassen, denn im Abstieg vom Sattel ist nochmals höchste Vorsicht geboten. Etwas einfacher wandert man nun am **Schmidhubersteig** zum Restaurant Seegrube und zur Berg- und Talstation unterschiedlicher Bergbahnen. Von der Hungerburg in Innsbruck überwindet die Nordkettenbahn mehr als 1200 Höhenmeter zur Seegrube, die Hafelekarbahn führt von hier weitere 360 Höhenmeter hinauf zum **Hafelekarhaus**.

Das macht die Tour einzigartig!

- **Die schroffen Felswände des Karwendels**
- **Abschnitt am Goetheweg**
- **Ausblicke ins Inntal**

Mit der Bahn oder zu Fuß überwindet man die Höhenmeter hoch über dem Inntal zum Hafelekarhaus. Von hier ist der Gipfel der Hafelekarspitze nach wenigen Minuten erreicht, ein dankbarer Gipfelsieg. Unterhalb der Spitze verläuft der Höhenweg am landschaftlich großartigen **Goetheweg** entlang. Er zählt zu den schönsten Hochwanderwegen von ganz Österreich. Die Nähe zu einer Großstadt wie Innsbruck und die Form des Steigs mit seiner fabelhaften Talsicht sind einzigartig. Nach der Mühlkarscharte wechselt man auf die Nordseite der Nordkette und wird kurz darauf auf den **Blick zur Zugspitze** hingewiesen. Nach der Mandlscharte führt der Weg hinab zur Pfeishütte. In der Schutzhütte sitzen die Gäste in drei urigen und ursprünglich gehaltenen Gaststuben, die Holzvertäfelungen sind noch aus dem Jahr 1927. Seit 2016 steht die Pfeishütte daher auch unter **Denkmalschutz**. Bayerische Schmankerl und Tiroler Köstlichkeiten stehen für die grenzüberschreitende Gemeinsamkeit des Karwendels.

Die vierte Etappe beginnt mit einem gemütlichen Aufstieg zum Stempeljoch, setzt sich jedoch steil bergab durch ein rutschiges Schotterkar fort. Auch Altschneefelder sind beim Wechsel auf den **Wilde-Bande-Steig** keine Seltenheit. Mehrmals sind auf diesem Wegabschnitt die Hände gefordert, ehe es zum Lafatscher Joch wieder etwas ruhiger wird. Der Höhenweg macht

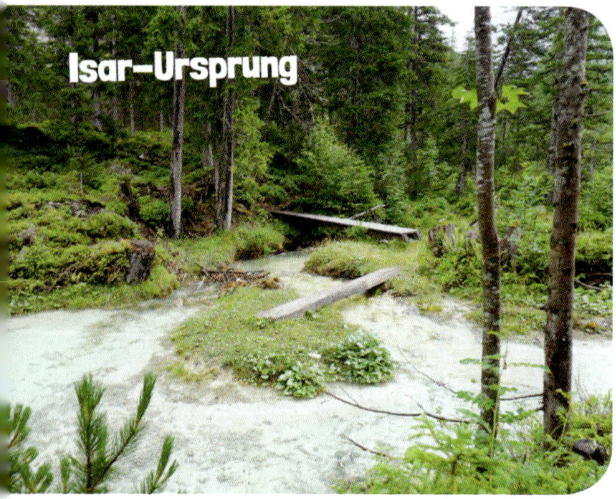

hier einen Abstecher zur **Bettelwurfhütte**. Alternativ kann man diese auch auslassen und direkt zum Hallerangerhaus weiterwandern. Dann verpasst man aber eine Nacht auf dem „Adlerhorst" des Karwendels. Die Hütte liegt besonders aussichtsreich am Rücken des Kleinen Bettelwurfs oberhalb des Halltals.

Vom bereits bekannten Joch wandert man zum **Durchschlag**, der einst für den Verbindungsweg zwischen Hallerangerhaus und Halltal aus dem Fels gesprengt wurde. Bald erblickt man das **Hallerangerhaus** vor den steilen Wänden von Sunntinger- und Hallerangerspitze. Wer einmal im Leben die Alpenüberquerung am **Traumpfad München-Venedig** ins Auge fasst, kommt auch hier am Hallerangerhaus vorbei. Nicht zu verwechseln ist das Haus mit der gleichnamigen Alm, die sich nur wenige Minuten entfernt befindet. In unmittelbarer Nähe entdeckt man auch ein Hinweisschild zum Isar-Ursprung auf 1770 Metern Seehöhe. Das ist aber nur der **inoffizielle Ursprung**, den offiziellen Quellbereich des viertgrößten Bayerischen Flusses lernt man erst am nächsten und letzten Tag kennen.

Vom Hallerangerhaus führt eine Schotterstraße talwärts, dieser folgt man nun bis ans Ziel in Scharnitz. Unweit der Kastenalm erreicht man den offiziellen **Isar-Ursprung**, dessen drei Quellbäche hinter einem Zaun zu finden sind. Hier gluckst die Isar noch langsam vor sich hin, 292 Kilometer später mündet sie südlich von Deggendorf in Bayern in die Donau. Die restliche Strecke gleicht einem gemütlichen Schaulaufen: Die Augen wenden sich nach links und rechts, auf die umliegenden Berggipfel und die **blühende Natur** am Wegesrand. Am Bahnhof in Scharnitz angekommen, hat sich die Isar bereits zu einem rauschenden Fluss entwickelt. Mit einem Blick zurück ins Isartal endet der Karwendel Höhenweg.

FAZIT

Der Karwendel Höhenweg verlangt in Teilen Trittsicherheit und Schwindelfreiheit. Er belohnt dafür mit einer prächtigen Bergkulisse und beeindruckenden Talblicken. Etwas einfacher gestaltet sich die Tour, wenn man von Innsbruck mit der Bahn hochfährt und den Höhenweg Richtung Scharnitz begeht.

GUT ZU WISSEN

VON: Reith bei Seefeld
BIS: Scharnitz
LÄNGE: 64 Kilometer
HÖHENMETER: 4500
ETAPPEN: 6
MARKIERUNG: Bergsilhouette in Wappenform auf gelben Wegweisern mit Routenname
HÖCHSTER PUNKT: 2277 Meter, Mandlscharte

DAS BRAUCHE ICH:

- Festes Schuhwerk und Trittsicherheit
- Schlafsack für die Nächte auf den Hütten
- Sommersaison

Abenteuer 5/5
Natur 4/5
Schwierigkeit 4/5

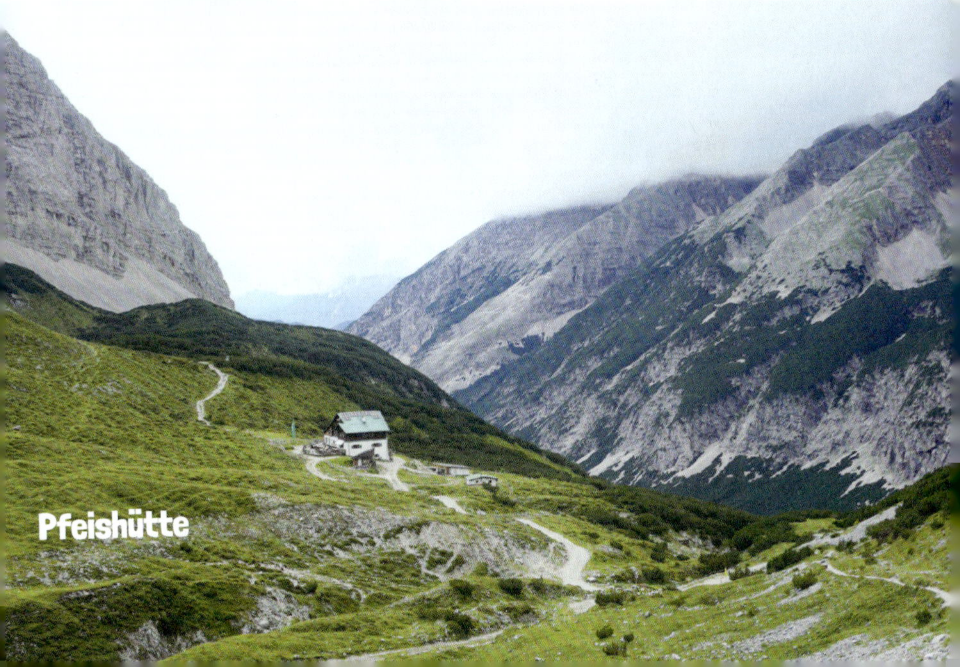

Pfeishütte

An der Dresdner Hütte

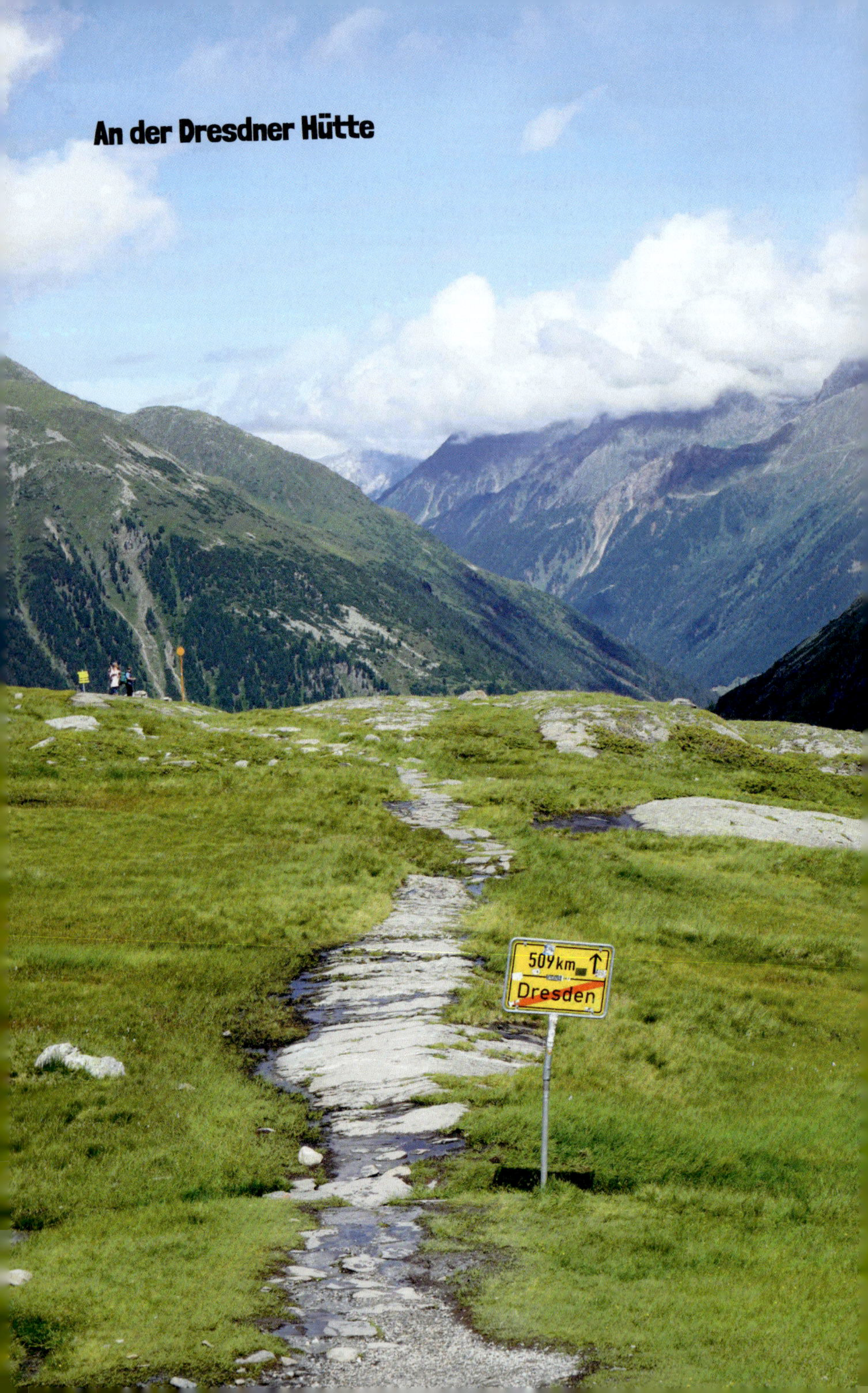

Einer der schönsten Höhenwege im Alpenraum durchzieht die Bergwelt der Stubaier Alpen. Die Wanderer erwartet ein spannender Kontrast zwischen Massentourismus und Einsamkeit, zwischen üppigem Lebensraum und vergänglicher Gletscherwelt. Der hochalpine Weg verlangt Bergerfahrung und Trittsicherheit, dabei bewegt man sich zumeist auf einer Höhe von über 2000 Metern. Die mögliche Besteigung eines 3000ers setzt der Tour die Krone auf.

Startpunkt der Tour durch die Stubaier Alpen ist die **Starkenburger Hütte** oberhalb von Neustift im Stubaital südlich von

Der Stubaier Höhenweg

Den Gletschern so nah

Innsbruck. Zwei Möglichkeiten gibt es nun, um dorthin zu gelangen. Man setzt bereits die ersten Muskelreize und steigt von Neustift rund 1300 Höhenmeter zur Hütte hoch. Oder man beginnt überhaupt bereits in Fulpmes und bedient sich der Kreuzjochbahn. Ab der Bergstation sind es nur noch 300 Höhenmeter zum Ausgangspunkt. Von dessen Terrasse genießt man einen **prächtigen Rundblick** auf die Stubaier Alpen und ahnt bereits, welch hohe Bergwelt die Wanderer noch erwartet.

Die erste richtige Etappe führt zu Beginn zum Seejöchl, einem **geologischen Reißverschluss**. Was das heißt, erkennt man auf dem weiteren Weg. Die Kalkkögel hinter dem Schlicker See bestechen durch ihr helles Kalkgestein, die Umgebung des Schlicker Sees hingegen baut auf dunklerem Silikat bzw. Kristallin auf. Bei genauer Betrachtung erkennen Fachkundige in kleinen Bereichen sogar unterschiedliche Flora. Am **Franz-Senn-Weg** erreicht man zuerst die Seducker Hochalm, die zur Almrast lädt, um am Ende des Oberbergtals an der **Franz-Senn-Hütte** anzukommen.

Der folgende Tag zeigt sich mit vier Stunden etwas gemütlicher und ist der **leichteste Wegabschnitt** am gesamten Höhenweg. Am Schrimmennieder erklimmt man den höchsten Punkt des Tages auf 2714 Metern und genießt von hier oben die Aussicht auf den Stubaier Hauptkamm. Die Etappe endet an der **Neuen Regensburger Hütte**. Sie liegt am Rand des Hohen Mooses über einer Steilstufe, der Wasserfall des Falbesoner Bachs ist nicht zu überhören. Das große hausgemachte Kuchenbuffet lässt die Herzen der Wanderer höherschlagen.

INFO

Der Vorgängerbau der Dresdner Hütte wurde bereits im Jahr 1875 als erste Hütte im Stubaital eingeweiht, im Jahr 1887 erfolgte ein Neubau.

Von der Hütte führt der Weg taleinwärts durch das Hohe Moos zum Falbesoner See. Rund 300, zum Schluss sehr steile Höhenmeter sind es zum **Grawagrubennieder**. Man hat den höchsten regulären Punkt am Stubaier Höhenweg erreicht. Relativ spät erblicken die Wanderer die **Dresdner Hütte**. Das Innere der Hütte wirkt im Stil eher wie ein großer Berggasthof, die nahe Bergstation und das Skigebiet am Stubaier Gletscher sorgen für viele Tagesgäste. Wer den Gletschern näherkommen will, steigt

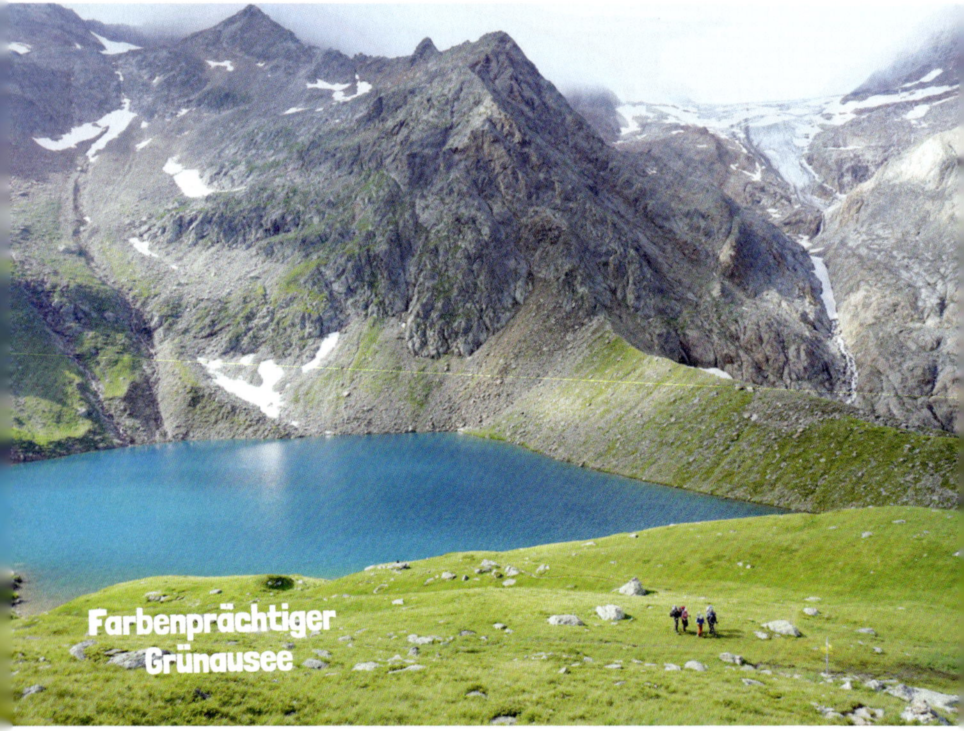

Farbenprächtiger Grünausee

entweder 550 Höhenmeter hoch oder nimmt die Bahn zur Bergstation Eisgrat. Hier befindet sich die **Gletscherwelt**, eine unterirdische Runde, die durch den Bildstockferner führt und eine beliebte Touristenattraktion ist. Auch wird rund um die Seilbahnstation auf die Vergänglichkeit der Gletscher hingewiesen. Wie eindringlich dies jedoch bei den Besuchern ankommt, sei dahingestellt.

Die folgenden Etappen zur Bremer Hütte sind allesamt nicht besonders lang. Besitzt man Bergerfahrung und ausreichend Kondition, kann man diese teilweise auch zusammenfassen. Ausgehend von der Dresdner Hütte, steigt man zu einer Weggabelung hoch. Der offizielle Weg führt über das **Peiljoch**, doch auch die Überschreitung des Großen Tröglers wäre möglich. Wer den Gipfel angeht, schraubt den höchsten Punkt am Höhenweg auf 2902 Meter hoch, verpasst dafür aber das **Steinhaufen-Meer** am Peiljoch. Hier betrachtet man den Sulzenaugletscher und den **eindrucksvollen Gletschersee**. Es folgt ein genussreicher Abstieg zur Sulzenauhütte, die bereits nach rund drei Stunden Gehzeit erreicht ist. Auf den ersten Blick wirkt die Dachkonstruktion der Hütte etwas eigenwillig. Das lange Flachdach aus Stahlbeton soll nämlich vor Zerstörungen nach Lawinenabgängen schützen. Im Jahr 1975 vernichtete eine Lawine das Winterhaus komplett und das Haupthaus zu zwei Dritteln.

Das macht die Tour einzigartig!

- Die kontrastreiche Welt der Stubaier Alpen
- Gletschersee vom Sulzenaugletscher
- Das Paradies am Weg zur Bremer Hütte

Über blühende Bergwiesen und Bäche landet man am **Grünausee**, dem größten See der Stubaier Alpen. Einige Seilversicherungen warten am Weg zur **Nürnberger Hütte**. Sie ist ein wahrer Steinkoloss. Trotz mehrmaliger Erweiterung hat die 1886 erbaute Hütte ihren ursprünglichen Charakter aber bewahrt. Eine Besonderheit dieser Hütte ist die markante Trennung zwischen Küche und Gaststube. Diese befinden sich nämlich nicht im selben Stockwerk, sondern sind über einen **handbetriebenen Materialaufzug** verbunden.

Am Weg ins Paradies befindet man sich am folgenden Tag. So nennt sich ein Wegabschnitt der sechsten Etappe, die, wie die Etappe zuvor, mit rund vier Stunden Gehzeit veranschlagt ist. Das **Paradies** präsentiert sich hier mit grünen Wiesen, weißem Wollgras und einem plätschernden und mäandernden Bach. Der Name wirkt also nicht unpassend. Am Weg zur Zollhütte am Simmingjöchl ist oftmals noch ein **Schneefeld zu queren**, die ersten Höhenmeter danach führen steil bergab. Es folgt ein genussvoller Höhenweg zur weithin sichtbaren **Bremer Hütte**. Die höchste natürliche Erhebung im deutschen Bremen befindet sich im Stadtteil Burglesum und ist so niedrig, dass sogar mit halben Metern gerechnet wird: 32,5 Meter über dem Meeresspiegel. Fast 2400 Meter höher steht die Bremer Hütte auf Gletscherschliff am Rande eines kleinen Bergsees. Eine Skulptur der **Bremer Stadtmusikanten** am Rande der Terrasse erinnert an den Hüttennamen.

Wie heißt es so schön? Das Schönste kommt zum Schluss! Oder im Falle des Stubaier Höhenwegs die technisch anspruchsvollste Etappe. Geübte wandern über einen **versicherten Kamin** zum Lauterersee, alternativ bietet sich der etwas einfachere Normalweg an. Nach dem See treffen beide Wege wieder aufeinander. Blockwerk, teils steile Anstiege und Sicherungen sind neben einer fabelhaften Aussicht ins Gschnitztal die ständigen Begleiter. Kurz nach dem Alfairsee hat man die **Innsbrucker Hütte** am Fuße des Habichts erreicht. Dieser ist mit seinen 3277 Metern einer der schönsten Aussichtsberge des gesamten Stubaitals. Lange Zeit war der **Habicht** wegen seiner auffallenden Form als höchster Berg Tirols bekannt. Kenner der alpinen Gipfel wissen aber, dass dem nicht so ist. Der Normalweg auf den Habicht führt über den flachen und spaltenfreien Habichtferner. Wer also noch einen 3000er mit nach Hause nehmen will, hat hier die Gelegenheit dazu.

Die kürzeste Abstiegsvariante bietet sich ins Gschnitztal mit Busverbindung zur Brennerbahn an. Eine etwas längere Strecke führt zurück ins Stubaital. Diese lässt sich sogar mit den Elferliften abkürzen. Wie man auch immer ins Tal kommt: Auch hier gilt es noch, Konzentration zu bewahren. An die wunderbaren Tage am Stubaier Höhenweg kann man während der Heimreise zurückdenken.

FAZIT

Der Stubaier Höhenweg gilt nicht zu Unrecht als einer der schönsten Wege der gesamten Alpen. Vor allem der Abschnitt zwischen Dresdner und Bremer Hütte zählt mit seinen ständigen Blicken auf die Gletscherwelt zu den Highlights dieser Tour.

GUT ZU WISSEN

VON: Starkenburger Hütte
BIS: Innsbrucker Hütte
LÄNGE: 62 Kilometer
HÖHENMETER: 4600
ETAPPEN: 7 + Auf- und Abstieg
MARKIERUNG: gelbe Wegweiser, rot-weiß-rote Markierung
HÖCHSTER PUNKT: 2881 Meter, Grawagrubennieder

DAS BRAUCHE ICH:

- Festes Schuhwerk
- Schlafsack für die Hüttennächtigungen
- Trittsicherheit und stabiles Wetter

Abenteuer 4/5
Natur 4/5
Schwierigkeit 5/5

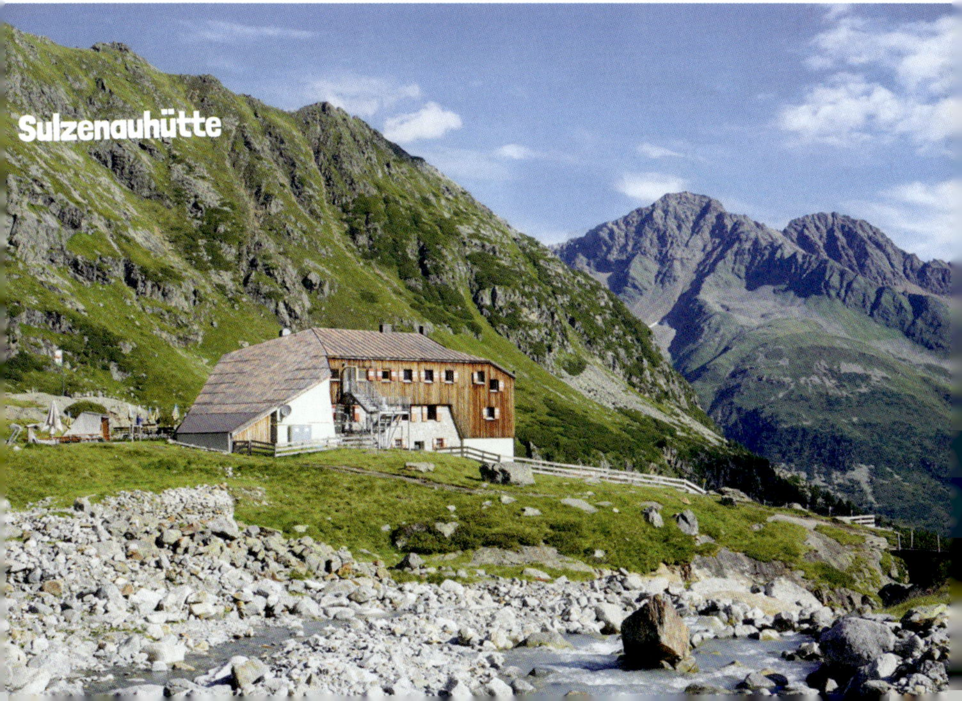

Mit Adleraugen
zu erblicken

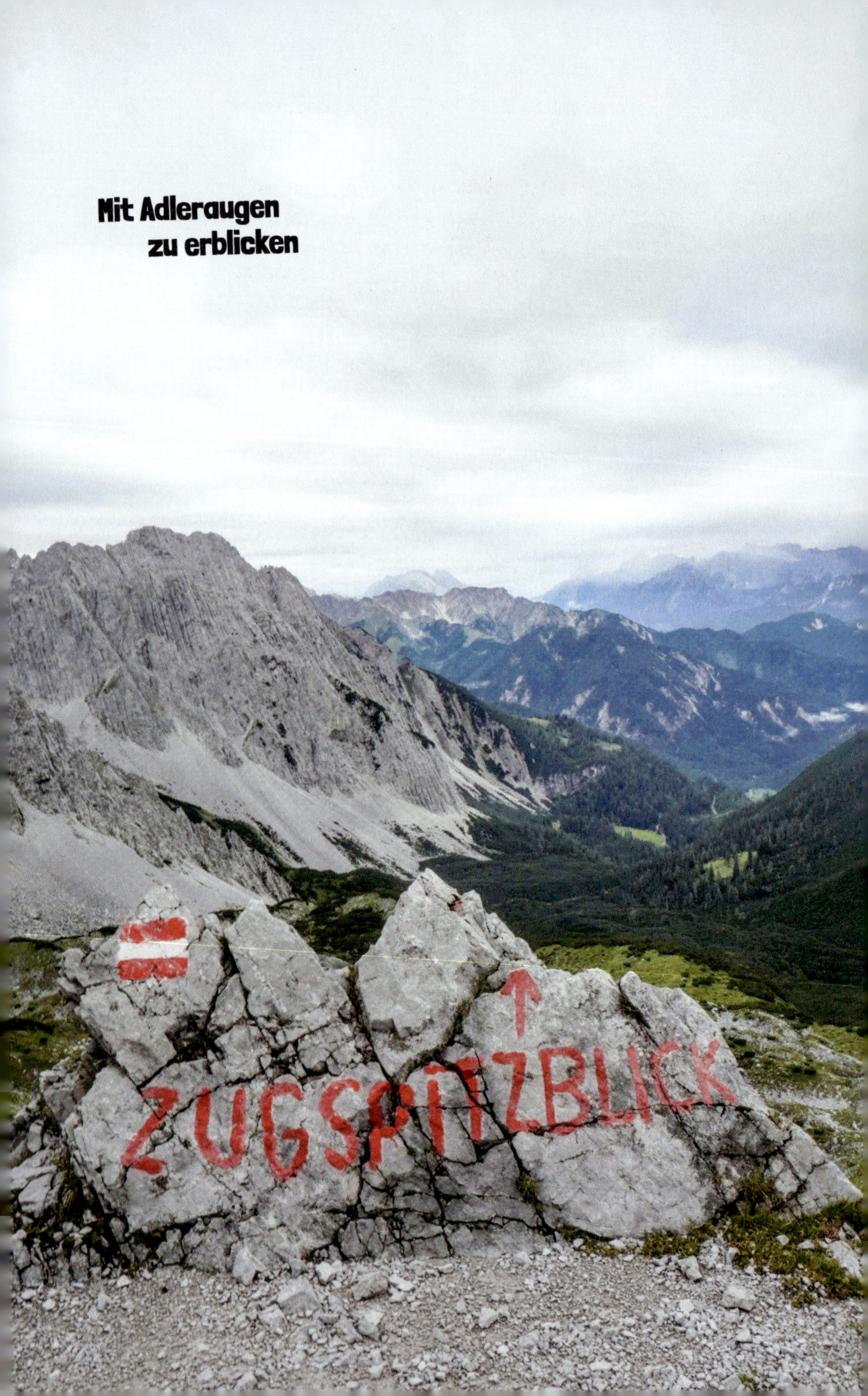

Der Adlerweg hält sogar bei der Streckenplanung, was er verspricht. Betrachtet man den gesamten Weg auf einer Landkarte, erkennt man die Silhouette eines Adlers, der mit Schwingen durch die Lüfte schwebt. Mit wenigen Ausnahmen erkunden die Wanderer dabei die unterschiedlichen Gebirgszüge auf der Nordseite des Inntals. Wer die Augen offen hält, wird den einen oder anderen Steinadler auch am Himmel entdecken.

„Weil du so schön bist, mein Tiroler Land", heißt es in einem Tiroler Marschlied. Dieses Liedstück ist so weit verbreitet, dass es

Der Adlerweg

Tirol aus den Augen des Adlers

als heimliche Landeshymne bezeichnet wird. Wer den Adlerweg durch Nordtirol in seiner vollen Länge begeht, hält 24 Etappen lang „Dem Land Tirol die Treue". So, genug musikalische Geschichten erzählt. Wer das Ziel in St. Christoph am Arlberg erreicht, kann die eigene Alpingeschichte der Tour im **Tourenbuch des Arlberg Hospiz Hotels** niederschreiben. Bis dahin ist es noch ein weiter Weg, doch dieser beginnt imposant. Die ersten drei Etappen führen durch die Gebirgsgruppe des Wilden Kaisers, deren Hauptteil als Naturschutzgebiet ausgewiesen und weder durch Straßen noch Seilbahnen erschlossen ist.

Am Bahnhof **St. Johann in Tirol** startet der Adlerweg und führt vorbei an Wasserfällen zur Gaudeamushütte. An der Südseite des Wilden Kaisers wandert man über den mit Leitern und Eisenklammern gesicherten Klammlweg zum Naturjuwel **Hintersteiner See**. Unterirdische Quellen speisen den Gebirgssee, ein Strandbad lädt zum Sprung in den kristallklaren See ein. Mehrere Almhütten leiten hinab nach Kufstein an den Inn, deren Wahrzeichen, die **Festung Kufstein**, kaum zu übersehen ist.

Hat man den Inn überschritten, warten vier etwas anspruchsvollere Etappen durch die **Brandenberger Alpen** auf die Adlerweg-Wanderer. Mit dem Köglhörndl und dem Hundsalmjoch liegen zwei Gipfel direkt an der Wegstrecke. Die vierte Etappe endet auf der Buchackeralm. Unweit davon leiten mehr als 122 Stufen hinab in die Tiefen der **Hundalm Eishöhle**, die mit Tropfstein- und Eisformationen beeindruckt. Die unter Naturschutz stehende Höhle kann im Rahmen einer Führung besichtigt werden. Sogar noch etwas näher zur Alm steht ein kleiner hölzerner Aussichtsturm, genannt **Adlerhorst**. Von diesem aussichtsreichen Ort steigt man abermals nach mindestens zwei Gipfelsiegen hinab zur Brandenberger Ache. Das malerische **Bergdorf Steinberg am Rofan** läutet den ersten direkten Kontakt mit Gipfeln höher als 2000 Meter ein. Auf rund 1800 Metern fasziniert der Zireiner See, er wechselt nämlich je nach Witterung seine Farbtöne. Einer Sage nach hätten Kühe und Schafe, die aus dem See trinken, **vergoldete Zähne**. Ob das auch für Menschen gilt, muss man nun selbst herauszufinden. Genauso ob man die 2259 Meter hohe Rofanspitze mitnehmen will, die nach Norden

INFO

Der Adler und Tirol sind eng miteinander verbunden. Das zeigt sich auch im Landeswappen, das einen golden gekrönten und roten Adler auf einem silbernen Schild zeigt.

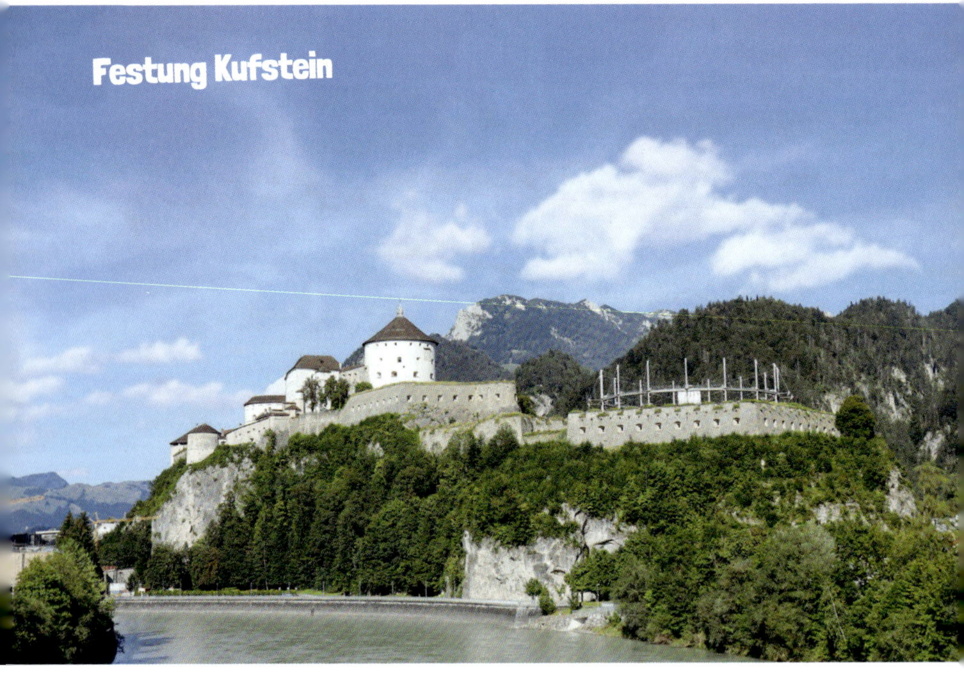
Festung Kufstein

hin steil abfällt. Von der Erfurter Hütte führt die **Rofanseilbahn** talwärts nach Maurach am Achensee, den größten See Tirols.

Ab dem Achensee startet der Adlerweg die **Durchquerung des Karwendels** nach Innsbruck und nach Leutasch. Besonders faszinierend ist die Landschaft des **Ahornbodens**. Die Ahornbäume wurden hier bereits 1927 zum Naturdenkmal erklärt. Damit handelt es sich um eine der ältesten noch bestehenden Unterschutzstellungen von Naturdenkmälern in Tirol. Die Überschreitung vom Karwendelhaus über die **Birkkarspitze** zum Hallerangerhaus gehört zu den anspruchsvollsten Etappen in dieser Gebirgsgruppe. Hat man es ins Isartal geschafft, warten zum Abschluss des langen Streckenabschnitts noch 500 Höhenmeter zum Tagesziel.

Das macht die Tour einzigartig!

- Wanderstrecke als Silhouette des Adlers
- Tirol durchquert zu haben
- Ein Adlerhorst als Aussichtspunkt

Der weiterführende **Goetheweg** oberhalb von Innsbruck entwickelt sich zu einem wahren Genuss. Vom Hafelekar wird daraufhin die Talfahrt mit der Seilbahn nach Innsbruck empfohlen. Der Adlerweg unternimmt nämlich ein kurzes Intermezzo südlich des Inns in die Tuxer Alpen. Dabei lässt die Route auch das **Goldene Dachl**, das berühmteste Wahrzeichen von Innsbruck, nicht aus. Nach einigen flachen Kilometern am Inn steigt man abermals kurz ins Karwendel hoch und wechselt daraufhin bei Leutasch ins **Wettersteingebirge**. Ab Lermoos wandert man bereits in die letzte Gebirgsgruppe am Adlerweg ein. Acht Etappen warten noch bis zum Ziel im westlichen Tirol. Eine „Erschließungswut“ hat in den kommenden Lechtaler Alpen nicht stattgefunden, die Wege zwischen den Schutzhütten sind daher teilweise lang und anspruchsvoll.

Nach dem stark befahrenen Fernpass bezaubert der **Fernsteinsee** und dessen auf einer Insel stehenden Ruine die vorbeigehenden Wanderer. Einsame Pfade führen nun durch die kernigen **Lechtaler Alpen** zur Anhalterhütte, die nach dreijähriger Sanierung erst im Jahr 2021 wiedereröffnet wurde. Ihren **heimeligen Charme** mit Kachelofen in der Gaststube hat sie aber erhalten. Von der Gemeinde Pfafflar, mit gerade mal rund 100 Ein-

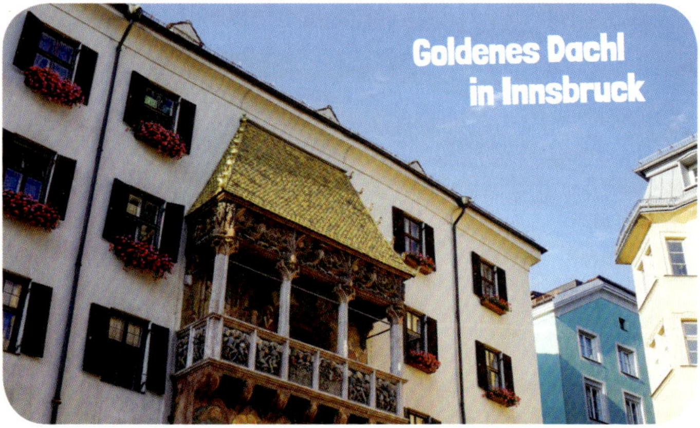

wohnern eine der kleinsten Gemeinden Österreichs, steigt man zur Hanauer Hütte hoch und wandert zwischen den hohen Gipfeln der Dremelspitze und dem Bergwerkskopf zum Steinsee und zur gleichnamigen Hütte. Diese ist vor allem bei Klettermaxln äußerst beliebt, da in der Umgebung viele unterschiedliche Routen in den Fels gebohrt sind. Am anspruchsvollen Übergang zum Württemberger Haus und zur Memminger Hütte bewegt man sich durchgehend auf über 2000 Metern Seehöhe, die **Großbergspitze** stellt hier mit 2635 Metern den höchsten Punkt am Adlerweg durch die Lechtaler Alpen dar.

Nach dem Abstieg ins Parseiertal steigt man durch das Langkar zur felsigen Kopfscharte hoch und wandert über Grashänge zur **Ansbacher Hütte**, einem der letzten Stützpunkte am Adlerweg. Von hier sind die Berge des Verwall scheinbar zum Greifen nahe. Zahlreiche **gesicherte Stellen** bewältigt man am Haas-Weg über das Hinterseejoch und zum abschließenden Aufstieg zum Kaiserjochhaus. Diese Hütte wurde bereits im Jahr 1888 erbaut. Die **holzgetäfelte Gaststube** mit dem Kachelofen verleiht der Hütte einen äußerst gemütlichen Charakter. Auch wird einem langsam bewusst, dass nun die letzte Nacht am Adlerweg bevorsteht.

Auf der letzten Etappe wandert man im stetigen Auf und Ab an der **Leutkircher Hütte** vorbei und erreicht zum Abschluss **St. Christoph am Arlberg** an der Grenze zu Vorarlberg. Was für eine Tour!

FAZIT

Die Wanderer kommen am Adlerweg vielen Gipfeln und Felswänden in Nordtirol besonders nahe. Auf- und Abstiege sind teilweise fordernd, Trittsicherheit und Schwindelfreiheit schaden nicht. Die fabelhaften Ausblicke aus der Sicht des Adlers entlohnen aber für jegliche Mühen.

GUT ZU WISSEN

VON: St. Johann in Tirol
BIS: St. Christoph am Arlberg
LÄNGE: 397 Kilometer
HÖHENMETER: 31.600
ETAPPEN: 24
MARKIERUNG: Adlersilhouette auf Wegweisern
HÖCHSTER PUNKT: 2749 Meter, Birkkarspitze

DAS BRAUCHE ICH:
- Schlafsack für die Hüttennächtigungen
- Kondition und Trittsicherheit
- Fernglas für Adlerbeobachtungen

Abenteuer 5/5
Natur 4/5
Schwierigkeit 4/5

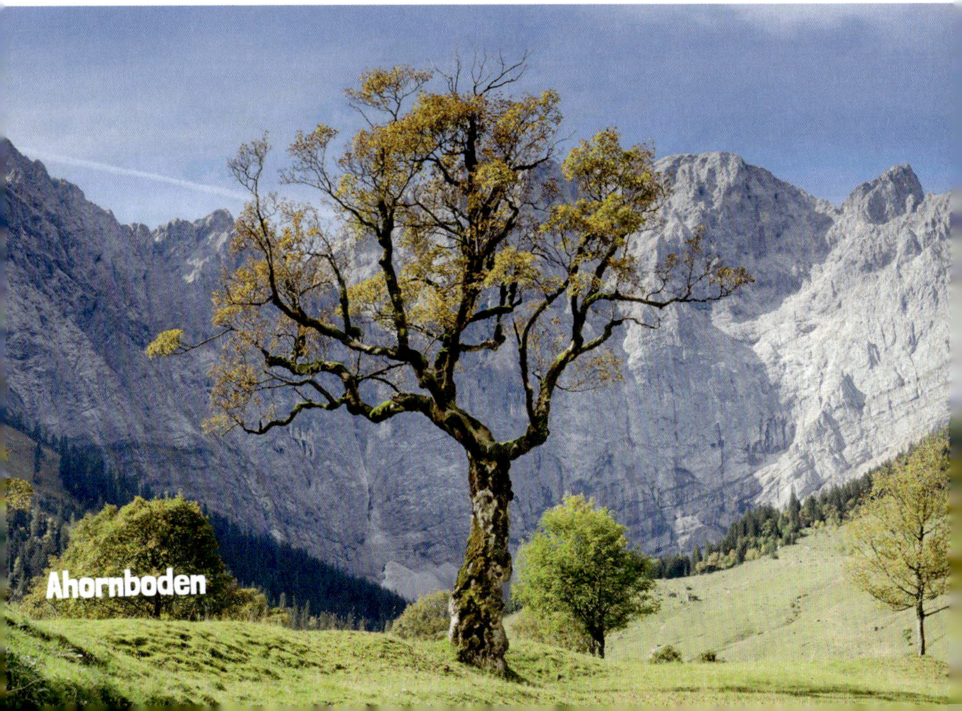

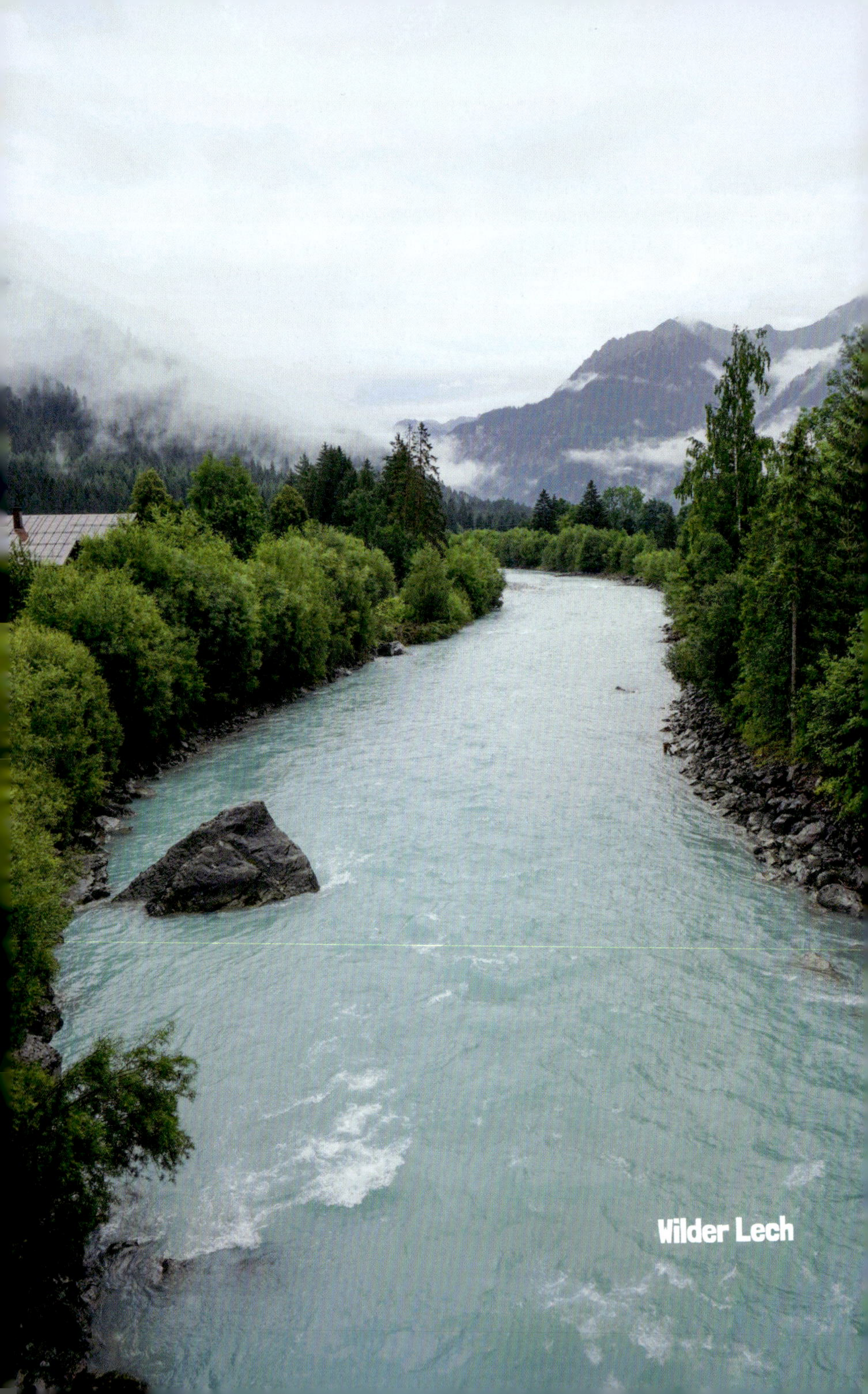

Wilder Lech

Der Lechweg ist, großzügig betrachtet, ein Drei-Länder-Weg. Er beginnt am Formarinsee in Vorarlberg und endet am Lechfall bei Füssen im Allgäu. Dazwischen ist man die längste Zeit in Tirol unterwegs. Jedenfalls lernt man auf der gesamten Länge die Wildflusslandschaft des Lechs von seiner schönsten Seite kennen. Der magisch türkise Fluss befindet sich nahezu immer in der Nähe des Weges.

Lech ist nicht nur der Name des Flusses, um den sich diese Wandertour dreht. Lech nennt sich ebenso der bekannte Wintersportort in Vorarlberg, der aber mittlerweile auch im Sommer

Der Lechweg

Vom Formarinsee nach Füssen

gern besucht wird. Streng genommen ist der Ort nicht nur Zwischenstation am Lechweg, sondern gleichfalls Ausgangspunkt. Den eigentlichen Startpunkt, den Formarinsee, erreicht man von hier aus per Bus. Diese Fahrt ist an sich schon ein Erlebnis. Ein **Doppeldeckerbus** mit Panoramadach bringt die Wanderer vom Lecher Hauptplatz zum Ausgangspunkt, das Dach lässt Ausblicke auf die umliegenden Berge zu. Kurze Stopps wegen Kühen und Pferden, die sich auf der Straße niedergelassen haben, sollen schon mal vorkommen.

Von der Bushaltestelle sind es nur wenige Schritte zum **Formarinsee**, gegenüber hat sich die Freiburger Hütte einen guten Lageplatz ausgesucht. Unweit davon passiert man ein Steinbock-Denkmal, das an die Wiedereinsetzung des Steinwilds in der Region erinnert. Rund 600 Exemplare bilden hier die größte Kolonie Europas. Der See gilt als **offizieller Startpunkt**, wohl auch aus Gründen der Szenerie. Denn der Lech formt sich erst einige Kilometer talauswärts. An den Hängen der Roten Wand, einem Berg nördlich des Sees, entspringt der Formarinbach. Nach einigen Kilometern am Wanderweg mündet, von südlicher Richtung kommend, der Spullerbach ein. Die beiden Quellbäche ergeben nun den Lech, den **Zusammenfluss** erlebt man hautnah mit. Über hölzerne Stege und Brücken wandert man talwärts, passiert dabei kleine Ansiedlungen wie Älpele und den Ortsteil Zug und erreicht am **Lechuferweg** wieder die Ortschaft Lech.

Die Gehrichtung ist klar: immer am Lech entlang. Doch auf welcher Flussseite? Während die Bundesstraße nach Warth linksseitig des Gewässers verläuft, befindet sich der Wanderweg, in Flussrichtung gesehen, auf der rechten Seite. Es lohnt sich also – wie bei jeder Wandertour – wirklich den Markierungen zu folgen. Der Weg führt nun auf der rechten Seite des Lechs oberhalb der tief eingeschnittenen **Lechschlucht** entlang. Wanderer überqueren dabei einige Gebirgsbäche, die sich bald in das türkise Wasser des Lechs einfügen. Kurz vor dem **Walserdorf Warth** quert man den Lech, ein schweißtreibender Aufstieg in den Ort steht noch bevor. Warth liegt auf 1500 Metern Seehöhe und besticht mit besonderer Handwerkskunst, die sich am „Walserhus“ be-

INFO

Der wild fließende Lech bildet einen der artenreichsten Lebensräume in Mitteleuropa. Viele Brutvogelgattungen und Orchideen finden hier ihre Heimat.

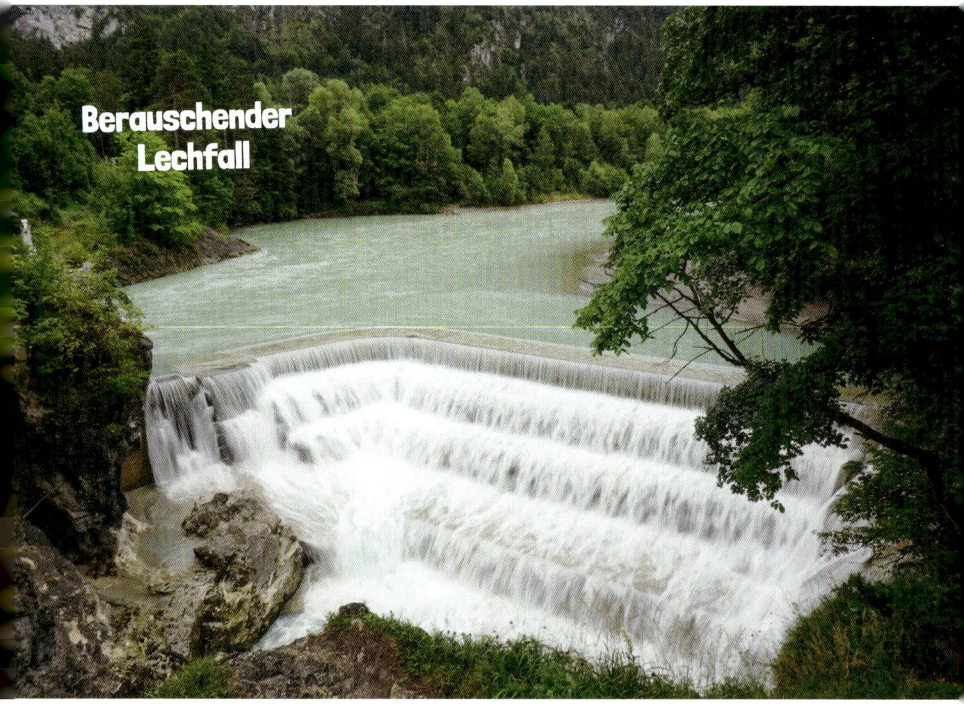

Berauschender Lechfall

staunen lässt. Passiert man die Brücke über den Krumbach, hat man Vorarlberg verlassen. Die kommenden Etappen führen nun durch das Tiroler Lechtal, das die Wanderer noch mit einigen Besonderheiten überrascht. Ein prächtiger Panoramaweg leitet wieder hinab an den Fluss in die Ortschaft Steeg. In der hiesigen **Naturkäserei** Sojer, der einzigen Käserei im gesamten Lechtal, stärken sich Groß und Klein in der „Milchstuba" oder verkosten eine der vielen Hauskäsesorten.

Im benachbarten Holzgau stechen vor allem die **bemalten Fassaden** ins Auge. Dies sind sogenannte Lüftlmalereien aus dem Spätbarock. Sie imitieren Architekturelemente oder Szenen und Motive aus dem bäuerlichen Alltag. Wenn die Fassaden stilvoll geschmückt waren, war das in früheren Zeiten ein Hinweis auf ein reiches Haus. Etwas außerhalb des Ortskerns befindet sich eine weitere Sehenswürdigkeit: die **Hängebrücke** über die Höhenbachschlucht. 200 Meter ist sie lang, 110 Meter bewegt man sich über dem Tal. Wer Angst vor Höhe hat, sollte dem Weg durch das Tal hinauf zum Aussichtspunkt Schigge folgen. Wer die wackelige Hängebrücke begeht, nähert sich dem Aussichtspunkt von oben.

Das macht die Tour einzigartig!

- Türkise Farbe des Lechs
- Malereien an den Hausfassaden
- Hängebrücke über Höhenbachschlucht

Mit der Seilbahn ins Museum? Im Lechtal ist das möglich. Von der Talstation der Jöchelspitzbahn kommt man zum hochgelegenen **Bergheumuseum**. Dieses dokumentiert eindrucksvoll die beschwerliche Arbeit, unter welcher die Tiroler Bergbauern einst leben mussten. Wieder im Tal angekommen, folgen die Wanderer dem Fluss zur Ortschaft Elbigenalp, dem Geburtsort der **Geier-Wally**. Die Roman-Figur aus dem 19. Jahrhundert behandelt einen Lebensabschnitt der Anna Stainer-Knittel. Im jungen Alter von 17 Jahren nahm sie, an einem Seil hängend, einen Adlerhorst an einer Felswand aus. Dies passierte damals vor allem, um die wertvollen Schafherden zu schützen. Da sich die Männer des Dorfes nicht trauten, diese luftige Arbeit durchzuführen, nahm sich die junge Anna des Unterfangens an. Die

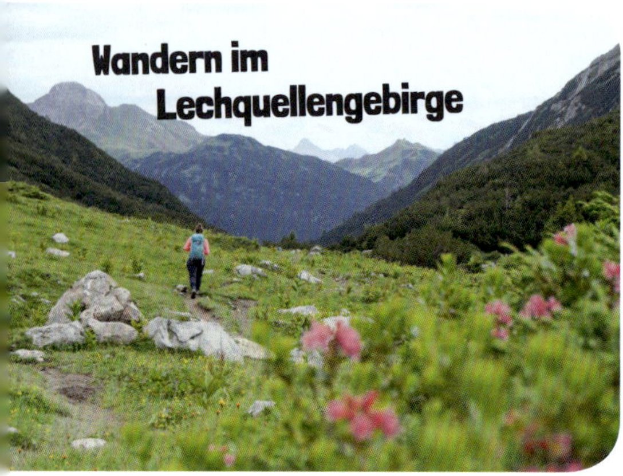

Schriftstellerin Wilhelmine von Hillern machte daraus einen Heimatroman, in welchem die Geier-Wally die Konventionen der Weiblichkeit verweigert. Die Geier-Wally wurde bereits mehrfach verfilmt.

In Häselgehr wirft man einen Blick in die Pfarrkirche. Deren Wände im Kirchenschiff sind mit Messingblech verkleidet, in das Heiligenfiguren eingraviert und farbig bemalt sind. Diese Darstellung ist eine wahre Seltenheit. In weiterer Folge landen die Wanderer am **Doser Wasserfall**, den man einer Sage nach zur rechten Zeit erwischen sollte. Demnach verschließt ein Drache den Bach am Martinstag (11. November) und öffnet ihn wieder am Georgstag (23. April). Mit Panoramablicken nähert man sich Vorderhornbach und dem **Naturerlebnisbad Badino**. Bei dem komplett chemiefreien Badevergnügen schwingen sich Wagemutige im Tarzan-Stil auf einer Liane in das kühle Nass. Der Lechweg verläuft zumeist in Flussnähe in Richtung Weißenbach, vorbei an Schotterbänken und Treibholzstämmen zu einem wunderbaren Baggersee. Man umgeht die Bezirkshauptstadt Reutte, doch nur um den prächtigen Frauensee und die **einzigartige Vogelvielfalt** in der Pflacher Au zu bestaunen. Wer noch mehr von diesem Naturreichtum sehen will, besteigt den Vogelbeobachtungsturm in der Au.

Auf der letzten Etappe verlässt man den Lech und nähert sich vom Kniepass der **Staatsgrenze** zu Deutschland. Die Wanderer landen am Südufer des Alpsees und wandern im Uhrzeigersinn um den See. Ausblicke auf Schloss Hohenschwangau und Neuschwanstein sind dabei garantiert. Der letzte Anstieg erfolgt über den Alpenrosenweg auf den Kalvarienberg. Mit Sicht auf Füssen und das Alpenvorland steigt man hinab zum imposanten **Lechfall**. Während der Fluss erst viele Kilometer später nördlich von Augsburg in die Donau mündet, endet hier am rauschenden Wasserfall der Lechweg.

FAZIT

Jede Etappe des Lechwegs hat ihre Eigenheiten, obwohl man den Lech immer als nahen Begleiter an seiner Seite hat. Die wilde Flusslandschaft beeindruckt von der Quelle bis zur Mündung, kulturhistorisch fasziniert die bäuerliche Geschichte im Tiroler Lechtal. Höhepunkt ist wahrlich die Hängebrücke bei Holzgau.

GUT ZU WISSEN

29

VON: Formarinsee bei Lech
BIS: Lechfall bei Füssen
LÄNGE: 125 Kilometer
HÖHENMETER: 4300
ETAPPEN: 7
MARKIERUNG: geschwungenes, weißes L
HÖCHSTER PUNKT: 1871 Meter, Formarinjoch

DAS BRAUCHE ICH:

- Busticket zum Formarinsee
- Schneefreie Wege, Begehung meist ab Juni möglich
- Schwindelfreiheit beim Gang über die Hängebrücke (wer die nicht hat, umgeht die Passage)

Abenteuer
Natur
Schwierigkeit

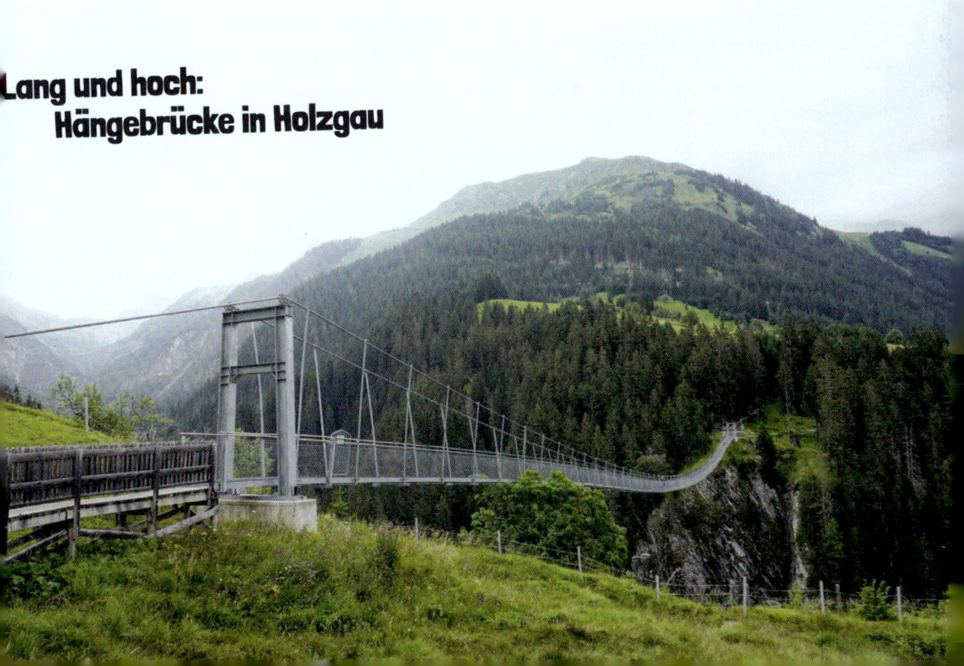

Lang und hoch: Hängebrücke in Holzgau

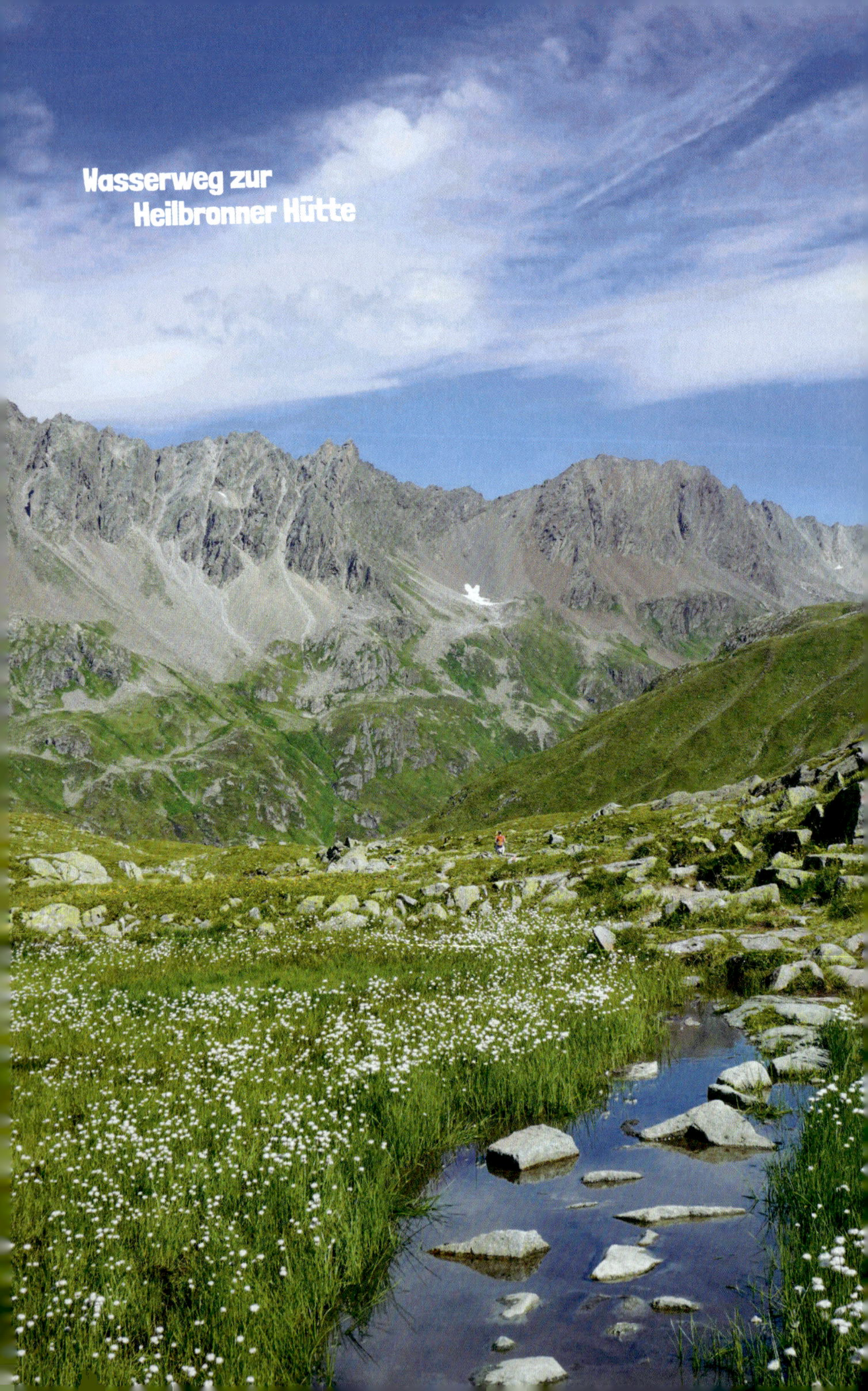
Wasserweg zur
Heilbronner Hütte

Eigentlich ist das Montafon keine Gebirgsgruppe, sondern ein rund 40 Kilometer langes Tal in Vorarlberg. Begrenzt wird es von der Verwallgruppe, der Silvretta und vom Rätikon. Durch diese drei Gebirgsgruppen führt die Montafoner Hüttenrunde. Der Höhenweg leitet zu spannenden Naturschauplätzen und sehenswerten Hütten, nur selten kommt man unter 1500 Meter Seehöhe. Dabei entflieht man regelrecht der Zivilisation.

Im Zentrum von **Silbertal**, einer Nachbargemeinde von Schruns, deckt man sich noch mit Proviant ein. Vor allem die zweite

Die Montafoner Hüttenrunde

Vorarlberger Grenzgang

Etappe ist besonders lang und bietet eigentlich keine Einkehrmöglichkeit. Historisch bildet man sich noch im Bergbaumuseum in Silbertal weiter, ehe der Weg in **steilen Serpentinen** durch den Schattwald zur Alpe Innerkapell und mit tollen Ausblicken zum Schwarzsee führt. Am Herzsee haben die Wanderer bereits die 2000-Meter-Höhenmarke überschritten und landen kurz darauf an der Wormser Hütte. Den Aufstieg kann man auch der Technik überlassen. Von Schruns führen eine **Seilbahn und ein Sessellift** auf den Sennigrat, 15 Gehminuten sind es dann nur noch bis zur Hütte.

Der zweite Abschnitt ist so etwas wie die Königsetappe. Der **Wormser Höhenweg** zur Heilbronner Hütte ist zwar ein technisch nicht schwieriger, aber sehr langer Höhenweg. Für die rund acht bis neun Stunden Gehzeit gilt es, genug Proviant und Wasser mitzunehmen. Nur selten hat man die Gelegenheit, auch die Wasserflasche wieder aufzufüllen. Auf aussichtsreichen Pfaden bewegt man sich im ständigen Auf und Ab durch das Verwall. Der Weg durch das lang gezogene Valschavieltal führt mit letzten anstrengenden Höhenmetern auf das Jöchle hoch. Hier überschreitet man die Grenze ins Tiroler Land. Das Tagesziel, die **Heilbronner Hütte**, liegt aber wieder in Vorarlberg. Die liebevoll betriebene Hütte thront über dem Scheidsee, das Hüttenteam zaubert regionale Kulinarik auf den Tisch. Nach einem langen und fordernden Bergtag müssen die Speicher nämlich wieder aufgefüllt werden. Dazu eignet sich der **Montafoner Sauerkäse** perfekt. Seit dem 12. Jahrhundert wird er in diesem Tal produziert, somit findet sich in dieser Region eine der ältesten Traditionen der Käseherstellung im Alpenraum.

INFO

Der US-amerikanische Schriftsteller Ernest Hemingway verbrachte zwei Winterurlaube in Schruns, schrieb darüber und machte das Montafon so international bekannt.

Etwas kürzer ist die folgende Etappe zum Silvretta-Stausee, aber technisch schwieriger. Zunächst führt die Strecke noch eher gemütlich zum Kops-Stausee, nimmt am Weg zum 2203 Meter hohen **Breitspitz** aber an Fahrt auf. Ab diesem prächtigen Aussichtsgipfel startet das Vallüla-Vergnügen. Zunächst am gleichnamigen Weg zum passenden See, in welchem sich auch der dazugehörige Berg spiegelt. Nach einem weiteren Bergsee

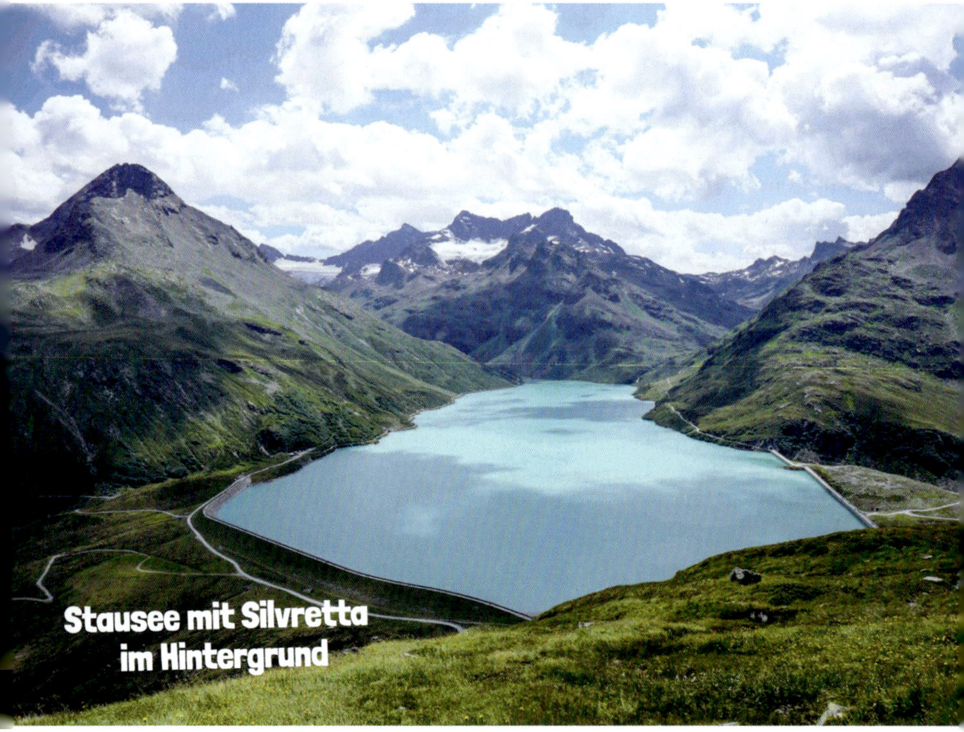

Stausee mit Silvretta im Hintergrund

beendet das Joch die Vallüla-Namenshoheit dieser Wegstrecke. Grandiose Panoramen, auch bereits auf die Gletscher der Silvretta, begleiten die Wanderer hinab zum **Stausee an der Silvretta-Hochalpenstraße**. Vom Nordufer des Sees blickt man auf das Silvrettahorn und den Ochsentaler Gletscher. Den Piz Buin bekommt man am nächsten Tag besser zu Gesicht.

Die prächtigen Aussichten auf den höchsten Berg Vorarlbergs und auf die umliegende Gletscherlandschaft eröffnen sich den Wanderern am Radsattel. Bei Schönwetter lässt es sich hier noch gut aushalten, der Abstieg zur **Wiesbadener Hütte** ist schnell geschafft. Die gute Erreichbarkeit über den Sommerweg vom Stausee sowie die vielen Tourenmöglichkeiten sorgen für einigen Betrieb in der Hütte **am Fuße des Piz Buin**. Gletscherfrei steigt man zum Südufer des Stausees ab und wendet sich dem Klostertal zu. Am weiteren Weg über den Litznersattel ist die Gletscherwelt der Silvretta ständige Begleiterin. Imposant ist die Szenerie um das vermeintlich ewige Eis. Ebenso sehenswert ist die Lage der **Saarbrückner Hütte**. Sie liegt auf 2538 Metern auf einem Sporn im Ostgrat des Kleinlitzners und ist die höchstgelegene Schutzhütte der gesamten Silvretta.

Das macht die Tour einzigartig!

- **Alpengarten bei der Lindauer Hütte**
- **Der lange Wormser Höhenweg**
- **Die taleigenen kulinarischen Schmankerl**

Gletscherfrei geht's hinauf zur Seelücke, dem **höchsten Punkt der Hüttenrunde**. Nach einem kurzen Abstecher in die Schweiz führt die Strecke weiter zur Tübinger Hütte. Diese kurze Etappe wird gerne mit dem Abstieg in das **Bergdorf Gargellen** kombiniert. Davor gibt es aber noch zwei „Jöchli" zu überschreiten. Vom hochgelegenen Luftkurort wandert man parallel zum Rätikon-Höhenweg und Zentralalpenweg zur **Tilisunahütte** und blickt von der Terrasse besonders aussichtsreich ins Verwall und ins Lechquellengebirge. Die „Schnäpsle" gehen hier ausgesprochen leicht über die Theke.

Landschaftlich fällt der geologische Wechsel vom Kalk ins Urgestein auf, was auch die Umgebung auf der Schwarzen Scharte eindrucksvoll beweist. Ebenso spektakulär ist der Abstieg über den **Bilkengrat** zur Lindauer Hütte am Rande des Porzalengawaldes. Wanderer mit Schwindelfreiheit und Trittsicherheit sind klar im Vorteil. Die Gipfel der Sulzfluh, Drusenfluh und die Drei Türme scheinen zum Greifen nah, sind aber kaum für Hüttenrundengeher erreichbar. Nicht so der **Botanische Alpengarten** bei der Lindauer Hütte. Mehr als 500 Alpenpflanzen lassen sich hier bereits seit mehr als 100 Jahren entdecken.

Unterhalb der bereits genannten imposanten Gipfel passiert man am Schweizer Tor eine Zollhütte und erreicht den **Lünersee**. Er gilt als einer der größten Seen in Vorarlberg. An der gleichnamigen Alpe füllen Wanderer ihre Energiespeicher wieder auf und blicken über den farbenprächtigen See. In einwandfreiem Zustand präsentiert sich die **Totalphütte**. Sie wurde im Sommer 2021 neu eröffnet, nachdem eine Lawine die Hütte im Winter 2019 stark beschädigt hatte. Die Hütte markiert auch den westlichsten Punkt der Wandertour. Der Abstecher zur schroffen Schesaplana, mit 2965 Metern der höchste Berg im Rätikon, lohnt sich aber in jedem Fall.

Von der Totalphütte geht's wieder hinab zum Lünersee, diesmal aber zum Nordufer und zur **Douglasshütte**. Im Jahr 1871 eröffnet, zählte sie zu den ersten bewirtschafteten Schutzhütten in Vorarlberg. Das Wasser des angrenzenden Sees wird zur Stromgewinnung genutzt. Was auch die Staumauer erklärt, über die uns die Hüttenrunde am weiteren Weg zur Heinrich-Hueter-Hütte führt. Dabei blickt man immer wieder auf die mächtige Zimba, die aufgrund ihrer Gestalt auch als **Montafoner Matterhorn** bezeichnet wird. Die letzte Hüttennacht steht bevor. Zeit, von der Sonnenterrasse nochmals die markanten Drei Türme zu betrachten, die bereits vor einigen Etappen an den Horizont gerutscht sind.

Die letzte Etappe verlässt nun das Hochgebirge des Rätikons und führt über Alpwiesen talwärts nach Tschagguns. Je näher man der Ortschaft kommt, desto mehr prägt die **taleigene Hausarchitektur** des Montafons die umgebende Kulturlandschaft. Kein anderes so kleines Tal im gesamten Alpenraum brachte einen eigenen Haustyp hervor. Apropos Haus: Am Nachhauseweg findet außerdem gerne noch eine **Montafoner Käsespezialität** einen Platz im Rucksack.

FAZIT

Eine gute Kondition ist Voraussetzung für die Begehung der anspruchsvollen Hüttenrunde, zumindest für den ersten Abschnitt im Verwall. Die weiteren aussichtsreichen Etappen in der Silvretta und im Rätikon können dafür sogar teilweise kombiniert werden. Es ist jedenfalls genug Zeit, die Schönheiten und Besonderheiten des Montafons kennenzulernen.

GUT ZU WISSEN 30

VON: Silbertal
BIS: Tschagguns
LÄNGE: 133 Kilometer
HÖHENMETER: 9800
ETAPPEN: 13
MARKIERUNG: keine eigene Markierung, jedoch durchgehend und teils unterschiedlich markierte Wanderwege
HÖCHSTER PUNKT: 2776 Meter, Seelücke

DAS BRAUCHE ICH:
- Festes Schuhwerk
- Schlafsack für die Nächte auf den Hütten
- Kondition für den Wormser Höhenweg

Abenteuer
Natur
Schwierigkeit

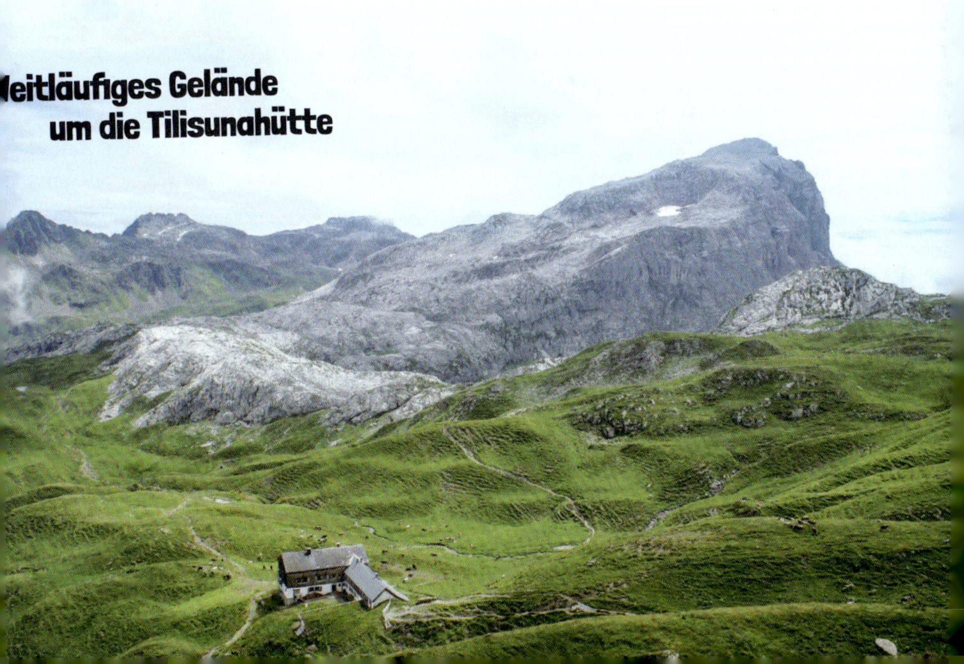

Weitläufiges Gelände um die Tilisunahütte

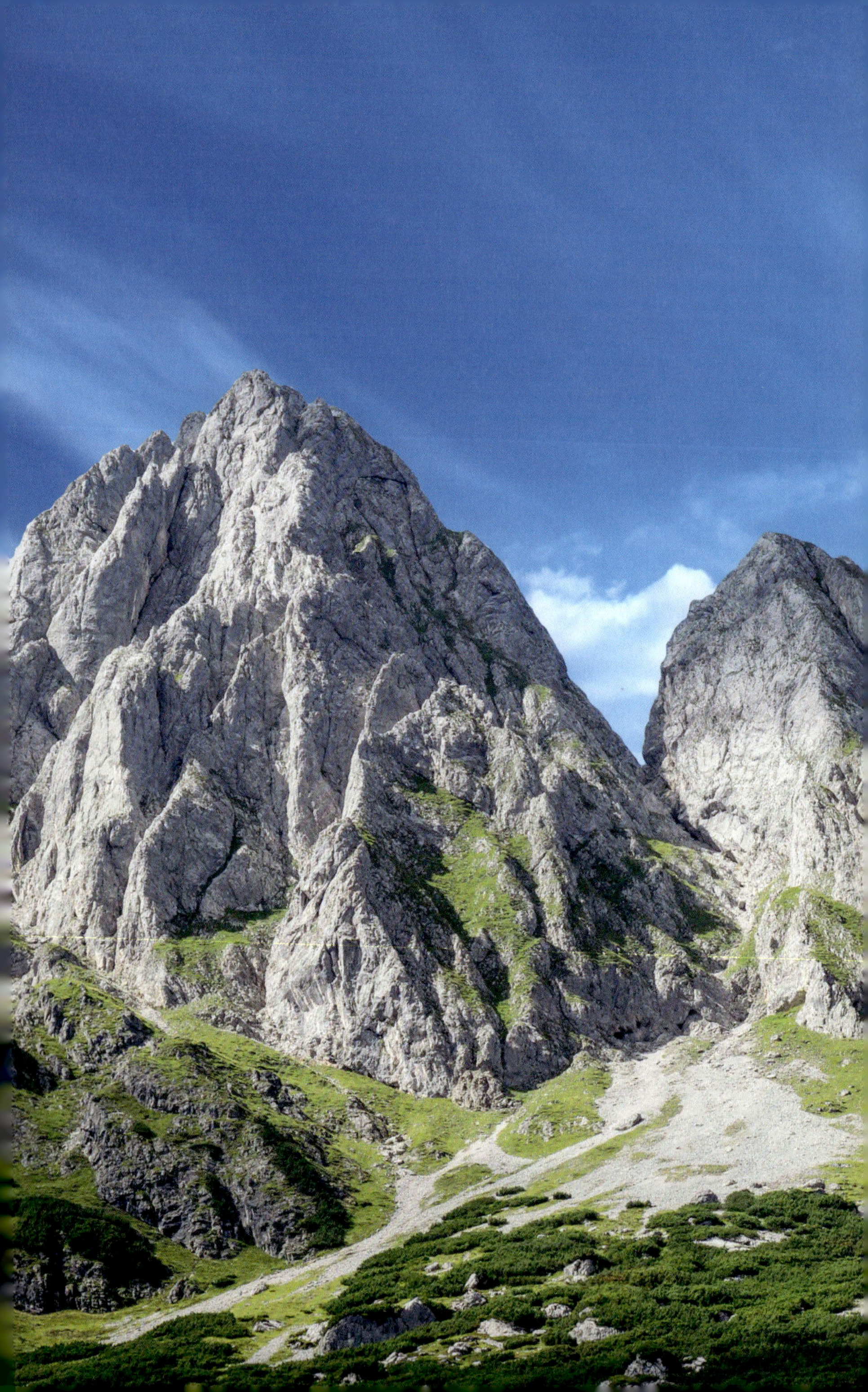

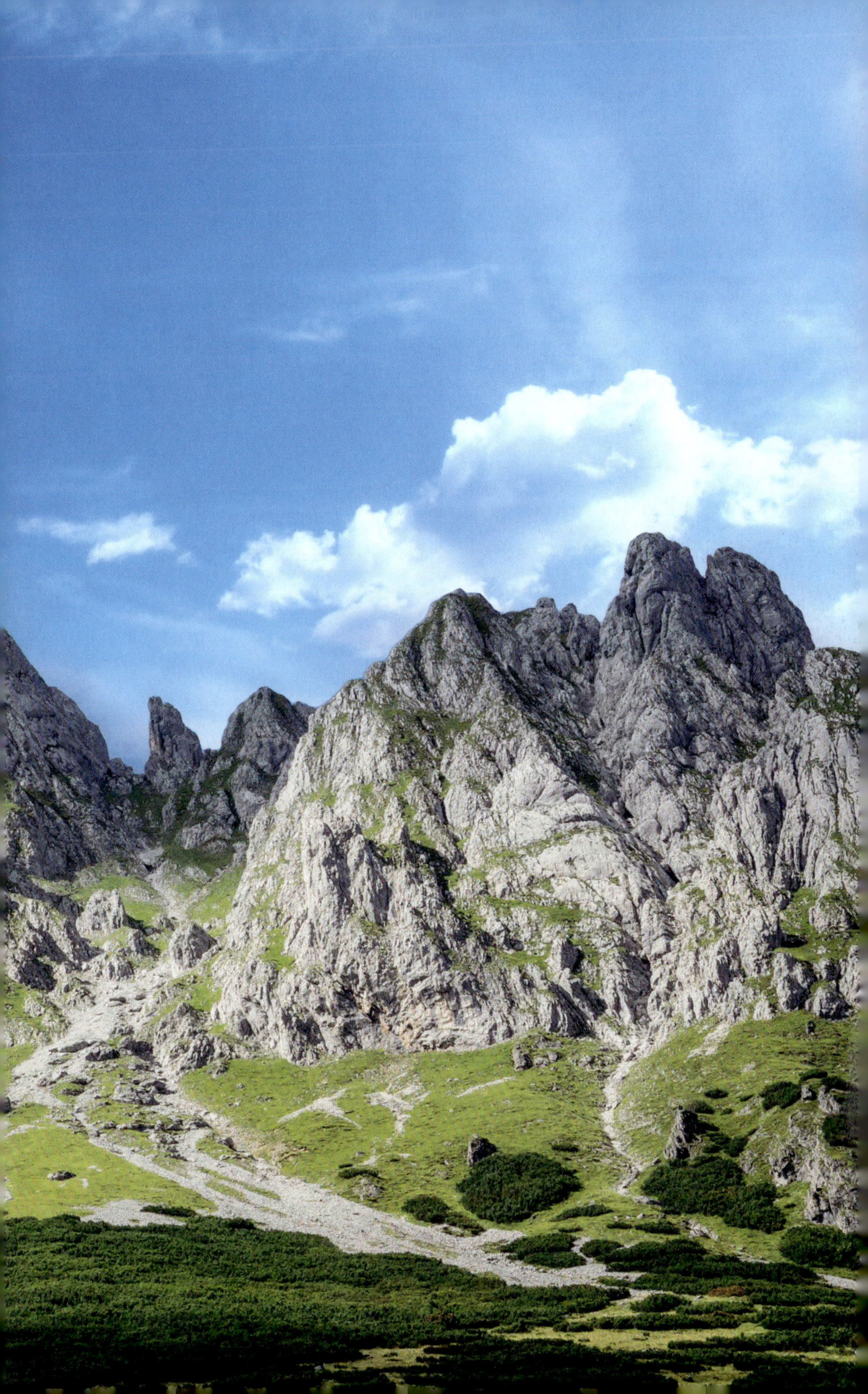

Konzeption/Satz: Droste Verlag, Düsseldorf
Einbandgestaltung: Nora Urru, Köln
Karte: Sameena Jehanzeb, Bonn
Fotos: Martin Moser, außer:
pixabay: S.1: © Marjon Besteman, S. 22: © elduderino69, S. 25: © Ratfink1973,
S. 132: © Christian Georg Sulzer, S. 144: © Lars Nissen, S. 174: © Reinhard Thrainer,
S. 190/191: © liggraphy
Druck und Bindung: LUC GmbH, Greven

ISBN 978-3-7700-2335-6
www.droste-verlag.de

FSC
www.fsc.org
MIX
Papier aus verantwortungsvollen Quellen
FSC® C011279